2022　黑龙江省社会科学
　　　学术著作出版资助项目

技术支持的社区媒介学习环境设计研究

王彦琦　著

哈尔滨工业大学出版社
HARBIN INSTITUTE OF TECHNOLOGY PRESS

内 容 简 介

社区是发展终身教育、建设学习型社会的基础单元，社区教育信息化作为社区教育的重要支撑，其持续推进有助于促进教育公平、实现优质教育资源广泛共享。媒介作为教育传播效率、效果的基础决定因素，一直以来在远程教育系统分析研究中都是非常重要的一个维度。本书面向社区教育工作人员，基于系统的视角，通过社区媒介学习环境的研究与分析，为社区媒介学习环境的设计提供科学、有效的过程与策略，推进社区教育信息化进程，对老年教育的创新发展、学习型社会的构建，具有较高的理论探究意义和实际应用价值。

本书适用于社区教育工作人员，对社区教育感兴趣的读者也可阅读。

图书在版编目(CIP)数据

技术支持的社区媒介学习环境设计研究/王彦琦著. —哈尔滨：哈尔滨工业大学出版社，2023.8
ISBN 978-7-5767-0440-2

Ⅰ.①技… Ⅱ.①王… Ⅲ.社区-社会教育-研究 Ⅳ.G77

中国版本图书馆 CIP 数据核字(2022)第 174278 号

策划编辑	杨明蕾　刘　瑶	
责任编辑	马静怡	
出版发行	哈尔滨工业大学出版社	
社　　址	哈尔滨市南岗区复华四道街 10 号　邮编 150006	
传　　真	0451-86414749	
网　　址	http://hitpress.hit.edu.cn	
印　　刷	哈尔滨午阳印刷有限公司	
开　　本	720 mm×1 000 mm　1/16　印张 18　字数 348 千字	
版　　次	2023 年 8 月第 1 版　2023 年 8 月第 1 次印刷	
书　　号	ISBN 978-7-5767-0440-2	
定　　价	88.00 元	

(如因印装质量问题影响阅读，我社负责调换)

前　　言

　　社区是城市居民最基本的居住形式与区域,是发展终身教育、建设学习型社会的基础单元。社区教育信息化作为社区教育的重要支撑,其持续推进有助于促进教育公平、实现优质教育资源广泛共享,以及提升教学质量。大量研究表明,社区教育信息化学习环境因缺乏基于系统观的科学设计,经常无法在促进社区教育信息化过程中发挥最优化的作用,已成为限制社区教育信息化发展的主要瓶颈。社区媒介学习环境的系统化、科学化设计,是破解社区教育信息化发展瓶颈的有效路径。媒介作为教育传播效率、效果的基础决定因素,一直以来在远程教育系统分析研究中都是非常重要的一个维度。基于系统视角,对社区媒介学习环境进行研究和分析,有助于进一步系统、科学地优化社区教育资源要素,推进社区教育信息化进程。

　　本书旨在基于系统、科学的视角,探索社区媒介学习环境的系统构成,从而为社区媒介学习环境的设计提供科学、有效的过程与策略。本书对社区媒介学习环境的内涵与概念进行了界定,构建了社区媒介学习环境理论模型,明确其主要构成要素为资源工具要素与成人学习者要素。在此基础上,本书首先采用问卷调查与半结构化访谈相结合的方法,对其资源工具要素进行研究,总体掌握资源工具的构成与发展状况。其次,对成人学习者要素进行研究,通过社区媒介学习环境下技术支持的成人自主学习模型的检验与修正,明确成人学习者要素与其作用机制。再次,对资源工具与成人学习者关系进行研究,运用德尔菲法构建社区媒介学习环境矩阵,并采用基于扎根理论的访谈法对矩阵进行检验,构建技术支持的社区媒介学习环境(Technology Enhanced Community Media Learning Ecology,TECMLE)实践模型。最后,基于上述研究提出了 TECMLE 实践模型的设计过程与设计策略,制定了 TECMLE 实践模型建设方案,通过方案的实施,对策略的有效性进行了检验。

　　综上所述,本书创新性地提出了社区媒介学习环境这一概念,明确了社区媒介学习环境理论模型与构成要素,在此基础上构建了面向社区媒介学习环境设计的 TECMLE 实践模型,并提出其设计过程与设计策略,对社区教育信息化的推进具有较高的理论意义与实践价值。

限于作者水平,书中难免有疏漏之处,敬请专家、读者提出宝贵意见。

2023 年 1 月
作者

目　　录

第一章　绪　论 ·· 1
一、研究背景 ·· 1
（一）终身教育是学习型社会建设的基石 ······························ 1
（二）社区教育信息化是终身教育的有力支撑 ·························· 1
（三）社区教育信息化发展遭遇瓶颈 ···································· 2
（四）社区媒介学习环境的系统、科学设计是突破瓶颈的有效途径 ······ 3
二、文献回顾与研究问题 ·· 3
（一）社区教育与社区教育信息化研究 ································· 3
（二）社区学习环境研究 ·· 9
（三）社区学习环境下技术支持的自主学习研究 ······················ 16
（四）研究问题 ·· 26
三、研究意义 ··· 28
（一）理论意义 ·· 28
（二）实践意义 ·· 29
四、研究设计与研究方法 ··· 29

第二章　相关理论基础 ··· 32
一、终身教育与社区教育理论 ··· 32
（一）终身教育与终身学习 ··· 32
（二）终身教育与社区教育 ··· 36
（三）社区教育信息化 ··· 41
二、学习环境理论 ··· 42
（一）学习环境的概念 ··· 42
（二）学习环境的内涵 ··· 44
三、媒介环境理论 ··· 44
（一）媒介环境学 ··· 45
（二）媒介环境如何影响人的学习 ····································· 47
（三）媒介环境中人与技术的关系 ····································· 49

四、自主学习理论 ·· 51
　　　　(一)终身学习能力的内涵与构成 ······························ 51
　　　　(二)自主学习理论、模型与测量 ······························ 59
　　　　(三)技术接受理论 ·· 68
　　本章小结 ·· 74

第三章　核心概念界定与理论模型构建 ····························· 76
　　一、核心概念界定 ·· 76
　　　　(一)媒介学习环境 ·· 76
　　　　(二)社区媒介学习环境 ·· 77
　　二、社区媒介学习环境理论模型的构建 ······························ 78
　　　　(一)媒介学习环境下的自主学习 ······························ 78
　　　　(二)理论模型构建 ·· 80
　　　　(三)社区媒介学习环境构成要素 ······························ 83
　　本章小结 ·· 84

第四章　社区媒介学习环境下资源工具要素研究 ··················· 85
　　一、研究设计 ·· 85
　　　　(一)相关研究综述 ·· 85
　　　　(二)研究目的 ·· 87
　　　　(三)研究对象 ·· 88
　　　　(四)研究方法与程序 ·· 88
　　　　(五)问卷与访谈工具设计 ······································ 90
　　二、研究实施 ·· 99
　　　　(一)问卷调查 ·· 99
　　　　(二)半结构化访谈 ·· 100
　　三、研究数据与分析 ·· 102
　　　　(一)问卷调查数据与分析 ······································ 102
　　　　(二)半结构化访谈数据与分析 ·································· 113
　　四、研究结论 ·· 120
　　　　(一)资源工具构成 ·· 120
　　　　(二)资源工具发展状况 ·· 122
　　　　(三)资源工具发展存在的问题 ·································· 123

本章小结 ……………………………………………………………… 124

第五章 社区媒介学习环境下的成人学习者要素研究 ……………… 126
一、研究设计 …………………………………………………………… 126
  （一）相关研究综述 ………………………………………………… 126
  （二）研究对象与方法 ……………………………………………… 127
  （三）提出模型假设 ………………………………………………… 128
  （四）开发调查问卷 ………………………………………………… 135
二、研究实施 …………………………………………………………… 154
  （一）问卷发放与数据回收 ………………………………………… 154
  （二）结构方程模型拟合度检验 …………………………………… 159
  （三）模型修正 ……………………………………………………… 162
  （四）模型假设检验 ………………………………………………… 166
三、研究结论 …………………………………………………………… 169
  （一）社区媒介学习环境下成人自主学习过程 …………………… 169
  （二）社区媒介学习环境下成人自主学习因素与作用机制 ……… 170
本章小结 ………………………………………………………………… 171

第六章 面向设计的社区媒介学习环境实践模型构建 ……………… 173
一、社区媒介学习环境与自主学习对应关系分析 …………………… 173
  （一）基于德尔菲法的对应关系建立 ……………………………… 174
  （二）对应矩阵构建 ………………………………………………… 184
  （三）对应关系分析 ………………………………………………… 186
二、对应关系实证检验 ………………………………………………… 187
  （一）基于扎根理论的访谈设计 …………………………………… 188
  （二）访谈实施 ……………………………………………………… 188
  （三）访谈资料分析 ………………………………………………… 190
  （四）实证检验结论 ………………………………………………… 203
三、实践模型构建 ……………………………………………………… 204
本章小结 ………………………………………………………………… 206

第七章 技术支持的社区媒介学习环境设计过程与设计策略 ……… 207
一、设计过程 …………………………………………………………… 207
  （一）资源工具分析阶段 …………………………………………… 209

（二）服务对象分析阶段 ………………………………………… 210
　　（三）设计阶段 …………………………………………………… 211
　　（四）实施与评价阶段 …………………………………………… 211
  二、设计策略 …………………………………………………………… 212
　　（一）促进社区媒介资源深度融合，打造融媒介学习环境 …… 212
　　（二）促进社区媒介资源与自主学习过程深度融合 …………… 213
　　（三）促进数字学习环境到智慧学习环境的变革 ……………… 215
  三、建设方案的制定、实施与检验 …………………………………… 217
　　（一）建设方案的制定 …………………………………………… 217
　　（二）建设方案的实施与检验 …………………………………… 218
  本章小结 ………………………………………………………………… 226

第八章　研究结果与展望 …………………………………………… 227
  一、研究结果 …………………………………………………………… 227
  二、研究创新点 ………………………………………………………… 229
  三、研究局限与展望 …………………………………………………… 230
　　（一）研究局限 …………………………………………………… 230
　　（二）研究展望 …………………………………………………… 230

附录一　社区媒介学习环境资源工具调查问卷 …………………… 232

附录二　技术支持的成人自主学习调查问卷 ……………………… 235

附录三　社区媒介资源工具与技术支持成人自主学习对应关系咨询问卷
　　　　 ……………………………………………………………………… 241

附录四　社区媒介学习环境与技术支持自主学习对应关系实证访谈方案
　　　　 ……………………………………………………………………… 246

附录五　居民访谈编码统计与汇总 ………………………………… 248

附录六　社区媒介学习环境建设效果调查问卷 …………………… 255

参考文献 ………………………………………………………………… 257

第一章 绪 论

一、研究背景

(一)终身教育是学习型社会建设的基石

构建和谐社会,经济是基础,政治是保障,文化是灵魂。全面推进终身教育对建设社会主义文化强国、提高城镇化水平与质量以及实现区域可持续发展具有十分重要的现实意义。随着"文化强国"战略的实施与城镇化进程的持续加快,推进社区教育、提升市民文化素质已成为增强国家软实力、提高城镇化水平与质量,以及实现区域可持续发展的必然选择。① 党的十九大报告明确提出了"办好继续教育,加快建设学习型社会,大力提高国民素质"②的要求。"十四五"期间,我国的教育事业发展中心也将逐渐从构建终身教育体系向构建服务全民终身学习的教育体系转移,从外部的终身教育体制、机制的建设与完善,开始转向内部终身学习需求的满足与质量提升、终身教育资源的利用与整合,以及终身学习机会的创造与提供精准化的个性服务,③终身教育对学习型社会建设的重要意义日益凸显,是学习型社会建设的基石。

(二)社区教育信息化是终身教育的有力支撑

社区是城市社会有机体最基本的内容,是城市居民最基本的居住形式与区域。作为终身教育在基层广泛开展的主要载体,终身教育转型发展的基础在社区,重点也在社区。社区教育信息化作为促进社区教育转型发展的重要手段,引起了国家的高度重视,先后出台了多项政策促进社区教育信息化步伐。《中国教育现代化2035》提出了"构建服务全民的终身学习体系""扩大社区教育资源供

---

① 董廷玉,王彦琦,郎益夫. 社区教育在市民文化素质提升中的功能定位及实现路径——以黑龙江省哈尔滨市为例[J]. 现代远距离教育, 2015(4):70-75.

② 习近平. 决胜全面建成小康社会 夺取新时代中国特色社会主义伟大胜利——在中国共产党第十九次全国代表大会上的报告[EB/OL]. [2017-10-27]. http://www.gov.cn/zhuanti/2017-10/27/content_5234876.htm.

③ 吴遵民.服务全民终身学习教育体系构建的若干思考——基于服务与融合的视角[J]. 中国远程教育,2020,41(7):16-22,68.

给,加快发展城乡社区老年教育,推动各类学习型组织建设"的发展目标。①《教育部等九部门关于进一步推进社区教育发展的意见》(教职成〔2016〕4号)强调要推进社区教育信息化,充分利用现代远程教育体系,结合或依托社区公共服务综合信息平台建设,建立覆盖城乡、开放便捷的社区数字化学习公共服务平台及体系。推进各地网上学习平台互联互通和社区教育数字化学习资源的建设与共享,为居民提供线上线下多种形式的学习支持服务。② 在上述政策的促进下,信息技术迅速融入社区教育,满足了社区居民多样化的学习需求,为居民"随时随地"终身学习提供了便捷服务,有效促进了社区教育健康、快速、可持续发展。

(三)社区教育信息化发展遭遇瓶颈

社区教育信息化的发展同样存在挑战。大量研究表明,社区教育信息化学习环境因缺乏基于系统观的科学设计,经常无法在促进社区教育信息化过程中发挥最优化的作用,并成为限制社区教育信息化发展的主要瓶颈。戴安娜·奥布林格(Diana Oblinger)在《学习空间》一书中指出,社区学习环境的建设可以提升学习者的学习能力,教育工作者必须评估、改进社区的虚拟和物理空间,通过改进学习空间的设计过程、利用信息技术加强沟通与协作、改善社区教学及课程与课外活动环境三项措施提升学习者的学习能力。③ 武法提指出,我国学习环境设计存在严重的"机械还原"取向,导致学习环境的生态缺失,无法更好地满足学习者的兴趣与需求,严重影响了远程学习的效果,阻碍了社区教育信息化的推进。④ 2019年联合国教科文组织发布的《成人学习和教育全球报告(四)》指出,虽然全球各国成人学习和教育参与的总体态势向好,但社区教育仍是成人学习和教育的"洼地",成人学习和教育参与水平参差不齐,内在参与意向仍有待提高。⑤ 由此可见,受社区信息化学习环境系统化、科学化设计缺失的影响,信息技术并没有能够像其对于经济、医疗等领域产生的颠覆性影响一般,在终身教育、

---

① 中共中央办公厅,国务院.《中国教育现代化2035》[EB/OL].[2019-02-23]. http://www.gov.cn/zhengce/2019-02/23/content_5367987.htm.

② 教育部.《教育部等九部门关于进一步推进社区教育发展的意见》[EB/OL].[2016-07-08]moe.gov.cn/srcsite/A07/zcs_cxsh/201607/t20160725_272872.html.

③ OBLINGER D. Learning space[EB/OL]. http://www.educause.edu/research-and-publications/books/learning-spaces,2012-04-20.

④ 李彤彤,武法提,杨士卿.网络学习环境生态化设计方法研究——基于给养的"一主体、两匹配"3M 设计模型[J].远程教育杂志,2018,36(2):76-86.

⑤ 孙纪磊,何爱霞."不让任何一个人掉队"的承诺实现还有多远?——基于《成人学习和教育全球报告》各国参与情况的分析[J].现代远距离教育,2020(5):26-32.

社区教育的转型发展中发挥重要作用。

(四)社区媒介学习环境的系统、科学设计是突破瓶颈的有效途径

媒介作为教育传播效率、效果的基础决定因素,不单单以技术还有环境来影响教育传播,新的媒介环境总是重塑出新的教育形态。① 媒介一直以来在远程教育系统分析研究中都是非常重要的一个维度。基于系统视角,对社区媒介学习环境进行研究和分析,有助于进一步系统、科学地优化社区教育资源要素,推进社区教育信息化进程。由此,一方面能促进教育资源的合理配置,让优质教育资源更加广泛地惠及社区居民;另一方面也能畅通社区学习路径,实现居民学习自主化,形成提高社区人文素质和社会感召力的学习共同体,进而推动全民普惠的学习型社会形成。因此,社区媒介学习环境的系统化、科学化设计,是突破社区教育信息化发展瓶颈的有效路径。

二、文献回顾与研究问题

基于研究背景与核心主题,本书试图从社区教育与社区教育信息化、社区学习环境及社区学习环境下技术支持的自主学习三个主要方面,回顾与梳理社区媒介学习环境研究的历史与现状,进一步明确研究目标与实施路径,为后续的研究提供思路借鉴与理论支撑。

(一)社区教育与社区教育信息化研究

1. 社区教育研究现状

作者通过文献调研发现,在研究数量方面,国内关于社区教育的研究较为丰富,相比之下,国外相关研究数量较少,且集中于发展中国家;在研究内容方面,国内外研究均从宏观政策与体制层面以及社区居民个体两个层面总结、分析了社区教育发展中存在的问题。

(1)宏观政策与体制

宏观层面的研究集中反映了当前社区教育体制机制、政策、立法等亟待解决的问题。

第一,社区教育体制机制不健全。厉以贤早在2003年就指出我国社区教育

---

① 李永智.媒介环境学视域下的教育信息化2.0[J].新闻爱好者,2018(9):46-50.

存在管理体制不健全,社区教育管理缺乏整合与协调的问题。① 叶忠海等指出在我国新型城镇化推进的过程中,社区教育还存在认知不到位、统筹规划不到位、课程内容针对性不到位、激发社会活力不到位等多个亟待解决的问题。② 吴慧涵认为我国社区资源配置还存在缺少政府统筹和协调、资源整合共享机制未普遍建立、教育资源尚未发挥最大效能、无形资源有待进一步开发及整合利用等问题。上述问题的长期存在,势必会对社区教育管理水平的提高造成影响。③

第二,社区教育政策不完善。张文铳认为在终身学习视野下,我国社区教育还存在软硬件资源配置不优化、内容与形式相对单一、政策和制度保障不够健全等问题。④ Popovic 等认为塞尔维亚的社区教育缺乏政策支持,导致学习以及硬件资源分布与建设不均衡,在一定程度上影响了社区的参与度。⑤ Whatley 等指出尽管政府为提升社区教育的入学率制定了相关政策,但仍有很大一部分贫困、无家可归的居民无法参加社区教育,社区教育的公平性仍有待提高。⑥

第三,社区教育立法缺失。吴遵民等认为我国社区教育面临无国家立法的明确定位、无健全财政机制的有效保障、无专业化队伍建设的基本途径的所谓"三无"困境,已经成为影响社区教育进一步发展的重大障碍与瓶颈。⑦

(2) 社区居民个体

微观层面的研究主要从社区居民的角度反映了社区教育参与度低的问题。

第一,国内社区教育参与率有待提高。邵晓枫等认为在国际视野下,我国社区教育中的居民参与无论在广度上还是深度上都与发达国家有着较大的差距,

---

① 厉以贤.社区教育原理[M].成都:四川教育出版社,2003.
② 叶忠海,张永,马丽华,等.新型城镇化与社区教育发展研究[J].开放教育研究,2014,20(4):100-110.
③ 吴慧涵.社区教育的理论与实践研究[M].北京:电子工业出版社,2015.
④ 张文铳.学习型城市视野下社区教育现实问题分析[J].中国成人教育,2017(4):152-154.
⑤ POPOVIĆ K, MAKSIMOVIĆ M. Local community as context for functional basic education of adults-an example[J]. Journal of Educational Sciences/Revista de Stiintele Educatiei, 2010, 12(2):39-46.
⑥ WHATLEY M, RABY R L. Understanding inclusion and equity in community college education abroad[J]. The Interdisciplinary Journal of Study Abroad, 2020, 32(1):80-103.
⑦ 吴遵民,赵华.我国社区教育"三无"困境问题研究[J].中国远程教育,2018(10):63-69,80.

具体体现在参与率普遍偏低、参与面不广、参与层次较低三个方面。① 杨东等也指出当前我国社区教育还存在缺乏社会力量参与、居民参与,以及城乡发展不均衡、教师专业化程度有待提高、信息化建设不完善等问题。② 针对上述问题,社区教育专家高志敏认为,在社区教育活动的开展过程中,通过政策措施、舆论宣传来吸引社区居民参与学习的份额,远远超过倡导内在驱动力养成,自发、自愿参加学习的份额。社区教育更多关注的是外部环境或刺激手段的设计与使用,而疏于对社区居民内在需求、内在动力的发掘和培养,导致社区教育中政府热、居民冷和老面孔多、参与率低等问题较为普遍,在一定程度上影响了社区教育的健康发展③,要通过重视自主学习、兼顾公私学习空间、融合线上线下学习等手段解决当前社区教育过程当中存在的问题。④

第二,部分发展中国家同样存在社区教育参与度偏低的问题。Tajudin 等指出马来西亚社区教育的参与程度是各机构和组织关注的焦点,是改善社会福利和生活质量的关键,如何提高社区教育的参与度是社区教育发展需要解决的重大课题。⑤ Saepudin 等认为未来社区要面对教育公平、教育质量、教育灵活性等诸多挑战⑥,要从可持续发展的角度分析当前社区教育存在的问题,社区教育发展应关注教育资源的合理配置,以学习需求为导向,不断提升居民对学习的认识,提高参与度⑦。

纵观国内外学者的研究可以发现,在国内外的社区教育发展过程中,在宏观层面上均暴露出体制机制不健全、资源建设与管理缺乏统筹规划、社区教育管理

---

① 邵晓枫,罗志强.我国社区教育中居民参与的几个主要问题[J].现代远程教育研究,2017(2):67-76.

② 杨东,韩雯,张华亮,等.上海社区教育面向现代化的关键问题探析[J].职教论坛,2020(3):105-111.

③ 高志敏.浅议学习型社区建设需要认识与处理好的若干关系[J].河北师范大学学报(教育科学版),2013(9):53-56.

④ 高志敏,朱敏,傅蕾,等.中国学习型社会与终身教育体系建设:"知"与"行"的重温与再探[J].开放教育研究,2017,23(4):50-64.

⑤ TAJUDIN P N M, IDRIS K, ABD RAHIM N, et al. Understanding participation in community education and development[J]. Malaysian Journal of Social Sciences and Humanities (MJSSH), 2019, 4(3): 164-172.

⑥ SAEPUDIN A, MULYONO D. Community education in community development[J]. EMPOWERMENT: Jurnal Ilmiah Program Studi Pendidikan Luar Sekolah, 2019, 8(1): 65-73.

⑦ SURYANI A, SOEDARSO S, SETIAWAN S. Social changes and development sustainability: challenges and dynamics in dolly community education[C]// Proceedings of the 6th International Conference on Educational Research and Innovation (ICERI 2018), 2019.

与服务水平有待提高等问题;微观层面的问题集中体现在参与程度与覆盖率偏低、发展不均衡、忽视居民学习需求、居民自主学习能力欠缺等几个方面。宏观层面的机制与政策的缺失在一定程度上导致微观层面问题的出现,影响了社区教育的良性发展。据此,本书将通过国内外社区教育信息化的文献综述,探究社区教育信息化是否在解决上述问题中发挥了应有的作用。

2. 社区教育信息化研究现状

针对社区教育中存在的问题,国内外众多学者尝试探索利用信息技术解决社区教育的发展瓶颈。从总体上看,社区教育信息化的相关研究主要围绕现实进展,以实践问题、基本问题为主,理论性、系统性不够。一方面,部分研究对社区教育信息化的内涵进行了界定,阐述了社区教育信息化对社区教育的重要意义;另一方面,虽有部分研究指出当前社区教育信息化建设中存在的问题,但没有从社区学习环境视角深入分析问题根源并提出有效策略。

(1)社区教育信息化内涵

在社区教育信息化内涵研究领域,存在工具与资源整合两个不同的研究视角。第一,在工具视角下,李晓飞对社区教育信息化内涵进行了界定,将社区教育信息化划分为信息技术本身的传授、将信息技术作为工具向居民传递信息及依托于信息技术打造的社区学习环境三个层次。① 第二,在资源整合视角下,程秀丽等认为社区教育信息化是通过信息技术与社区学习资源的有机整合,一方面为社区居民提供信息资源作为学习内容,另一方面促进社区居民运用信息技术进行学习,以满足居民自我完善的需求。② 刘春志同样从学习资源的视角提出了社区教育信息化的概念,即将信息技术作为学习资源的有机组成部分,通过信息技术与学习资源的融合,满足社区居民的学习需求。③ 最后,综合考虑国内学者对社区教育信息化内涵不同理解,研究归纳出社区教育信息化的三个具体目标:一是促进信息技术与社区教育资源的有效整合;二是提升社区居民的信息素养;三是促进居民利用信息技术与学习资源进行自主学习。上述三个目标的达成,也将会从根本上解决当前阻碍社区教育快速发展的难题,足以体现社区教育信息化对社区教育的重大意义。

---

① 李晓飞.信息化社区教育研究[D].上海:华东师范大学,2002.
② 程秀丽,戴心来.社区教育信息化过程中的问题及对策分析[J].现代远程教育研究,2008(1):22-24,70.
③ 刘春志.社区教育中学习资源信息化探究[J].中国教育信息化,2009(4):26-28.

(2) 社区教育信息化的意义

在社区教育信息化意义研究领域,部分学者从宏观层面的社区整体发展以及微观层面的居民素质提升两个不同的角度阐述了社区教育信息化的重要意义。

第一,社区教育信息化有利于社区的整体发展。李克东、谢幼如在 2003 年就明确指出信息技术对社区发展的重要意义,他们认为社区教育信息化是现代生产力对社区组织的内在要求,信息技术能够实现社区资源的整合,实现社区、学校、家庭的协同发展,提升社区居民素质,促进社区发展。[①] 卢兴文等强调信息化能够从理念与内涵、目标、内容、途径、手段与方式、教学模式等方面实现对社区教育的创新,驱动社区教育的快速发展。[②]

第二,社区教育信息化能够有效促进居民素质的提升。李惠康指出信息化不仅是实现学习型社区宗旨的主要途径,同时也是联系社区各类教育资源的纽带,是社区与居民共同发展的趋势。[③] 张吉先认为传统的教学手段已经不再适应新时期社区教育发展的需要,社区教育信息化能够为居民创造更多的学习机会,有效促进教育成本的降低与教育的普及,实现教育公平。[④] 胡小军等也强调了社区教育信息化水平的提升对全民终身教育体系、学习型社会的构建,居民素质的提升具有深远的现实意义。[⑤]

(3) 社区教育信息化存在的问题

通过文献调研发现,社区教育信息化在促进社区教育健康发展的同时,在信息技术有效性、资源建设及参与度方面同样存在亟待解决的问题,这在一定程度上影响了社区教育信息化的整体推进。

第一,信息技术有效性有待进一步提升。早在信息技术应用于社区教育的初期,便有学者对信息技术在社区教育应用中的有效性表示担忧,Dillion、Brey、Pugliese、Dede 均认为在社区远程教育中,不仅要强调距离,而且应关注远程教育

---

① 李克东,谢幼如.构筑数字化教育社区的理论与实践研究——教育技术研究的新领域[J].电化教育研究,2003(3):3-6.

② 卢兴文,刘国暖.开放大学推进社区教育信息化的对策[J].继续教育研究,2017(6):73-76.

③ 李惠康.上海社区教育信息化建设之研究[J].开放教育研究,2009,15(5):45-51.

④ 张吉先.基于数字化学习环境的社区教育模式与机制研究[J].职教论坛,2012(36):40-43.

⑤ 胡小军,郝绍华.推进网络时代社区教育信息化的对策建议[J].中国教育信息化,2012(1):15-18.

的有效性,如何运用信息技术使居民的远程学习成为可能,提升居民远程教育的参与度,是社区远程教育需要解决的问题。①②③④ Ramos 等认为信息技术在提升菲律宾社区教育覆盖率的同时,也带来了"数字鸿沟"这一重大问题,社区教育发展不均衡问题没有从根本上得到解决。⑤ 信息技术不是解决社区教育问题的快速解决方案,要深入探究如何运用信息技术帮助低收入社区居民更充分地参与社区教育。⑥

第二,软硬件资源建设不均衡。首先,在硬件资源建设层面,Aktaruzzaman 等通过调查研究发现,美国社区学院普遍均存在教育资源、实验室以及其他硬件设施缺乏合理配置的问题,影响了社区教育的发展。⑦ 程秀丽等认为当前我国社区教育信息化建设存在缺乏整体系统规划、基础设施不完善、覆盖面窄、投资主体单一化等问题。⑧ 其次,在软件资源建设层面,周晶晶认为在社区教育信息化建设中,在市民学习需求认知、学习需求与教育资源制作、信息教学资源制作与使用等方面存在偏差。⑨ 唐燕儿等认为数字鸿沟、重视程度不足、数字化学习资源

---

① DILLION C L. The relationship between delivery system and student success in technology-based distance education[C]//Proceedings of the Eighteenth ICDE World Conference: The New Learning Environment. University Park: Pennsylvania State University, 1997.

② BREY R. U.S. postsecondary distance learning programs in the 1990s: a decade of growth[C]. The Instructional Telecommunications Consortium, American Association of Community and Junior Colleges, One Dupont Circle N. W. Suite 410, Washington, DC 20036-1176. 1991.

③ PUGLIESE R R. Telecourse persistence and psychological variables[J]. American Journal of Distance Education, 1994, 8(3): 22-39.

④ DEDE C. The technologies driving the national information infrastructure: policy implications for distance education [J]. Paper Commissioned by the Southwest Regional Laboratory (SWRL) in Connection with the US Department of Education's evaluation of Star Schools, 1994,12(11):1-32.

⑤ RAMOS A J, NANGIT G, RANGA A I, et al. ICT-enabled distance education in community development in the Philippines[J]. Distance Education, 2007, 28(2): 213-229.

⑥ SERVON L J, NELSON M K. Community technology centers: narrowing the digital divide in low-income, urban communities[J]. Journal of Urban Affairs, 2001, 23(3-4): 279-290.

⑦ AKTARUZZAMAN M, PLUNKETT M. Institutional and community perceptions of distance education in bangladesh: preparing for the 21st century[J]. Turkish Online Journal of Distance Education, 2017, 18(4): 20-34.

⑧ 程秀丽,戴心来. 社区教育信息化过程中的问题及对策分析[J]. 现代远程教育研究,2008(1):22-24,70.

⑨ 周晶晶. 社区教育信息化教学资源建设若干问题的探讨[J]. 中国远程教育,2009(10):53-56.

匮乏等因素影响了社区教育信息化的推进。①

第三,信息技术支持学习的参与度较低。Carol 认为在当前社区教育信息化的实践中,居民的参与程度仍亟待提升,应采取有效措施使居民尽快适应信息技术支持的学习方式,以加快信息技术在社区教育领域的应用。② 沈光辉指出信息技术与社区教育的融合仍旧存在"两张皮"问题,居民对信息技术的接受与使用仍有待提高。③ 宋亦芳也认为当前社区教育信息化缺乏统一规划、资源缺少有效整合、居民学习动力、持续学习意愿不足等问题仍旧没有得到有效解决。④

综上所述,国内外社区教育及社区教育信息化的相关研究表明,社区教育资源缺乏统筹规划、社区教育参与水平低等问题是困扰社区教育健康发展的共性问题。在解决社区教育发展顽疾的众多手段中,社区教育信息化被寄予厚望,并在提升社区教育覆盖率、促进教育资源的有效整合等方面发挥了重要的作用,但随之而来的"数字鸿沟""信息孤岛",以及社区教育信息化有效性、参与度、资源建设等问题也逐渐显现,多年来阻碍社区教育发展的问题并未因信息技术的应用而得到有效解决,居民运用信息技术自主学习的意愿及参与度仍有待提高。虽然一些学者能够认识到上述问题的存在,但缺少对问题解决路径的深入研究,社区信息化学习环境建设在社区教育信息化推进过程中的重要作用没有得到学界的有效重视,相关研究较为薄弱。

(二)社区学习环境研究

媒介作为教育传播效率、效果的基础决定因素,一直以来在远程教育系统分析研究中都是非常重要的一个维度,社区媒介学习环境作为远程教育系统,内部由多个具有一定层次结构和特定子功能的子系统及要素构成,同样需要系统化的设计过程与策略。国内外远程教育系统的相关研究表明,社区学习环境的设计在关注系统性、科学性的同时,也要重视媒介与学习者的自主学习两个核心要素。

首先,国外众多学者的理论对远程教育系统的开发与设计产生了影响,包括霍姆伯格的远程教学的两大功能要素理论;魏德迈的独立学习的理论;穆尔的远

---

① 唐燕儿,庞志坚.社区移动学习——促进教育机会均等的新途径[J].中国电化教育,2015(4):41-46.

② CAROL M. Online education for a community college on montserrat? are we there yet? [J]. Distance Learning, 2019,16(3):35-43.

③ 沈光辉."互联网+"背景下推进社区教育信息化的思考与探索[J].高等继续教育学报,2018,31(1):34-38.

④ 宋亦芳.社区教育现代化的若干政策背景分析与反思[J].职教论坛,2020(3):88-96.

程教与学三种相互作用理论;基更的远程教与学再度综合理论;丹尼尔的学生自治独立学习和支助服务交互作用均衡发展理论。①

其次,在此基础上,国内学者对远程教育系统开展了深入的研究,相关研究在强调远程教育系统性的同时,也重点考察了媒介与学习者的自主学习对远程教育系统设计的重要意义。我国远程教育理论和实践的开拓者丁兴富在对远程教育的描述性定义中明确指出远程教育是有组织的系统工程,媒介教学为主要组成,自主学习为主要学习方式,并将媒介作为远程教育子系统特征与分类界定的重要依据。① 远程教育专家陈丽也指出以媒体为中介的交互是实现远程教育中教与学整合的关键过程②,远程学习的结果在一定程度上依赖于媒体的功能和学生自主使用媒介的水平。③

但笔者通过文献检索发现,当前社区学习环境设计的相关研究主要集中在社区资源整合与社区数字化学习平台建设两个方面,虽有少数研究以系统观的视角为社区学习环境的设计提出了策略,但以媒介或自主学习为切入点,对社区媒介学习环境进行系统、科学设计的研究较为匮乏。

1. 社区资源整合

在社区资源整合视角下,主要存在学习资源整合与学习场域整合两类观点。部分学者从学习资源整合的视角提出社区学习环境的总体设计原则,也有学者探索从教育机构、家庭、社区、场馆等不同学习场域整合的视角开展社区学习环境设计研究。

(1)社区学习资源整合

在社区学习资源整合的研究中,存在基于移动设备、要素整合、学习者及生态观的不同研究方向。第一,在移动设备视角下,杨梦佳等基于移动设备的学习型社区环境构建维度与活动设计原则,构建了移动性社区学习环境。④ 第二,在要素整合视角下,徐亚东在对社区教育环境设计要素进行归纳总结的基础上,对要素的实现路径与策略进行探究,并从资源整合、信息技术的应用以及社区教育根本目的三个维度提出了社区教育环境设计的总体原则。⑤ 第三,在学习者视角下,Lackney认为所有的学习环境设计都应以学习者为中心,适应学习者发展和

---

① 丁兴富. 远程教育学.[M]. 2 版. 北京:北京师范大学出版社, 2009.
② 陈丽. 远程教育学基础[M]. 北京:高等教育出版社, 2011.
③ 陈丽. 远程教学中交互规律的研究现状述评[J]. 中国远程教育,2004(1):13-20,78.
④ 杨梦佳,詹青龙,郭桂英. 移动性学习社区环境构建与活动设计[J]. 天津职业技术师范大学学报,2015,25(2):54-57,62.
⑤ 徐亚东. 社区教育环境设计的要素构成分析[J]. 城市建筑,2020,17(17):123-124.

年龄,遵循安全、舒适、无障碍、灵活、公平的原则,最终目标是优化学校及周边社区环境,合理配置二者的资源,打造一体化的学习环境。① 第四,在生态视角下,Belon 等指出社区内的硬件设施、社会文化、经济均会对居民的活动产生影响,需要采取生态的观点来对社区环境进行设计,解决居民参加社区活动的障碍,提升参与率。②

(2)社区学习场域整合

在社区学习场域整合的相关研究中,存在学习场馆场域整合、社区与家庭场域整合、社区与学校场域整合及城市内各学习场域整合四类不同的研究取向。

第一,在学习场馆场域整合研究中,早在 2007 年余胜泉就指出未来的学校、图书馆、教室、会议室、博物馆,都能主动发射自身的知识和信息,每个学习者都沉浸到现实世界和数字世界交织的信息生态环境之中,学习者通过并透过无所不在的智能网络,利用对话、实践社区、协作学习、社交过程的内化、参与共同活动来实现社会学习。③ 在此基础上,结合非正式学习与泛在学习环境的特点,余胜泉等提出了"学习元"这一具备生成性、开放性、联通性、可进化发展、智能性、内聚性、自跟踪、微型化等基本特征的学习资源组织方式,以促进群体智慧与学习工具的共享。④

第二,在社区与家庭场域整合研究中,李卢一等尝试将泛在计算技术应用在学习中,构建了泛在学习环境的概念模型,如图 1.1 所示。该模型所展现的学习环境是一种整合的学习环境,它整合了物理、社会、信息和技术等多个层面及维度,学习环境中各种教育机构(Educational Institutions)、工作坊(Workspace)、社区(Community)和家庭(Home)将会被有机地整合在一起,无论是对学习者还是对教育者,社区和家庭将不再是无关的或难于纳入考虑的因素,而会成为学习环境中不可缺少的重要组成部分。⑤

第三,在社区与学校场域整合研究中,Chen 等以实现学校和社区更好地融合

---

① LACKNEY J A. Thirty-three educational design principles for schools and community learning centers[J]. Educational Facilities Design, 2000:36.

② BELON A P, NIEUWENDYK L M, VALLIANATOS H, et al. How community environment shapes physical activity: perceptions revealed through the PhotoVoice method[J]. Social Science & Medicine, 2014, 116: 10-21.

③ 余胜泉. 从知识传递到认知建构、再到情境认知——三代移动学习的发展与展望[J]. 中国电化教育,2007(6):7-18.

④ 余胜泉,杨现民,程罡. 泛在学习环境中的学习资源设计与共享——"学习元"的理念与结构[J]. 开放教育研究,2009,15(1):47-53.

⑤ 李卢一,郑燕林. 泛在学习环境的概念模型[J]. 中国电化教育,2006(12):9-12.

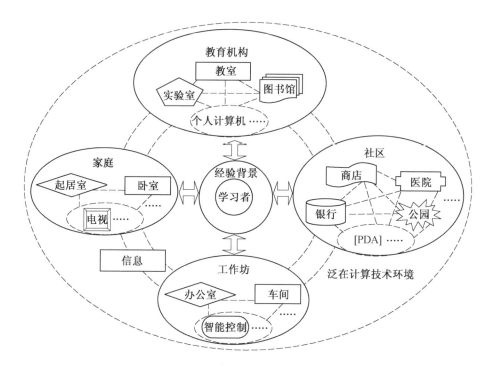

图1.1 泛在学习环境的概念模型

为目标,从社区教育与社区课堂的有效衔接以及社区学习的参与和管理两个方面提出了社区课堂学习环境的设计策略。① Prins 等认为学习是一个社会过程,基于社区的研究与学习可以成为大学与所服务社区之间的有机联系点,并提出了通过课程以及学习环境的设计,将学校教育与社区教育有机融合的建议。② Akiva 等认为社区学习系统由一系列学习环境组成,每个环境均具有独特的社会和物质资源,应通过社区内不同的项目合作来实现社区学习环境的设计。③

第四,在城市内各学习场域整合研究中,庄榕霞等从市民学习者的角度出发,立足于城市这一整体,将城市学习环境划分为学校、家庭、社区、职场、场馆等

---

① CHEN C C, HUANG T C. Learning in a u-museum: developing a context-aware ubiquitous learning environment[J]. Computers & Education, 2012, 59(3): 873-883.

② PRINS L, PAUCHULO A L, BROOKE A, et al. Learning at the center: a proposal for dynamic assessment in a combined university and community adult learning center course[J]. Adult Learning, 2015, 26(2): 59-65.

③ AKIVA T, KEHOE S, SCHUNN C D. Are we ready for citywide learning? examining the nature of within-and between-program pathways in a community-wide learning initiative[J]. Journal of Community Psychology, 2017, 45(3): 413-425.

典型场域,并对场域的发展特征与相互关系进行了深入分析。研究结果表明,各学习场域之间存在一定的相关性,市民参与学习的情况存在年龄和性别的差异。①

2. 社区数字化学习平台建设

在社区数字化学习平台建设研究中,有学者分别从系统化、生态化、社区与数字资源融合三个不同的视角提出了社区数字学习环境的构建策略。第一,在系统化视角下,张吉先依托电大系统构建了数字化终身学习平台,对基于数字化学习环境的社区教育进行了研究,从数字化平台建设这一层面探索了社区数字化学习环境的设计策略。② 第二,在生态化视角下,宋亦芳分别从环境规划、网络平台、传送通道和学习空间等角度,提出了社区数字化学习环境建设的相关策略。③ 朱冠华对社区教育数字化学习资源理论研究、资源实体建设、限制因子等现状进行了生态化分析,提出了基于云教室架构的社区教育数字化学习环境构建策略。④ 第三,在社区与数字资源融合视角下,Leh 等指出社区与信息技术的融合虽然可以创造动态的学习环境,但不能有效地促进学习活动的发生,要通过学习者与教师之间、学习者之间、学习者与内容之间的交互产生学习行为,并提出了在线或离线学习社区学习环境的设计策略。⑤ Shah 等从基础设施建设、社区居民内部需求、社区居民人际关系三个维度,构建了社区数字化学习环境模型,提出了数字化社区的建设策略。⑥

3. 基于自主学习、媒介环境视角的研究

此外,国内外也有少数学者从自主学习或媒介环境的视角提出了社区学习环境的构建策略。

---

① 庄榕霞,方海光,张颖,等.城市典型场域学习环境的发展特征分析[J].电化教育研究,2017,38(2):82-90.
② 张吉先.基于数字化学习环境的社区教育模式与机制研究[J].职教论坛,2012(36):40-43.
③ 宋亦芳.社区数字化学习环境建设的策略[J].继续教育研究,2012(8):92-94.
④ 朱冠华.社区教育数字化学习资源生态化建设研究[J].成人教育,2018,38(7):52-57.
⑤ LEH A S C, KOUBA B, DAVIS D. Twenty-first century learning: communities, interaction and ubiquitous computing[J]. Educational Media International, 2005, 42(3):237-250.
⑥ SHAH R W,TROESTER J M S, BROOKE R, et al. Fostering eABCD: asset-based community development in digital service-learning[J]. Journal of Higher Education Outreach and Engagement,2018, 22(2):189-222.

(1)自主学习视角

在自主学习视角下,Closson认为成人自主学习的成功在很大程度上取决于其所处的环境,社区学习环境的设计应充分考虑成人的自主学习能力,通过社区资源的合理配置促进成人自主学习。① Cárdenas-Robledo等认为学习者在非正式学习环境中会受到不同的刺激或者压力的影响,导致学习及认知的偏差,提出了依托学习环境设计促进学习者自主学习的路径与策略。②

(2)媒介环境学视角

在媒介环境学视角下,部分学者基于媒介环境理论,为学习环境建设提出策略,也有学者通过媒介矩阵与模型的构建,为促进学习者的有效学习提出了建议。

第一,在建设策略层面,詹青龙等在研究中对社区媒介环境的构成进行了界定,从混合性、生成性、多模性、视导性及生态性五个层面总结了社区媒介环境的特征,并提出了基于媒介环境的社区学习方式。③ 郭红霞通过新媒介对大学生非正式学习环境、内容、方法,以及学习过程和结果的积极与消极影响进行分析,从坚定价值认同、更新学习观念、融合正式学习、提高技术素养、完善自我管理等方面提出了相关对策。④

第二,在媒介矩阵、模型构建层面,李明伟认为相对于传播内容,传播的效果更易受传播媒介的影响,各类媒介所组成的媒介矩阵对人与社会的发展产生着潜移默化的影响。⑤ 郭桂英指出要为在职教师能力提升建立有效的媒介环境模型,通过整合各种媒介建立起的环境为在职教师提供有效的信息传播途径,促进其有效地学习,以达到提升师资能力的目的,并根据不同实体学习型社区的实际情况以及不同媒介的特点,建立了社区媒介学习环境建设对应图⑥,如图1.2所

---

① CLOSSON R B. The learning society: how shall community colleges respond? [J]. Community College Review, 1996, 24(1): 3-18.

② CÁRDENAS-ROBLEDO L A, PEÑA-AYALA A. A holistic self-regulated learning model: a proposal and application in ubiquitous-learning[J]. Expert Systems with Applications, 2019, 123: 299-314.

③ 詹青龙,李亚红,郭桂英.学习型社区媒介环境的要素特质与学习方式[J].中国电化教育,2015(6):47-50,58.

④ 郭红霞.新媒介环境对大学生非正式学习的影响及对策研究[J].中国电化教育,2016(3):27-32.

⑤ 李明伟.知媒者生存[M].北京:北京大学出版社,2010.

⑥ 郭桂英.职教师资能力提升的学习型社区媒介环境建设研究[J].天津职业技术师范大学学报,2014,24(3):43-47.

示。

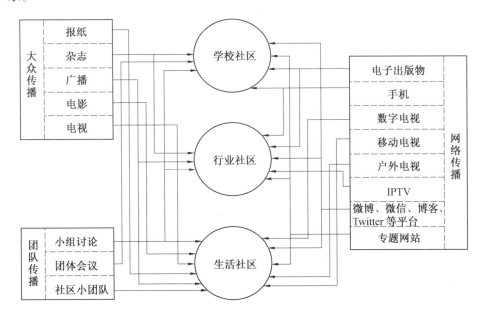

图1.2 社区媒介学习环境建设对应图

在此基础上,郭桂英在研究中构建了媒介促进能力提升对应矩阵,该矩阵详细地标注了某种媒介是否适于某种能力的提升,矩阵中有五星的地方表示横轴的媒介形式有利于纵轴能力的提升,在具体建设职教师资能力提升学习资源时可以按照图中所示的对应项目进行建设,以取得更好的学习效果,如图1.3所示。该矩阵可为职教师资能力的提升提供如下服务:职教师资计划提升个人的某项能力,可以参照图1.3中所示选择适合的媒介,进行相应内容的学习,实现随时随地地终身学习;学习资源开发者以此为指导,选择合适的终端媒介进行资源的开发,一方面可以提升资源的利用率,另一方面还可以方便职教师资进行相关资源的查找。[①]

综上,国内外社区学习环境相关研究表明:首先,社区学习环境设计的相关研究数量有限,尚未引起足够的重视;其次,现有关于社区学习环境的研究在宏观层面侧重服务于非正式学习的泛在学习环境的构建,运用信息技术手段将不同学习场域及学习资源有效整合,从而促进学习者的有效学习,这对本书社区媒介学习环境中学习场域的划分及相互关系的分析具有一定的指导意义;最后,在

---

① 郭桂英.职教师资能力提升的学习型社区媒介环境建设研究[J].天津职业技术师范大学学报,2014,24(3):43-47.

分支能力\媒介	报纸	杂志	广播	电影	电视	小组讨论	团队会议	社区小团队	电子出版物	手机	数字电视	移动电视	户外电视	IPTV	微博微信等	专题网站
课堂组织和管理能力					★		★									★
教学表达及师生交往能力			★	★	★		★			★	★				★	★
研究能力		★				★	★	★							★	★
现代教育技术能力						★	★								★	★
课程开发能力							★	★								★
学习情境、工作任务的设计能力	★					★								★		★
教学设计能力		★				★		★								★
教学实践能力							★									★
实训指导能力		★				★		★								★
专业知识学习能力																★
理论联系实际的能力						★	★									★
动手操作能力						★	★									
为企业员工提供业务帮助的能力			★													
行业新技术的认知能力	★															
学生就业需求的调研能力	★	★				★				★						★
针对人才需求的专业开发能力					★											★
社会服务能力											★	★		★		★
对学生的职业指导能力						★								★		
岗位的认知能力	★					★		★								
与企业的合作能力						★	★							★		

图1.3　媒介促进职业教师核心能力提升对应图

微观层面,以社区数字化学习平台构建,以及社区内部资源、需求、人际关系梳理与整合的研究较为常见,而以媒介与自主学习为视角,将社区内居民、媒介资源工具、文化资源作为整体对社区学习环境进行系统化设计的研究较少。国内仅有以詹青龙、郭桂英为代表的研究团队以媒介环境为切入点,探索通过媒介学习环境的科学设计实现社区内各类资源的有效配置;国外仅有两位学者从社区环境与自主学习关系的视角提出社区学习环境设计策略,上述结论也表明本书基于系统观,深入分析社区媒介学习环境与成人自主学习的关系,开展社区媒介学习环境设计的研究,具有一定的创新性。

(三)社区学习环境下技术支持的自主学习研究

社区学习环境下技术支持的成人自主学习过程与作用机制,是社区媒介学习环境设计的重要依据,技术支持自主学习的相关研究虽已较为成熟,但基于社区学习环境的自主学习研究则较为少见。当前,国内外关于技术支持自主学习的研究主要划分为三种,分别是理论研究、自主学习行为分析及模型构建。

1. 理论研究

伴随着信息技术在教育领域的广泛应用,技术支持的自主学习引起国内外学者的广泛关注,在理论研究层面均取得了丰富的研究成果,主要存在技术与自主学习能力匹配、问题解决及自主学习过程三个不同视角。第一,在技术与自主学习能力匹配视角下,钟志贤等从阐述自主学习的定义、特征、构元和理论基础出发讨论了信息技术与促进自主学习能力发展之间的匹配应用关系,总结了基于信息技术的自主学习设计的基本原则。① 第二，在问题解决视角下，戴妍在对远程教育中信息交互模式和自主学习循环模型分析的基础上，指出学习者在远程教育的自主学习过程中，面临自我调节技能、执行力、学习者校准三个方面的挑战，并有针对性地提出了解决策略。② 邓国民等认为在新技术支持的学习环境下，教师监管的缺乏和信息的泛滥使学习者特别容易迷失方向，如何更好地支持学习者在线环境下的自主学习将是未来重要的研究方向。③ 第三，在自主学习过程视角下，李延莉等基于自主学习过程，对成人教育学习者在"互联网+"背景下的学习特点及学习方式进行了探讨，指出在计划阶段，成人学习者要做好任务分析、目标设定、制订策略性计划、激发自我动机信念；在行为表现阶段，成人学习者要做好自我控制、自我指导、自我观察、记录和实验；在自我反思阶段，成人学习者要做好自我判断和归因。④

相比之下，国外技术支持自主学习的相关研究以量化与实证研究较为常见，仅有少数学者涉足理论层面的研究。一方面，部分学者关于技术支持自主学习综述类的研究印证了当前的研究现状。例如 Lee 等梳理了 MOOCs 中自主学习的策略和干预措施的相关研究，发现仅有四个研究采用了干预措施来促进自主学习。⑤ Araka 等也通过对面向 e-learning 平台的自主学习测量相关研究的梳理，发现很少有研究使用学习者分析和教育数据挖掘技术来衡量促进学习者自主学习的策略，自主学习教育数据挖掘的相关研究有待加强。⑥ 也有少数学者从理论层面对技术支持的自主学习进行了研究。例如 Azevedo 等提出了超媒体环境下

---

① 钟志贤,谢云.基于信息技术的自主学习[J].中国电化教育,2004(11):16-18.
② 戴妍.远程教育中自我调节学习的困境与出路——基于远程教育信息交互模式的思考[J].现代远距离教育,2013(2):33-38.
③ 邓国民,周楠芳.国际自我调节学习研究知识图谱:起源、现状和未来趋势[J].中国远程教育,2018(7):33-42+60.
④ 李延莉,王可钰,李积鹏."互联网+"背景下成人学习者的学习策略选择——基于自我调节学习的视角[J].中国成人教育,2018(12):9-12.
⑤ LEE D, WATSON S L, WATSON W R. Systematic literature review on self-regulated learning in massive open online courses[J]. Australasian Journal of Educational Technology, 2018, 35(1):28-41.
⑥ ARAKA E, MAINA E, GITONGA R, et al. Research trends in measurement and intervention tools for self-regulated learning for e-learning environments—systematic review (2008-2018)[J]. Research and Practice in Technology Enhanced Learning, 2020, 15:1-21.

自主学习所需要的技能,如目标设定、监控和对认知、动机和行为的控制①。Moos 等强调了信息技术环境下对学习者认知与元认知过程的监控和测量的重要意义。② Liaw 等对如何更加精准地测量信息技术环境下自主学习者的认知与元认知提出了建议。③ Dabbagh 等阐述了个人学习空间、社交媒体、自主学习之间的关系,以此为基础,面向教师提出了使用社交媒体创建支持学生自主学习环境的三级教学支架。④ Wong 等对 MOOCs 和其他在线学习环境中自主学习的研究进行了系统回顾,并考察了人为因素在自主学习中的作用。⑤

2. 自主学习行为分析

在技术支持的自主学习行为研究层面,学者多通过实证研究探索学习者技术支持自主学习的影响因素或过程因素的作用机制,进而实现对学习者技术支持自主学习行为的分析。

(1)研究方法

在技术支持自主学习研究方法层面,学者根据研究实际,采用不同的研究方法探索了技术支持自主学习影响因素。第一,Rezabek 采用质化和量化相结合的方法,探究包括动机、障碍等影响成人参加社区学院远程学习的因素,研究结果表明,是否能够获得学位、提升工作水平,以及学习的时间、对技术的恐惧是影响成人参加远程学习的主要原因。⑥ 第二,Yamada 等采用量化研究方法探讨了普适学习环境下自我调节学习意识、学习行为与学习绩效之间的关系,研究结果表

---

① AZEVEDO R, MOOS D C, JOHNSON A M, et al. Measuring cognitive and metacognitive regulatory processes during hypermedia learning: issues and challenges[J]. Educational Psychologist, 2010, 45(4):210-223.

② MOOS D C, AZEVEDO R. Learning with computer-based learning environments: a literature review of computer self-efficacy[J]. Review of Educational Research, 2009, 79(2):576-600.

③ LIAW S S, HUANG H M. Perceived satisfaction, perceived usefulness and interactive learning environments as predictors to self-regulation in e-learning environments[J]. Computers & Education, 2013, 60(1):14-24.

④ DABBAGH N, KITSANTAS A. Personal learning environments, social media, and self-regulated learning: a natural formula for connecting formal and informal learning[J]. Internet and Higher Education, 2012, 15(1):3-8.

⑤ WONG J, BAARS M, DAVIS D, et al. Supporting self-regulated learning in online learning environments and MOOCs: a systematic review[J]. International Journal of Human-Computer Interaction, 2018, 35(1-5):356-373.

⑥ REZABEK R J. A study of the motives, barriers, and enablers affecting participation in adult distance education classes in an iowa community college[J]. Adult Education, 1999:246.

明,自我效能感和考试焦虑是影响学习者幻灯片阅读页数的关键因素。① 第三,赵宏等采用问卷调查法分析了自我效能感、认知策略和学业失败三个因素之间的关系以及对远程学习者自主学习的影响。② 第四,徐瑾劼等运用多水平回归的方法,探索了影响教师促进学生高频率使用信息技术进行自主学习的因素。③

(2)技术支持自主学习因素、机制

部分学者从技术支持自主学习因素或作用机制研究角度,对技术支持的自主学习行为进行分析。

第一,在技术支持自主学习因素研究层面,Handoko 等考察了完成与未完成课程的学生自主学习策略的差异,发现 MOOCs 完成者具备自主学习的特定子过程,即目标设定。此外,任务兴趣、价值观、因果归因、时间管理、自我效能感和目标定位等自主学习子过程同样是课程完成的关键因素,明确了自主学习对 MOOCs 使用者学习表现的促进作用。④ Yu 等通过实证研究检验了自主学习策略和支持性在线学习行为在学生成就目标定向与学业期望之间的中介作用,明确了网络学习者目标导向与学业期望之间的内在机制。⑤ 张成龙等利用成熟的网络自主学习调查量表,对参加混合式教学的学生进行调查,通过对比分析学生自主学习的差异来识别关键的自我调节过程,提升了学生网络自主学习成效。⑥ 赵蔚等采用实验研究、问卷调查与访谈法,从学习成绩、元认知水平及学习过程三方面考察了学习路径挖掘与相应反馈效果。结果表明,基于学习分析的自我

---

① YAMADA M, SHIMADA A, OKUBO F, et al. Learning analytics of the relationships among self-regulated learning, learning behaviors, and learning performance[J]. Research & Practice in Technology Enhanced Learning, 2017, 12(1):13.

② 赵宏,陈丽,郑勤华,等. 成人远程学习者自主学习能力培养的教学模式探究[J]. 中国电化教育,2014(6):37-41,48.

③ 徐瑾劼,朱雁. 信息技术支持学生自主学习的实证研究——基于 TALIS 2018 上海数据结果的二次分析[J]. 开放教育研究, 2019(8):75-81.

④ HANDOKO E, GRONSETH S L, MCNEIL S G, et al. Goal setting and MOOC completion: a study on the role of self-regulated learning in student performance in massive open online courses.[J]. International Review of Research in Open and Distributed Learning, 2019, 20.

⑤ YU C Y, OI M K, HSIANG Y C, et al. How college students' achievement goal orientations predict their expected online learning outcome: the mediation roles of self-regulated learning strategies and supportive online learning behaviors[J]. Online Learning, 2019,23(4):23-41.

⑥ 张成龙,李丽娇,李建凤. 基于MOOCs的混合式学习适应性影响因素研究——以Y高校的实践为例[J]. 中国电化教育,2017(4):60-66.

调节学习路径挖掘与反馈能够优化学习效果与学习过程,促进学习能力发展。①

第二,在作用机制层面,Callan等运用结构化访谈法考察了学生在进行创造性问题解决任务时的自主学习(如自我效能感、策略规划、策略使用和自我评价),研究结果表明,特定的自主学习变量与创造性结果之间存在差异性关系。② 王祯等以参加混合学习的336名大学生为研究对象,采用问卷法探讨了动机信念、动机调节与元认知调节之间的关系,据此从学习者的动机因素的角度提出了改善学习效果的建议。③ 赵艳等利用相关性统计分析、内容分析等方法对中小学教师在线自主学习水平进行诊断,进行在线自主学习干预设计,研究中的干预设计有助于提升中小学教师在线自主学习能力、提高在线学习效果、改善在线学习行为。④

3. 模型构建

通过技术支持自主学习模型构建的相关研究综述发现,一些学者主要从自主学习理论、技术接受理论和二者整合的三个不同视角,通过学习者技术支持自主学习模型的构建,分析了学习者技术支持自主学习的影响因素与作用机制。

(1)自主学习理论视角

在基于自主学习理论的模型构建研究中,存在因素间作用机制及因素与学习绩效关系两类侧重点。

第一,在侧重因素间作用机制的模型构建研究中,罗恒等设计并完善了学习者自主在线学习体验问卷工具,确定了案例情境性、媒体交互性、开放探索性、自主学习特性和学习感知效果五个核心构念,并利用结构方程模型对构念间的关系进行了探索与检验。⑤ 陶曙红等以社会认知理论和自我决定理论为基础,将597名大学生作为研究对象进行实证研究,通过模型构建与验证,阐释了自主学

---

① 赵蔚,李士平.基于学习分析的自我调节学习路径挖掘与反馈研究[J].中国电化教育,2018(10):15-21.

② HANDOKO E, GRONSETH S L, MCNEIL S G, et al. Goal setting and MOOC completion: a study on the role of self-regulated learning in student performance in massive open online courses[J]. International Review of Research in Open and Distributed Learning, 2019, 20(3):39-58.

③ 王祯,龚少英,曹阳,等.混合学习环境下自我调节学习的机制研究[J].教育研究与实验,2019(6):92-96.

④ 赵艳,多召军,赵蔚,等.移动网络学习社区构建新范式:大学生自我调节学习效能感培养视角[J].现代远距离教育,2019(1):10-17.

⑤ 罗恒,杨婷婷.自主在线案例学习体验的构念模型研究——基于结构方程模型的探索[J].现代远距离教育,2018(3):83-91.

习过程中成就动机、自我效能感与学习绩效的关系。① 郁晓华基于齐莫曼(Zimmerman)的自主学习调控模型,提出了个人学习环境-自主学习调控模型,如图1.4所示,该模型将自主学习过程划分为计划、行为及反思三个阶段,并对每个阶段的构成与机制进行了详细的分析。②

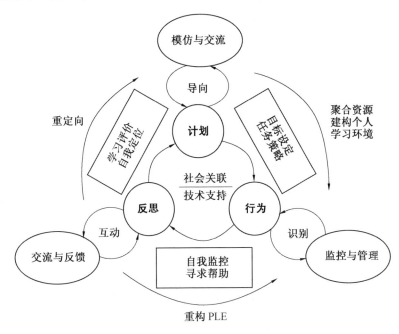

图1.4 个人学习环境-自主学习调控模型

Broadbent 等构建了大学生自主学习模型,通过分析揭示了五种不同的自我调节学习模式,分析了学习成绩的差异与学习者的动机调节和自主学习策略的执行能力的关系。③ Zalli 等建立了在线自主学习策略模型,通过验证性因素分析,验证了测量模型的有效性,并提出了相关建议④,如图1.5所示。

---

① 陶曙红,龙成志,郭丽冰,等.成就动机、自我效能感与自主学习绩效的关系:一个有中介的调节模型[J].心理研究,2019,12(2):171-178.

② 郁晓华.个人学习环境设计视角下自主学习的建模与实现[D].上海:华东师范大学,2013.

③ BROADBENT J, FULLER-TYSZKIEWICZ M . Profiles in self-regulated learning and their correlates for online and blended learning students[J]. Educational Technology Research & Development, 2018(1):1-21.

④ ZALLI M M M, NORDIN H, HASHIM R A. Online self-regulated learning strategies in MOOCs: a measurement model[J]. International Journal of Emerging Technologiesin Learning, 2020,15(8):255-263.

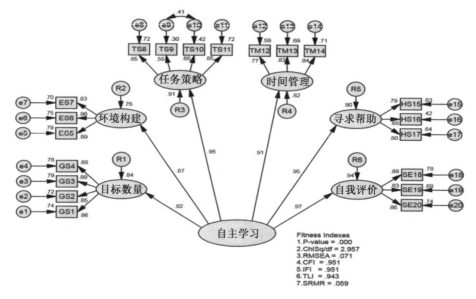

图1.5 Zalli等建立的在线自主学习策略模型

第二,在重点考量影响因素与学习绩效关系的研究中,侯春雨构建了信息技术环境下高职学生自主学习能力培养模型,运用定性和定量研究方法对模型的有效性进行验证与分析。[①] 邓国民等构建了基于OERs(Open Educatioual Resources,全球开放教育资源)的自主学习环境,建立了自我调节学习行为对自主学习成效的影响概念模型,研究学习者基于OERs的自我调节学习行为对自主学习成效的影响。研究表明,事先计划阶段和执行阶段的支持对自主学习成效显示出直接影响,说明提供自我调节学习支持有助于提升学习者基于OERs的自主学习成效[②],如图1.6所示。Daumiller等通过对215名大学生的实证研究,证明了元认知提示的认知积极效应,以及额外的支持性动机调节提示对所有因变量的影响,并构建了实验诱导变化路径模型,研究结果表明,动机调节可以作为支持自主学习的有效支架。[③] Cosnefroy等构建了自主学习失败模型,研究了拖延、无

[①] 侯春雨.信息技术环境下自主学习模型构建与实证研究[J].数学的实践与认识,2016(22):286-291.

[②] 邓国民,韩锡斌,杨娟.基于OERs的自我调节学习行为对学习成效的影响[J].电化教育研究,2016,37(3):42-49,58.

[③] DAUMILLER M, DRESEL M. Supporting self-regulated learning with digital media using motivational regulation and metacognitive prompts[J]. Journal of Experimental Education, 2019,87(1):161-176.

组织、自主学习的前瞻性、学习成绩与自主学习失败之间的关系。① Yen 等通过模型假设的检验,研究了在线自主学习的六个指标,即环境构建、目标设定、时间管理、任务策略、寻求帮助及自我评价,是否能够分别预测个人网络学习环境管理中的自发性、控制感及自我反应水平的高低。②

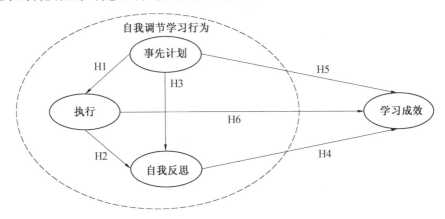

图 1.6 自我调节学习行为对自主学习成效的影响概念模型

(2) 技术接受理论视角

在技术接受理论视角下,Tarhini 等在技术接受模型 (Technology Acceptance Model,TAM) 的基础上,将自我效能、社会规范作为变量,将性别、年龄作为调节变量引入模型,提出模型假设,如图 1.7 所示,对在线学习的影响因素进行分析。③

Ai-Hawari 等在技术接受模型的基础上提出新的模型假设,分析学生对在线学习的满意度以及使用意图④,如图 1.8 所示。

---

① COSNEFROY L, FENOUILLET F, MAZÉ C, et al. On the relationship between the forethought phase of self-regulated learning and self-regulation failure[J]. Issues in Educational Research, 2018,28(2):329-348.

② YEN C J, TU C H, SUJO-MONTES L, et al. A predictor for PLE management: impacts of self-regulated online learning on students' learning skills[J]. Journal of Educational Technology Development and Exchange (JETDE), 2016, 9(1):3-3.

③ TARHINI A, HONE K, LIU X. The effects of individual differences on e-learning users' behaviour in developing countries: a structural equation model[J]. Computers in Human Behavior, 2014, 41(41):153-163.

④ AI-HAWARI M A, MOUAKKET S. The influence of technology acceptance model (TAM) factors on students' e-satisfaction and e-retention within the context of UAE e-learning[J]. Education Business & Society Contemporary Middle Eastern Issues, 2010, 3(4):299-314.

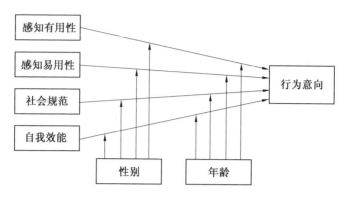

图1.7　Tarhini 等提出的模型假设

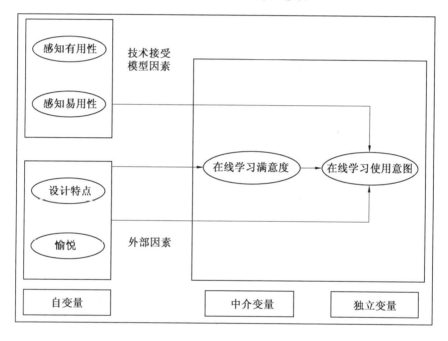

图1.8　Ai-Hawari 等提出的模型假设

Liaw 等在技术接受模型的基础上提出模型假设,验证了感知满意度、感知有用性和交互学习环境对网络环境下自主学习的预测作用,如图1.9所示。①

---

① LIAW S S, HUANG H M. Perceived satisfaction, perceived usefulness and interactive learning environments as predictors to self-regulation in e-learning environments[J]. Computers & Education, 2013, 60(1):14-24.

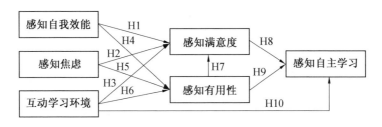

图 1.9　Liaw 等提出的模型假设

(3)整合视角

在自主学习理论与技术接受理论整合视角下,Tabak 和 Nguyen 探讨了数字化学习环境下技术接受与表现对自主学习的影响,在自主学习过程模型和技术接受模型(TAM)的基础上提出了模型假设,如图 1.10 所示,很好地解释了自主学习、技术接受、信息技术三者之间的关系①。

上述信息技术支持自主学习模型构建的相关研究,对本书社区媒介学习环境下技术支持的成人自主学习模型假设的提出具有重要的指导意义。

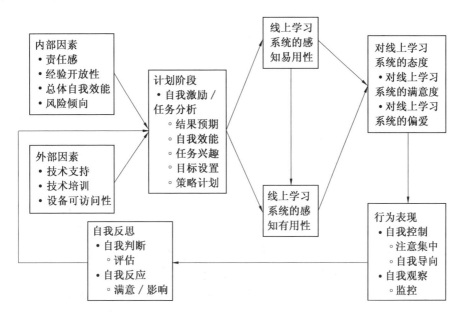

图 1.10　Tabak 和 Nguyen 提出的模型假设

通过对技术支持自主学习相关的文献综述研究发现,伴随着新一代信息技

---

① TABAK F, NGUYEN N. Technology acceptance and performance in online learning environments: impact of self-regulation[J]. Journal of Online Learning & Teaching, 2013, 9.

术的快速发展与教育领域的广泛应用,技术支持的自主学习逐步成为研究热点,无论在理论研究层面,还是影响因素与机制分析、模型构建等实证研究层面,都取得了较为丰硕的成果,为本书关于成人学习者模型假设的提出奠定了基础。但现有成果从研究对象上看,多以在校师生为研究对象,缺乏面向成人学习者非正式学习的相关研究;从学习环境上看,缺少社区学习环境下技术支持自主学习相关研究;从研究目标与方法上看,虽然有部分研究采用了量化的研究方法对技术支持的自主学习因素进行分析,但大部分研究没有将自主学习理论与技术接受理论有机融合,构建完整的自主学习过程模型,对影响因素进行进一步的分类和细化,深入探究技术支持下自主学习的形成过程及各因素间量化关系。因此,针对上述研究现状,本书以社区成人学习者为研究对象,基于自主学习、技术接受理论,结合当前社区媒介学习环境资源工具构成与发展状况,构建成人学习者模型,探究技术支持的自主学习过程、因素及作用机制的研究路径,具有一定的创新性。

通过对国内外社区教育与社区教育信息化、社区学习环境、社区学习环境下技术支持自主学习相关研究的综述,得出以下结论。

第一,社区教育信息化并未在解决社区教育资源的合理配置、提升社区教育参与度等问题中发挥应有的作用,如何通过社区资源的优化配置,促进社区居民运用信息技术进行自主学习,是社区教育信息化亟待解决的问题。

第二,居民在社区内的学习活动必须依托于社区学习环境,科学化、系统化的社区信息化学习环境设计能够实现对社区教育资源的合理配置,有效促进居民技术支持的自主学习,促进社区教育信息化的稳步推进,而当前关于社区教育信息化学习环境设计与构建的研究较少,特别是基于系统的视角,以社区媒介环境或自主学习为切入点的研究则更为匮乏。

第三,当前国内外关于技术支持的自主学习相关研究已经较为成熟,为本书中社区媒介学习环境下技术支持的成人自主学习相关研究的开展奠定了基础。但缺少以社区成人为研究对象,将自主学习理论与技术接受理论有机融合,探究社区学习环境下技术支持的成人自主学习过程与因素的研究。

从总体上看,国内关于社区媒介学习环境的相关研究局限于社区资源工具、居民个体、社区学习环境层面的独立研究,缺少将社区媒介学习环境作为动态系统,探究系统下各要素的构成与相互关系,基于系统观对社区媒介学习环境进行设计的研究。

(四)研究问题

自20世纪70年代查尔斯·魏德迈(Charles Wedemeyer)提出远程教育理论

以来,国内外众多学者投身于远程教育理论研究。迈克尔·穆尔(Micheal G. Moore)提出远程教育是由学习者、教师和传播方法三个子系统构成的有机整体,提倡从系统的视角开展远程教育的研究。① 在我国,以丁兴富、陈丽为代表在此基础上,围绕远程教育系统的分析及其主流模式特征、远程教育系统的设计和规划进行了深入的研究,构建了远程教育系统子系统结构、功能模型,为远程教育系统的设计提供了具体的决策过程与流程,形成了较为成熟的研究范式。② 在终身学习领域,詹青龙等也开展了学习型社区环境系统要素特质与学习方式的相关研究,③为社区教育信息化学习环境设计提供了全新的视角。

上述学者的研究,均旨在通过远程教育系统科学、系统的设计,促进系统内部资源工具要素的合理配置,为学习者提供继续学习的机会以及培养自主学习能力,从而优化、提升远程教育系统的效能。本书通过相关文献的阅读与梳理发现,社区的媒介学习环境作为远程教育系统,由于缺乏基于系统观的科学设计,并未在促进社区教育信息化过程中发挥应有的作用。在教育信息化2.0时代,基于系统的视角对社区媒介学习环境内部要素进行科学设计的研究,对于社区教育信息化的发展具有一定的重要性与紧迫性。

因此,本书试图探索从系统视角对社区媒介学习环境内的要素资源优化配置进行研究,为社区媒介学习环境的设计提供科学、有效的过程与策略。乔森纳④、陈琦⑤、钟志贤⑥、胡海明和祝智庭⑦等国内外知名学者,均在其研究中将资源工具与学习者界定为学习环境的重要构成要素。基于此,首先,本书对社区媒介学习环境的内涵与概念进行界定,构建社区媒介学习环境理论模型,将资源工具要素、成人学习者要素界定为其主要构成要素;其次,在此基础上,本书对构成要素及要素间的关系进行研究,构建技术支持的社区媒介学习环境(Technology Enhanced Community Media Learning Ecology,TECMLE)实践模型;最后,基于上述

---

① 张秀梅,丁新.迈克尔·穆尔研究[J].中国电化教育,2004(3):71-75.
② 丁兴富.远程教育系统的分析及其主流模式的特征——论远程教育系统(一)[J].广播电视大学学报(哲学社会科学版),2001(1):95-99.
③ 詹青龙,李亚红,郭桂英.学习型社区媒介环境的要素特质与学习方式[J].中国电化教育,2015(6):47-50,58.
④ 乔森纳.学习环境的理论基础[M].上海:华东师范大学出版社,2002.
⑤ 陈琦,张建伟.信息时代的整合性学习模型——信息技术整合于教学的生态观诠释[J].北京大学教育评论,2003(3):90-96.
⑥ 钟志贤.论学习环境设计[J].电化教育研究,2005(7):35-41.
⑦ 胡海明,祝智庭.个人学习环境的概念框架:活动理论取向[J].开放教育研究,2014(4):84-91.

研究提出TECMLE实践模型的设计过程与设计策略,并通过实证研究验证了策略的有效性。上述研究内容以子问题的形式在以下章节中通过研究得以解决:

第三章:社区媒介学习环境的概念与理论模型如何界定?

第四章:社区媒介学习环境下的资源工具要素的构成与发展状况如何?

第五章:社区媒介学习环境下成人学习者要素构成与作用机制如何?

第六章:社区媒介学习环境资源工具要素与成人学习者要素的相互关系如何?

第七章:如何根据要素的相互关系,基于系统视角进行社区媒介学习环境设计?

三、研究意义

本书创新性地提出社区媒介学习环境的概念,在对当前社区媒介学习环境资源工具构成与发展状况进行深入研究的基础上,对技术支持的成人自主学习过程与机制进行深入分析,并将其与社区媒介资源工具要素进行对应,建立媒介资源工具与技术支持的成人自主学习关系对应矩阵,在此基础上构建技术支持的社区媒介学习环境(TECMLE),最终提出TECMLE实践模型的具体设计过程与设计策略,具有一定的理论与实践意义。

(一)理论意义

1. 拓宽了信息化社区学习环境的研究视角

伴随着社区教育信息化的不断推进,如何通过信息化社区学习环境的科学设计促进居民运用信息技术自主学习,成为研究的热点问题。但通过国内外研究综述发现,现有研究多基于传统的学习环境理论视角,而基于系统观、以媒介环境为视角的研究较为缺乏。因此,本书基于系统观,将媒介环境理论与自主学习理论有机融合,深入探究社区媒介学习环境的构成要素及相互关系,并据此提出TECMLE实践模型的设计过程与设计策略,在一定程度上拓宽了信息化社区学习环境的研究视角。

2. 创造性地提出了TECMLE实践模型的设计过程与设计策略

信息化学习环境虽然一直受到学者的广泛关注,但针对社区信息化学习环境设计过程与设计策略的研究相对缺乏。本书采用问卷调查、访谈等方法探究媒介资源工具的构成与发展状况;使用结构方程模型、德尔菲法、扎根理论等多种研究方法探索技术支持的成人自主学习过程与机制,及其与媒介资源工具的对应关系，为社区媒介学习环境设计提供系统、科学、具体的过程与策略。

（二）实践意义

1. 为 TECMLE 实践模型的设计提供了参考与依据

本书首先通过对社区媒介资源工具的研究，明确当前社区媒介资源工具的构成与发展状况，并提出存在的具体问题，为政府决策及相关研究提供参考；其次，通过对成人学习者的研究，开发信息技术支持的成人自主学习测量工具，明确社区媒介学习环境下技术支持的成人自主学习因素与作用机制，为相关研究的开展提供了依据；最后，通过面向社区媒介学习环境设计的 TECMLE 实践模型的构建，以及设计过程与设计策略的提出及检验，为社区媒介学习环境的设计提供更具科学性、系统性及操作性的方法，具有较高的实践意义。

2. 从社区教育资源要素系统、科学优化的角度推进社区教育信息化进程

本书基于 TECMLE 实践模型提出的 TECMLE 实践模型设计策略，应用于社区媒介学习环境设计实践，取得良好的成效，优化社区教育资源要素的配置，有效地促进技术支持的成人自主学习，推进社区教育信息化进程。因此，本书所提出的 TECMLE 实践模型的设计过程与设计策略兼具理论性和操作性，具有一定的实践价值。

四、研究设计与研究方法

在研究设计与研究方法层面，本书采用质化与量化相结合的混合式研究路径，为社区媒介学习环境的设计制定系统、科学的设计过程与设计策略。本书首先对媒介学习环境与社区媒介学习环境的内涵、概念进行界定，构建社区媒介学习环境理论模型，以此为基础对社区媒介学习环境资源工具要素进行深入研究，总体掌握资源工具的构成与发展状况。其次，明确社区媒介学习环境下技术支持的成人自主学习过程与作用机制，通过社区媒介资源工具与技术支持自主学习对应矩阵的构建及实证检验，确定社区媒介学习环境资源工具要素与成人学习者要素的对应关系，构建面向社区媒介学习环境设计的 TECMLE 实践模型。最后，通过对上述研究结论的梳理，提出 TECMLE 实践模型的设计过程与设计策略，并采用实证研究的方法对设计策略的有效性进行了验证。具体实施路径如下。

第一，在核心概念界定与理论模型构建部分，首先采用文献研究法，结合研究核心问题，对媒介学习环境与社区媒介学习环境的概念进行界定；其次，通过媒介与学习环境、媒介环境与自主学习关系的分析,明确媒介学习环境与自主学习的关系;最后,在此基础上构建社区媒介学习环境理论模型,并提出社区媒介学习环境的两大构成要素,即资源工具要素和成人学习者要素。

第二,在社区媒介学习环境下资源工具要素研究部分,采用文献研究法,确定研究方法与程序,结合研究实际构建社区媒介学习环境资源工具研究框架,在此基础上设计调查问卷与访谈提纲,运用问卷调查与半结构化访谈相结合的混合式研究方法获取数据,通过数据分析总体掌握社区媒介学习环境资源工具构成与发展状况。

第三,在社区媒介学习环境下的成人学习者模型假设构建部分,本书运用文献研究的方法,将自主学习理论、技术接受理论、媒介环境理论有机融合,结合社区媒介学习环境资源工具的构成与发展状况,构建成人学习者模型假设。

第四,在成人学习者模型假设检验与修正部分,本书首先基于自主学习、技术接受相关研究成熟量表,开发社区媒介学习环境下技术支持的成人自主学习调查问卷;其次通过预调查对量表的信度、效度进行检验,对题项进行修改与调整,最终形成正式调查问卷,为技术支持的成人自主学习评测及后期的模型检验提供工具;最后采用 AMOS 结构方程模型统计分析工具对模型假设进行检验与修正,明确社区媒介学习环境下技术支持的成人自主学习的过程、因素及作用机制。

第五,在社区媒介学习环境资源工具要素与成人学习者要素对应关系研究部分,本书采用德尔菲法构建社区媒介资源工具要素与技术支持的成人自主学习对应矩阵,明确二者之间的对应关系。

第六,在 TECMLE 实践模型构建部分,本书采用基于扎根理论的访谈分析研究方法,对社区媒介资源工具与技术支持的成人自主学习对应关系进行验证,根据验证结果,面向社区媒介学习环境的设计,构建 TECMLE 实践模型,最终提出 TECMLE 实践模型的设计过程及设计策略。

第七,在 TECMLE 实践模型的设计策略验证部分,基于策略设计、实施社区媒介学习环境建设方案,与社区对接并实施,采用问卷调查法对方案的实施效果进行检验,从而在促进本书提出的策略落地的同时,对其有效性进行验证。

本书研究的总体技术路线如图 1.11 所示。

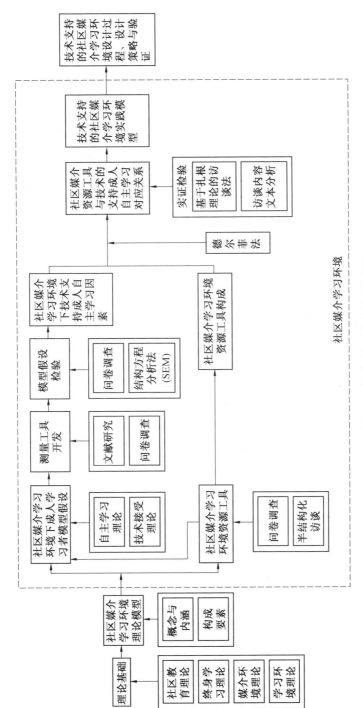

图 1.11 本书研究的总体技术路线图

第二章　相关理论基础

本章对本书涉及的重要理论依据进行文献综述,具体包括终身教育理论、社区教育理论、学习环境理论、媒介环境理论、自主学习理论及技术接受理论。本书首先通过对终身教育与社区教育理论的梳理,明确了终身教育向终身学习的转型发展,必须依托于社区教育,而社区教育信息化则能够有效地促进社区教育的发展,为研究动因的确定提供了理论依据;其次通过对学习环境与媒介环境学相关理论的梳理,分析了媒介环境如何影响人的学习,明确了媒介环境中人与技术的关系,为后续研究中媒介学习环境概念与理论模型的构建及其与技术支持的成人自主学习对应关系的研究提供了理论支撑;再次通过终身学习能力的文献综述,为"成人非正式学习"这一研究对象的确定奠定了理论基础,同时明确了自主学习能力对成人终身学习的重要作用;最后通过自主学习理论、技术接受理论的文献综述,一方面明确了自主学习的概念、过程模型及测量方式,另一方面为成人技术接受程度与自主学习的关系的分析提供了理论依据,总体上为本书中成人学习者模型假设的提出与验证奠定了理论基础。

一、终身教育与社区教育理论

(一)终身教育与终身学习

终身教育与终身学习是教育理念伴随着社会的进步、人类生活水平的不断提升,在实践层面的产物。终身教育强调政府行为,而终身学习更加关注学习者的个体行为,终身学习的基础是终身教育,而终身教育是终身学习的实质,二者相互依存、相互促进,通过终身教育与终身学习关系的辨析,能够更好地把握终身教育的理念,进一步明确研究的动因。

1. 终身教育

终身教育的思想源远流长,最早可追溯到古希腊时期柏拉图关于哲学的教育思想。早在1919年,英国重建部成人教育委员会就在报告中首次提出了"终身教育"的概念。1965年,保罗·郎格让在《终身教育导论》中指出应该从两个方面来理解终身教育,首先终身教育贯穿个体的一生,应为个体发展与理想的实现提供支持,以适应社会发展的挑战;其次,当前的教育是封闭、僵化的,而终身教育能够将社会中所有教育机构与渠道加以整合,进而使个体在其所生存的所有部门,都能根据需要方便地获得接受教育的机会。国际21世纪教育委员会向联合国教科文组织提交的报告《教育——财富蕴藏其中》强调,在终身教育视域下,启蒙教育和继续教育之间的传统区分需要重新考虑,人类的一生都是学习的时间,终身教育通过满足人类的民主要求、贯穿多层面的教育、体现新时代新领域的学习需求、覆盖不同的学习场域、寻求教育的协同作用,使教育处于社会的核心位置,在此基础上,报告将与生命有共同外延并已扩展到社会各个方面的连续性教育称为"终身教育"。①《国际教育规则导览》认为终身教育打破了传统教育在时间与空间上的局限性,覆盖个体的各个发展阶段与生活的各个方面,具有终身性、广延性、全员性、多样性、灵活性等特点。②

虽然终身教育思想传入我国的时间较晚,但终身教育本土化成效显著,国内学者结合国情,对终身教育概念进行了界定。我国终身教育领域知名专家厉以贤将终身教育定义为"人在一生中受到的各种教育的总和",是"社会各场合所提供的一切正规、非正规和非正式教育活动的总和""终身教育体系是正规教育、非正规教育和非正式教育的整合、协调和互动。"③高志敏将终身教育的要义总结为"终身教育是现行教育的超越和升华""终身教育是改革现行教育制度,构建未来教育体系的原则""终身教育贯穿人的发展的一生""终身教育覆盖人的发展的全部""终身教育必须成为有效而便捷的一体化体系""终身教育既作用于个人又作用于社会"六个方面。④

从总体上说,无论是国外的终身教育理论还是本土化的探索与实践,都立足于教育的视角,倾向于从社会实践出发,以政府和管理者的角度强调通过终身教育体制机制的构建与完善,促进个体的全面发展。

2. 终身学习

伴随终身教育理念的提出与实践的推进,学习型社会建设的需求也更为迫切,更加凸显学习者中心地位的终身学习理念开始逐渐流行,二者在实践中实现互补与融合,成为相辅相成的有机整体。埃德加·富尔等认为教育过程的重点

---

① 联合国教科文组织总部中文科. 教育——财富蕴藏其中[M]. 北京:教育科学出版社,2014.

② 中国联合国教科文组织全国委员会秘书处. 国际教育规则导览[R]. 2012:54-60.

③ 厉以贤. 终身教育的理念及在我国实施的政策措施[J]. 北京大学教育论,2004(2):58-62.

④ 高志敏. 关于终身教育、终身学习与学习化社会理念的思考[J]. 教育研究,2003(1):79-85.

要实现从传统教育教学的原则向学生学习过程与自学原则的转移。① Husen 将终身学习看作继续教育的一个主题,以应对现代社会的急剧变化、人口从农村到城市的大规模流动、失业以及由科学技术飞速进步所引起的"知识爆炸"的挑战。② 1994 年在意大利召开的首届世界终身学习会议提出了终身学习的定义:终身学习是 21 世纪的生存概念,是通过不断的支持过程来发挥人类的潜能,激励并使人们有权利去获得他们终身所需要的全部知识、价值、技能与理解,并在任何任务、情况和环境中有信心、有创造地、愉快地应用它们③。2000 年欧盟发布的《终身学习备忘录》指出,终身学习是涵盖一切旨在促进提高知识、技能与能力的有目的学习活动。④ 在日本,终身学习运动被认为是一种保证人们日常生活中达到高度精神上满足的战略。⑤

在对国际终身学习理念深刻理解的基础上,国内学者致力于结合我国国情,开展终身学习本土化的研究与实践。高志敏认为终身学习的要义主要体现在七个方面,即终身学习是一种生存方式、终身学习是一种主体转移、终身学习基于学习者的自主性、终身学习是一个终身的过程、终身学习是一个全面的过程、终身学习无所不在、终身学习的目的是建立自信和提升适应社会变化的能力。⑥ 顾明远等认为终身学习的社会内涵是以个体的学习来追求个体的发展,以组织的学习来追求组织的发展,以国家的学习来促进国家的发展,以终身的学习来追求终身的发展,以灵活的学习来追求多样的发展,以自主的学习来追求内在的发展;把满足全体人民基本学习需求,促进全民学习、终身学习看成是建设小康社会、落实科学发展观的社会条件和根本动力。⑦ 钟周等认为相对于终身教育,终身学习的表述关注学习者的需求,强调学习者通过终身学习提升自身能力以适

---

① 富尔.学会生存—教育世界的今天和明天[M].联合国教科文组织国际教育发展委员会.北京:教育科学出版社.1972.
② HUSEN T. The Learning society revisitedl [M]. Oxford:Pergamon Press, 1986.
③ United Nations Educational, Scientific and Cultural Organization. Report at the first global conference on lifelong learning[R]. Italy:UNESCO, 1994.
④ DOUKAS C. Memorandum on lifelong learning:the national dialogue report [C]. European Commission,2001.
⑤ 吕达,周满生.当代外国教育改革著名文献:日本、澳大利亚卷[M].北京:人民教育出版社,2004.
⑥ 高志敏.关于终身教育、终身学习与学习化社会理念的思考[J].教育研究,2003(1):79-85.
⑦ 顾明远,石中英.学习型社会:以学习求发展[J].北京师范大学学报(社会科学版),2006(1):5-14.

应社会,倡导将终身学习作为一种生活方式。①

综上,终身学习思想聚焦个体主观能动性发展和社会持续适应性获得之双重视角,人一生的学习应当成为日益复杂与充满变化的当代社会的新型生活方式。终身学习重视的是教育过程由"教为中心"向"学为中心"的位移;学习者的地位由被动向主动转化;学习责任由他律向自律转换;学习需求由外驱向内驱回归;学习资源、学习途径、学习内容等开放、灵活与统整。②

3. 终身教育与终身学习的关系

伴随着我国教育事业的发展与人们生活水平的提高,终身教育理念处于向终身学习理念的转型发展时期,国内学者对二者关系的研究重点聚焦在理论、实践与政策三者之间的互动和影响。③ 厉以贤指出,终身学习着重从学习者的主体角度出发,强调个人在一生中能持续地学习,以实现个人在一生中各个时期、各个阶段的各种学习需求的满足;终身教育着眼于教育客体,着眼于建立各种教育机构,提供各种教育的场所和机会,建立和架构一个使学习者能够终身受到教育的体系。④ 高志敏认为终身教育是基于社会的视角的自上而下的教育过程,而终身学习则是基于个体视角的自下而上的学习过程,终身学习是终身教育的先决条件和重要基础。⑤ 朱敏等认为二者的共性思想主要体现在终身性、全面性、开放性、平等性以及以人的完全发展为己任五个方面。⑥ 吴遵民对我国终身教育、终身学习的发展脉络进行了梳理,他认为我国的终身教育经历了20世纪70年代末期到80年代中期的萌芽阶段、80年代中期到90年代初期现代终身教育理念引入初始阶段、90年代初期到90年代末期终身教育实践推进与向终身学习转型发展阶段以及21世纪至今的终身教育制度化、法制化建设四个阶段。⑦

---

① 钟周,韩双淼. Citespace Ⅱ支持的终身学习研究分析[J].中国远程教育,2015(2):32-37,79.

② 高志敏,朱敏,傅蕾,等.中国学习型社会与终身教育体系建设:"知"与"行"的重温与再探[J].开放教育研究,2017,23(4):50-64.

③ 吴遵民.服务全民终身学习教育体系构建的若干思考——基于服务与融合的视角[J].中国远程教育,2020,41(7):16-22,68.

④ 厉以贤.社区教育原理[M].成都:四川教育出版社,2003.

⑤ 高志敏.关于终身教育、终身学习与学习化社会理念的思考[J].教育研究,2003(1):79-85.

⑥ 朱敏,高志敏.终身教育、终身学习与学习型社会的全球发展回溯与未来思考[J].开放教育研究,2014,20(1):50-66.

⑦ 吴遵民.终身教育发展的中国经验——改革开放37年终身教育的历史回顾与展望[J].江苏开放大学学报,2016,27(1):10-18.

综上可见，伴随着终身教育理念向终身学习理念的转变，我国教育事业的发展重心也将逐渐从构建终身教育体系向构建服务全民终身学习的教育体系转移，终身教育将探索如何进一步深化为对每个公民终身学习权利的保障、实际教育需求提供支持。这种理念的转变所体现的是从外部的终身教育体制机制的建设与完善，开始转向内部终身学习需求的满足与质量提升、终身教育资源的利用与整合以及终身学习机会的创造与提供等精准化的个性服务。① 终身教育与终身学习的发展状况与未来趋势为本书的社区媒介学习环境设计，即通过媒介资源的科学配置促进居民技术支持的非正式自主学习，奠定了理论的基础与指引，这正是社区媒介学习环境建设的动因所在。

（二）终身教育与社区教育

1. 社区教育

伴随着我国城市化进程的不断推进，社区日益成为成人生活与学习的重要场域，无论是终身教育向终身学习的转型发展，抑或技术支持的成人自主学习，都要依托社区这一重要载体。对社区教育定义、特征、信息化发展趋势及与终身学习关系的深入分析，能够为本书社区媒介学习环境下成人自主学习的研究提供坚实的理论支撑。

"社区"一词最早由英文 Colnlnunity 翻译而来，是社会学研究的专用术语之一，泛指特定区域的社会群体。国内外学者对社区教育的定义大致可以划分为组织管理、教育及社区发展三大范畴。

一是组织管理范畴说。德国学者 Tonnies 最早提出社区的概念，他认为社区是指那些具有共同价值取向的关系密切的社会关系和社会团体。② 而"社区教育的本质在于教育与社区生活、社会发展的有机结合，即各级各类教育的各种因素与社会的相应部分的有机结合与一体化"。③ Martin 认为社区教育是提供教育机会给每个人，以便获得更充实、更有益的生活；社区教育是修正现存的教育系统，以益于一些不利者或被剥夺者；社区教育是社会上一些弱势者的凝聚行动，使他

---

① 吴遵民. 服务全民终身学习教育体系构建的若干思考——基于服务与融合的视角[J]. 中国远程教育,2020,41(7):16-22,68.

② 小林文人,末本诚,吴遵民. 当代社区教育新视野:社区教育理论与实践的国际比较[M]. 上海:上海教育出版社,2003.

③ 傅松涛. 全国社区教育研讨会综述[J]. 教育研究,1994(1):29-31.

们能分析情境,并且达成政治的改变。① Olaniran 从资源管理与整合的视角来定义社区教育,认为社区教育是一个机会或平台,将当地公民、社区学校、机构聚集在一起,成为解决教育和社区问题的积极合作伙伴。在社区教育中,每个人都平等地分担角色和责任,让社区成员了解自己的权利和责任,将社区的需求与社区内可用的资源联系起来。② 吴遵民认为社区教育是社区居民为满足自身终身学习需求,在政府与基层组织共同倡导下,自发产生的自下而上的群众性教育活动,其宗旨是满足其自我完善的要求,切实保障地区居民的自主学习权利。③ 我国于 2006 年颁布的《社区服务指南 第 3 部分:文化、教育、体育服务》(GB/T 20647.3—2006)中,将社区教育定义为"在社区中,开发、利用各种教育资源,以社区全体成员为对象,开展旨在提高成员的素质和生活质量,促进成员的全面发展和社区可持续发展的教育活动"。④

二是教育范畴说。Fletcher 将社区教育定义为把中小学和高等学校转变为适合一切年龄人的教育中心和娱乐中心的过程。⑤ Akande 认为社区教育是一种社会生活教育,而不是仅仅为了生计的教育。社区教育表达了社区的需求与问题,是社区发展和进步的先决条件。社区教育是一种教育过程,人们通过个人和集体学习的过程提升自己的能力,改善自己的生活。⑥ Joseph 等认为社区教育是从人的经历和社区内产生的社会利益中发展出来的教育,它鼓励终身学习,无论是在课程设置还是教学方法上,都有着不同于主流教育的侧重点,是提升学生学习成绩、促进家庭参与以及维系社区与社会关系的有效策略。⑦ 厉以贤认为社区教育是在一定范围内,各教育因素的集合、协调和互动⑧,是实现社区全体成员素质

---

① MARTIN J. Community education: towards a theoretical analysis[R]. Community Education Milton Keynes: Open University Press,1987.

② OLANIRAN S O. Balancing africanisation with community education: implication for achieving the SDG 11: sustainable cities and communities[J]. Gender Issues, 2018, 16(3):12143-12151.

③ 小林文人,末本诚,吴遵民. 当代社区教育新视野:社区教育理论与实践的国际比较[M]. 上海:上海教育出版社,2003.

④ 李佳萍. 我国社区教育管理的问题与对策研究[D]. 长春:东北师范大学,2014.

⑤ HUSÉN T, POSTLETHWAITE T N. The international encyclopedia of education, research and studies[J]. British Journal of Educational Studies, 2010,44(3):617-630.

⑥ AKANDE J O. The practice of community education in Nigeria[J]. Educational Research and Review, 2007, 2(10): 264-270.

⑦ JOSEPH C, SAID R. Community-based education: a participatory approach to achieve the sustainable development goal[J]. Quality Education, 2020:101-111.

⑧ 厉以贤.社区教育社区发展教育体制改革[J].教育研究,1994(1):13-16.

和生活质量的提高以及社区发展的一种社区性的教育活动和过程。① 梁春涛认为社区教育是在一定地域内,在党和政府的帮助及指导下,组织协调学校和社会各个方面,相互结合,双向服务,实现教育社会化和社会教育化,旨在提高全民素质,共建社会主义物质文明和精神文明,促进地区经济、社会和教育协调发展的教育社会一体化组织体制。②

三是社区发展范畴说。该观点认为社区教育是社区发展的重要组成部分,社区发展是一种教育和组织的行为过程,将"社区教育"和"社区发展"等同。Hargreaves 将社区教育定义为发展社会和教育再分配的策略,以创造更公正和公平的社会;促进地方的政府机构和志愿机构之间更密切协调与合作;支持地方主动推进社会发展,使人们更有能力控制自己的生活;鼓励更开放、更民主地获得教育系统的人力和物力资源;重新界定课程和学习过程的观念,教育是产生个人自主和促进社会合作的方法。③ Griswoid 指出社区教育旨在满足学习者自我认同的需求,增强个人、团体和社区的权利和能动性,同时,社区教育能够解决社区的可持续发展、就业等个体之外的社会层面的问题,以应对 21 世纪的挑战。④ Suryani 等首先从可持续发展的角度理解社区教育,认为社区教育首先应分为个体、个体与群体、群体三个层次;其次社区教育应与经济、旅游、培训等领域相联系;再次社区教育应与当地社区的需求和资源相适应;最后,社区教育发展应以提高居民认识、参与度和技能为导向,充分利用和开发各类社区资源。⑤ 叶忠海将社区教育定义为在社区范围内,面向社区全体成员,同社区民众利益和社区发展需要紧密相连,旨在建设和发展社区,消除社区的社会问题,全面提高社区成员的素质和生活质量的教育活动综合体。⑥ 简言之,"社区教育是指以社区为范围,以社区全体成员为对象,旨在发展社区和提高其成员素质和生活质量的教育

---

① 厉以贤.社区教育的理念[J].教育研究,1999(3):20-24.
② 梁春涛.社区教育面面观[J].天津教育,1990(9):20-22.
③ HARGREAVES D. Learning takes place in many and varied contexts throughout the individual's life, S. Ranson & J. Tom linson (eds.), The Government of Education, Geore Allon Unwin.
④ GRISWOID W. Community education and green Jobs[J]. Adult Learning, 2013,24(1): 30-36.
⑤ SURYANI A, SOEDARSO S, SETIAWAN S. Social changes and development sustainability: challenges and dynamics in dolly community education[C]. Proceedings of the 6th International Conference on Educational Research and Innovation (ICERI 2018), 2019.
⑥ 叶忠海.学校和社区的沟通——上海城市社区教育研究[J].教育发展研究,1999(3):55-58.

综合体"。① 彭人哲认为社区教育旨在通过学校与社区教育资源协同整合,为社区内所有成员提供教育服务,培养社区成员的社区意识,提高成员整体素质和生活质量,推动社区发展。②

综上可见,虽然国内外专家对社区教育的理解不同,学术界也没有形成统一的定义,但他们在不同时期的观点均可以从教育、社区发展、组织管理范畴三个角度进行分类与总结。本书从中归纳出体现社区教育内涵的一些基本特征:不同于传统的学术教育,社区教育将教育与生活的需求结为一体;架起教育与社区之间联系的桥梁,将社会教育化及教育社会化的相关理念付诸实践;为实现终身教育和建设学习型社会做好铺垫;以教育的形式提升社区居民综合素质,塑造人们的精神文化素养,满足学习者自我完善的需求,保障每位社区居民拥有自主学习的权利等。③ 厉以贤认为社区教育的本质特征包括以下几个方面:首先,教育社会化与社会教育化是社区教育的核心内容;其次,社区教育面向社区全体成员;再次,社区教育要与社区发展相辅相成,实现社区发展的各种需求;最后,社区教育是社区内各种教育因素的集合、协调和互动,并带有自身社区特定的人文、地理、社会的特征。④ 此外,结合我国国情,吴遵民等指出我国的社区教育具备"自下而上性"与"自发性和自主性"两个具有中国特色的要素,社区教育的主角应是社区居民自己,政府机构应以引导与帮助代替强制干涉,培养社区居民自发及自主学习的意识。⑤ 总体上讲,社区教育的上述特征均符合本书社区媒介学习环境构建的最终诉求,即通过社区资源的科学配置,提升居民的自主学习能力,推动社区教育的深入开展,最终提升社区的治理水平。

2. 终身教育与社区教育的关系

社区教育是终身教育的重要阵地和基础,其发展必须依托终身教育的理念,通过在终身教育体系中不断明确自身定位来明确未来发展方向,二者相辅相成,互为补充,缺一不可。国内众多学者从不同角度论述了社区教育对于终身教育的重要意义。

首先,国内学者从社区教育作为终身教育的重要形式与载体层面,对社区教

---

① 叶忠海.社区教育学研究[M].上海:同济大学出版社,2001.
② 彭人哲.回眸与超越:社区教育的理论与实践之探究[M].北京:中国发展出版社,2017.
③ 强薇.社区教育与远程教育衔接的可行性研究[D].上海:华东师范大学,2011.
④ 厉以贤.论社区教育的视角与体制[J].教育研究,1995(8):41-47,78.
⑤ 小林文人,末本诚,吴遵民.当代社区教育新视野:社区教育理论与实践的国际比较[M].上海教育出版社,2003.

育对于终身教育的重要意义进行了论述。厉以贤认为社区教育是衔接终身教育与社会的重要载体①,社区教育与终身教育的目的具有高度的一致性,对学习型社会的创建具有不可替代的重要意义。②《学会生存——教育世界的今天和明天》一书指出,社区教育超越了传统教育的界限,在时间与空间两个层面覆盖了个体的整个生命历程,能够有效地整合家庭、学校与社会教育,是终身教育体系的重要组成部分。③ 沈光辉认为社区教育应成为一种区域性全民终身教育的实践形式。④ 陈乃林认为社区教育是终身教育在基层广泛开展的主要载体,进一步明确了社区教育在终身教育深入推进与学习型社会建设过程中的重要作用。⑤ 吴遵民认为只有基层的社区教育得到健康发展,终身教育体系的构建才能有重要支撑。⑥

其次,在社区教育促进终身教育发展的具体路径层面,国内部分学者也进行了细致的研究与论述。强薇认为社区教育对终身教育的支持作用具体体现在两个方面:一方面,社区教育为优质教育资源的共享与终身教育向基层的延伸搭建了平台,为社区居民特别是希望通过学习改善生活的弱势群体提供了学习机会;另一方面,社区教育具备覆盖范围广、层次丰富、时间灵活、形式多样的优势,可以将终身教育体系中包括学校教育、家庭教育、社会教育在内的不同教育形式进行有效衔接,并逐步成为终身教育体系当中不可或缺的有机组成部分。⑦ 董廷玉等认为在终身教育体系中,社区教育主要发挥了智育、技育、德育与稳定四大功能。其中,智育功能主要体现在社区教育对正规学校教育的补充;技育功能主要指社区通过向社区居民提供技能培训,提升市民能力、技能以及生活水平;德育功能是指社区教育能够充分利用社区作为市民精神与物质生活重要场域的优势,开展思想道德教育,不断提升市民的精神文化素养;稳定功能则体现了智育、

---

① 厉以贤.社区教育原理[M].成都:四川教育出版社,2003.
② 厉以贤.终身教育的理念及在我国实施的政策措施[J].北京大学教育论,2004(2):58-62.
③ 联合国教科文组织国际教育发展委员会.学会生存——教育世界的今天和明天[M].北京:教育科学出版社,1996.
④ 沈光辉.创新福建省学习型社会建设途径和方式[J].福建广播电视大学学报,2014(3):1-4.
⑤ 陈乃林.进一步推进社区教育发展为基本形成学习型社会夯实基础[J].职教论坛,2016(21):74-77.
⑥ 吴遵民.服务全民终身学习教育体系构建的若干思考——基于服务与融合的视角[J].中国远程教育,2020,41(7):16-22,68.
⑦ 强薇.社区教育与远程教育衔接的可行性研究[D].上海:华东师范大学,2011.

育与德育功能协调发挥的结果。上述四大功能的实现,可以将社会中的不稳定因素有效地化解于社区,为市民文化素质提升提供稳定的保障机制,[①]足以体现社区教育之于终身教育、终身学习的重要意义。

(三)社区教育信息化

社区教育信息化是社区教育的重要支撑。信息技术在社区教育中的广泛应用,为终身学习需求的满足与质量提升、终身教育资源的利用与整合、终身学习机会的创造,以及精准化、个性化学习服务的提供创造了良好的条件,能够有效地提升社区教育的覆盖面与参与度。叶忠海等认为:一方面,社区教育应抓住智慧城市建设的良好时机,加速推进数字化学习社区建设,通过线上、线下教育的有效融合,个性化学习资源的推送,不断提升社区教育的质量与内涵,实现跨越式的发展[②];另一方面,要重视社区数字化学习支持服务的研究,保证在社区教育信息化推进的同时,为社区成员提供个性化的学习支持服务,避免信息技术鸿沟的出现,切实保证社区教育信息化建设的质量。[③] 强薇认为信息技术在社区教育中的广泛应用能够促进优质教育资源的共享,扩大社区教育的覆盖范围与影响力,同时,信息技术借助社区教育这一优质平台,不断提升市民对远程教育的认可程度,在二者相互促进共同发展的过程中,学习型社区创建的目标也得以实现。[④] 吴国指出,远程教育在社区教育的广泛应用,有助于教育资源的优化配置,二者的有机融合将有效促进学习型社会的建设。首先,参与社区教育是远程教育发展的重要走向;其次,远程教育为社区教育提供系统网络支持;再次,远程教育为社区教育提供信息技术上的支持;最后,远程教育具有弥补社区教育资源不足的优势。[⑤] 上述学者的观点充分印证了教育信息化对社区教育的转型发展、学习型社区建设的重要支撑作用,是社区教育未来的重要发展方向。

上述关于终身教育、终身学习、社区教育理论及相关研究的综述,不仅梳理了理论的基本内涵与发展脉络,同时也进一步厘清了三者之间的相互关系,为本

[①] 董廷玉,王彦琦,郎益夫. 社区教育在市民文化素质提升中的功能定位及实现路径——以黑龙江省哈尔滨市为例[J]. 现代远距离教育,2015(4):70-75.

[②] 叶忠海,张永,马丽华,等.新型城镇化与社区教育发展研究[J]. 开放教育研究,2014,20(4):100-110.

[③] 叶忠海. 社区教育实验工作20年:成就、特色和展望[J]. 河北师范大学学报(教育科学版),2020,22(4):38-41.

[④] 强薇. 社区教育与远程教育衔接的可行性研究[D]. 上海:华东师范大学,2011.

[⑤] 吴国. 远程教育拓展社区教育的路径选择与实践探索——基于福建电大的实证研究[J]. 中国远程教育,2010(13):46-50.

书的开展奠定了坚实的理论基础。伴随着社会的不断进步与发展,居民生活水平在不断提高,对终身学习有了更加强烈的诉求,终身教育理念也从整体终身教育体系的构建向更加关注个体终身学习需求、提供个性化的优质教育资源与学习支持服务、提升社区教育参与度的方向转变,这给社区教育提出了更高的要求。

社区教育作为终身教育和终身学习的主要载体与阵地,是提升社区管理与服务水平,促进社区发展的重要途径,能够为终身教育与学习型社会的建设提供有效支撑。社区教育信息化是促进社区教育发展的有效手段,技术支持下的社区教育被终身学习、灵活性、自觉意识的理念所塑造,学习不再仅仅与掌握知识相关,更重要的是在变化的社会中使人们产生学习兴趣,享受学习过程,知道如何学习并有强烈的自我认同感。① 而当前社区的媒介学习环境由于缺乏科学化、系统化的设计,没有为技术支持的成人自主学习提供有效的支持,在一定程度上影响了社区教育信息化的推进,这正是社区媒介学习环境建设的动因所在。因此,本部分关于终身教育理论、终身学习理论以及社区教育理论的文献综述,为本书整体目标及动因的确定提供了理论支撑。本书也将在下面从环境层面介绍社区媒介学习环境的理论基础——学习环境理论与媒介环境理论。

二、学习环境理论

社区媒介学习环境是学习环境的特殊形态,因此其概念的界定需要建立在学习环境理论的基础之上。学习环境是影响学习者学习的外部环境,是促进学习者主动建构知识意义和促进能力生成的外部条件。学习环境以丰富的学习资源、认知工具支持学习者在交互中建构个人意义。因此,如何创设良好的学习环境以支持和促进学习者的学习,已逐渐成为教育技术领域的前沿研究课题,国内外学者围绕学习环境理论开展了大量的研究工作。

(一)学习环境的概念

国外关于学习环境理论的研究历史较为悠久,学习心理学的著名学派——格式塔心理学的代表人物之一勒温主张从场论的角度来探讨学习理论,坚持使用心理学中最基本的几个构成来探讨学习的问题。勒温认为,人是一个场(Field),人的心理活动是在一种心理场或生活空间里发生的。生活空间(Life

---

① 李桂霞.信息技术支持下的"寓教于乐"[N].光明日报,2019-07-03(16).

Space)包括个人及其心理环境,一个人的行为(B)取决于个人(P)和他的环境(E)的相互作用①,个人行为随自身及所处环境条件的变化而改变,同一个体处于不同环境中,或不同个体处于同一环境下,均可能表现出不同的行为。在此基础上,萨哈金认为在勒温的系统中,"场"这个术语的内涵与一般的解释略有不同,"场"不仅仅指知觉到的环境,而且还包括认知意义。它既包括物质环境中的某些事件,也包括个人的信念、感情和目的等。② 乔纳森认为学习环境是学习者共同体一起学习或相互支持的空间,学习者控制学习活动,并且运用信息资源和知识建构工具来解决问题。③ Wilson 认为学习环境是学习者相互协作、相互支持,并且使用多种工具和信息资源相互支持,参与解决问题的活动,以达到学习目标的场所。④ 荷兰学者 Kirschner 认为,学习环境是学习者能找到充分的信息资料和教学辅助手段的地方,借助学习环境,学习者能够根据自身的情况及其与他人的关系决定他们将介入的目标与活动。⑤

国内学者对学习环境的研究也较为丰富。武法提认为,学习环境是学习活动展开过程中赖以持续的情况和条件。学习环境的要素不仅是支撑学习过程的物质条件(学习资源),还包括教学模式、教学策略、学习氛围、人际关系等非物质条件。⑥ 何克抗等认为学习环境是学习资源和人际关系的组合。⑦ 陈琦等认为学习环境是学习者在学习过程中可能与之发生相互作用的周围因素及其组合,包括学习者可能要利用的内容资源、技术工具,包括可能会发生交和关系的人,如教师、同学等,也包括作为学习活动的一般背景的物理情景和社会心理情景。⑧ 项国雄等认为学习环境指学习者在学习过程中进行学习活动的情况和条件,"情况"是指学习活动的起点和某一时刻的状态,而"条件"则包括以学习资源为代

---

① LEWIN K. Principles of topological psychology[M]. New York: McGraw-Hill, 1936.
② 萨哈金. 社会心理学的历史与体系[M]. 贵阳:贵州人民出版社,1991.
③ 乔纳森. 学习环境的理论基础[M]. 上海:华东师范大学出版社,2002.
④ WILSON B. Metaphors for instruction: why we talk about learning environments[J]. Educational Technology,1995,35(9-10):25-30.
⑤ KIRSCHNER P. 旨在获得学习能力和专业能力的学习环境设计[J]. 盛群力,沈敏,编译. 远程教育杂志,2004(4):17-23.
⑥ 武法提. 基于 Web 的学习环境设计[J]. 电化教育研究,2000(4):33-38,52.
⑦ 何克抗,李文光. 教育技术学[M]. 北京:北京师范大学出版社,2002.
⑧ 陈琦,张建伟. 信息时代的整合性学习模型——信息技术整合于教学的生态观诠释[J]. 北京大学教育评论,2003(3):90-96.

表的物质条件,以及学习氛围、动机、教学策略、人人-人机关系等非物质条件。①

(二)学习环境的内涵

综合考虑国内外学者对学习环境的定义,我们可以从以下几个方面理解学习环境的内涵:学习环境最基本的理念是以学习者为中心;学习环境是一种支持性的条件;学习环境是为了促进学习者更好地开展学习活动而创设的;学习环境是一种学习空间,包括物质空间、活动空间、心理空间;学习环境与学习过程密不可分,是一个动态的概念,而非静态的概念,它包括物质和非物质两个方面,其中既有丰富的学习资源,又有人际互动的因素;学习者在学习环境中处于主动地位,由学习者自己控制学习;学习环境需要各种信息资源、认知工具、教师、学生等因素的支持;学习环境可以支持自主、探究、协作或问题解决等类型的学习。②

上述关于学习环境理论内涵的归纳与总结为社区媒介学习环境概念的界定提供了依据,即学习环境是复杂、动态的生态系统,对于社区教育而言,科学的媒介学习环境设计,旨在一方面从资源配置层面促进社区媒介资源的合理配置;另一方面从环境与人的互动层面促进成人更加高效地利用各类资源与技术进行自主学习,从社区资源工具、成人个体以及资源工具与成人关系三个层面有效促进社区教育信息化的推进。

三、媒介环境理论

技术支持的社区媒介学习环境(TECMLE)实践模型设计研究,究其本质,是通过社区媒介学习环境的科学设计,促进成人运用信息技术进行自主学习,从而使信息技术在社区教育中发挥更加充分的作用。而媒介环境与技术支持的成人自主学习关系的研究需要理论支撑,本部分希望在对媒介环境学相关理论进行梳理的基础上,深入分析媒介环境如何影响人的学习,以及媒介环境中人与技术的关系,进一步明确媒介及其所构成的媒介学习环境作为人的延伸,如何作用于信息技术以及人类学习活动,如何利用媒介资源有效促进人类运用技术学习,从而推进社区教育信息化,为本书中社区媒介学习环境与成人学习者关系的研究提供理论支撑。

---

① 项国雄,赖晓云.活动理论及其对学习环境设计的影响[J].电化教育研究,2005(6):9-14.

② 贺平,武法提.论学习环境设计的理论基础[J].现代教育技术,2006(6):36-39.

(一)媒介环境学

"媒介环境"(Media Ecology)又称"媒介生态",最早由麦克卢汉(McLuhan)提出,多伦多学派和纽约学派是媒介环境研究领域最具代表性与影响力的学派。多伦多学派的代表人物麦克卢汉认为"技术即媒介,技术即环境,技术即文化""媒介是人的延伸",将媒介、技术、环境和文化视为不可分割的有机整体。媒介环境学致力于理解传播技术如何控制信息的形式、数量、速度、分布和流动方向,致力于弄清这样的信息形貌或偏向又如何影响人们的感知、价值观和态度。纽约学派的 Postman 认为媒介环境学将媒介视为环境进行研究,探究传播媒介如何对人类思想与行为产生影响。同样隶属纽约学派的学者林文刚认为媒介环境学旨在研究文化、科技与人类传播之间的互动共生关系、媒介形式的相互关系、媒介形式与社会力量的关系以及这些关系在社会、经济、政治方面的表现。① Strate 认为媒介环境学是对媒介环境的研究,强调技术与技巧、信息模式与传播准则在人类事务中起主导作用。②

邵培仁认为媒介生态是用生态学的观点和方法来探索和揭示人与媒介、社会、自然四者之间的相互关系及其发展变化的本质和规律的科学。③ 崔保国指出媒介环境旨在探究人类同媒介环境之间的相互作用、相互促进、相互制约的对立统一关系,揭示社会经济发展和媒介环境协调发展的基本规律,在微观上研究媒介环境中的媒介变迁、转化和传播规律,探索它们对人与社会的影响和作用等。④ 潇潇在《现代媒介环境发展与城市文化演变》一书中对现代媒介环境与城市文化进行了辨析,具体分析了媒介环境理论下的我国城市文化的变迁,城市文化建构的媒介环境发展策略。⑤ 李亚红等将媒介环境定义为特指某一地区内,所拥有的电视、报纸、广播、互联网、手机等媒介与受众之间的概况,它对人们的思想、道德、行为和社会发展具有广泛的影响力。厉以贤认为社区环境是物质与精神环境的综合体,社区物质环境包括社区环境卫生、绿化美化、道路和市政设施建设

---

① 刘建明.媒介环境学理论范式:局限与突破[J].武汉大学学报(人文科学版),2009,62(3):376-380.
② STRATE L. Media ecology[J]. Communication research trends, 2004, 23(2): 1-48.
③ 邵培仁.媒介生态学研究的新视野——媒介作为绿色生态的研究[J].江苏师范大学学报(哲学社会科学版),2008,34(1):135-144.
④ 崔保国.理解媒介生态——媒介生态学教学与研究的展开[C].2003中国传播学论坛暨CAC/CCA中华传播学术研讨会,2004:10.
⑤ 潇潇.现代媒介环境发展与城市文化演变[M].长春:东北师范大学出版社,2017.

等。社区精神环境包括社区风尚、人际关系、邻里关系、社区成员的社区归属感等。① 李明伟认为媒介环境学从媒介本身的特征出发,研究各种媒介组成的媒介环境及其变化已经或可能产生的深远影响。他指出媒介环境学派的研究内容主要有三方面:第一是对媒介的属性特征和功能偏向做静态分析,包括对各种媒介的具体分析、对不同偏向类型媒介的分析和对媒介本质的分析;第二是对媒介的历史演化做动态分析,其中媒介发展过程中的偏颇、规律和趋势是其分析的重点;第三是对媒介(变革)之社会影响的分析,这是媒介环境学派研究的重点和落脚点。无论每个人关注社会的哪些方面,他们都力图证明媒介本身是人类历史变化的一个重要动因。媒介环境学派理论分析框架图如图 2.1 所示。②

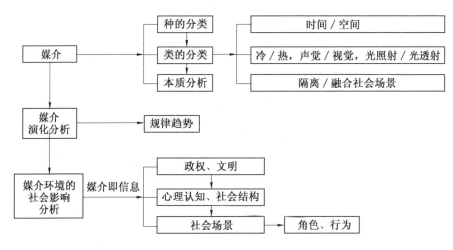

图 2.1　媒介环境学派理论分析框架图

国内外学者对媒介环境内涵与概念的界定表明,媒介环境总是开放的,其中存在着多样性的媒介,它们相互之间及其与环境之间保持着相互依存的动态平衡关系。对于社区而言,成人生活在这样的媒介生态圈之中,他们彼此之间,他们与媒介之间,他们与信息技术之间,他们与教师、学者以及其他成员和社会文化之间存在复杂的互动关系,每个人既是知识的"生产者",也是知识的"消费者",媒介环境从媒介与技术两个维度对成人的学习活动产生重要影响。

---

① 李亚红,郭桂英. 学习型社区媒介环境案例探析[J]. 软件导刊:教育技术,2015(6):65-67.

② 李明伟. 媒介环境学派的理论分析框架[J]. 北京理工大学学报(社会科学版),2008(3):3-6,10.

(二)媒介环境如何影响人的学习

媒介环境学的媒介思想的独特之处在于其独特的研究视角,强调对媒介本身的关注,对媒介环境学相关媒介思想的探析,有助于我们理解媒介环境如何对人类的学习活动产生影响。

1. 泛媒介观

该观点与媒介环境学中的泛技术观有一定的关联,因此,泛媒介观也能够成为媒介环境学主要理论。从媒介的相关定义来看,媒介的范围非常广,为了进一步解释媒介,麦克卢汉在《理解媒介:论人的延伸》一书中详细分析了30多个媒介的种类。从常见的传播媒介,到人们使用的语言、字母、印刷版、纸张、羊皮纸,再到人们所使用的汽车、房屋等均在媒介的范围内。

2. 媒介的偏向

在媒介环境学的相关研究中认为媒介具有一定的偏向性,并不是单一的中性,媒介的偏向性的观点并不是凭空想象,而是媒介环境学的重要命题结论。在相关研究中,莱文森认为媒介有一定的人性化偏向,英尼斯认为媒介在一定程度上是有时间及空间的偏向性的,梅罗维茨就媒介的前区偏向性和后区偏向性进行了相关的解释。麦克卢汉将上述内容解释为媒介的感官偏向,Postman 继承与发展了该解释,提出了媒介的意识形态偏向,自此之后,尼斯特罗姆又针对媒介的偏向性进行了相关的概括和总结:从某种意义上讲,媒介拥有不一样的形而上的偏向,认识论的偏向,内容的偏向,思想和情感的偏向,政治的偏向,社会的偏向,时间、空间和感知的偏向。通过上述偏向理论的解释和研究,能够引出媒介环境学的其他理论,即媒介的偏向性特征对于人类的心理、想法、思维、认知以及相关的社会文化都会产生一定程度的影响。

3. 媒介即环境

在媒介环境学的相关研究中,最关键的理论当属媒介即环境。媒介即环境的观点由著名传播学者麦克卢汉提出,由美国著名媒体文化学者、批判家波兹曼进行解释和分析,伴随着相关研究的不断丰富,该理论也得到了进一步的发展。媒介即环境的概念主要是指媒介能够感知、认知环境,并且能被当成符号环境的媒介,而且环境也可以是单一媒介环境或者多种媒介环境。媒介环境学的研究目标就是研究分析人类生存的环境,从而使人类与环境达到和平共处,媒介是环境的一部分,能够为环境塑造其中的一切,而人类的生存离不开环境,并且也在潜移默化地改造环境。

4. 媒介史研究

在媒介环境学中,媒介史研究也是非常重要的研究方法。其相关研究主要将人类思维传播的过程划分为四个时代,即口口相传时代、文字传播时代、印刷技术传播时代及目前的电子媒介传播时代。而通过不同传播时代的媒介变化,媒介环境学者能够探究不同时期的媒介在该社会历史过程的重要性。不同学者对于媒介技术的历史研究方向也不尽相同,其中一种是对媒介物质和技术进行研究,例如,沃尔特·翁(Wailer J. Ong)对语言和书写内容的研究;波兹曼对印刷及电子介质的分析;芒福德对古代的印刷术和现代摄影术的研究;莱文森对新媒介的研究。此外也有研究关注媒介的整个发展历程,例如:英尼斯研究了人类从语言时代到现今电子传播时代过程中,不同的媒介与不同的时代历史文明之间的联系;莱文森探究了整个人类历史上重要的传播媒介的影响,其中包括古代的字母、印刷术及摄影术,现代的电报、电话、广播、电影、电视、网络对于人类的作用。

5. 媒介的影响

媒介资源对技术支持自主学习作用相关研究的开展,必须关注媒介自身对于环境的影响。学者对于媒介影响的研究取向不尽相同。英尼斯着重考察了媒介对历史文明发展的作用。波兹曼首先探究了现代电子产品媒介对儿童发展的作用,其次明确了电子媒介对古代的印刷文化的影响,最后分析了语言文化和书写文化内容对人类的认知内容以及相关的思维方式的作用。麦克卢汉分析了传播媒介对人类的认知、社会文化的作用。莱文森探究了传播媒介对人类感知的作用,以及目前发展迅速的现代媒介对于人类的负面影响。梅罗维茨研究了媒介对人类社会生产和生活的作用。从上述研究可以看出,虽然不同学者对媒介的研究视角不同,但是多数都指出了媒介对于环境影响的优劣,以及媒介对人类产生的不同影响。

综上,通过媒介环境学中泛媒介观、媒介的偏向、媒介即环境、媒介史研究以及媒介的影响相关理论的综述,可以为本书中媒介环境与人类学习活动的相互关系提供以下理论支撑:在人类发展历史中占主导地位的新媒介均会对社会关系和结构带来颠覆性的影响,引发社会变革,进而直接作用于教育传播过程,重新建构教育。对于社区教育而言,社区内包括网络媒介、传统媒介及隐性文化资源在内的各类媒介资源共同构成了社区媒介环境,进而建构了社区教育,不同媒介特性与功能上的差异,在教育传播过程中任务分工各异,同时也会给知识的传递带来偏向,对人类学习活动产生不同的影响。

(三)媒介环境中人与技术的关系

媒介环境学最主要的内容是技术,"媒介是技术,技术亦是媒介"是媒介环境学技术思想的核心观点,通过相关思想的综述,有利于我们掌握媒介环境中人与技术的关系,在重视技术对人的影响的同时,也不能忽略人类对于技术的能动作用,媒介环境需要通过科学合理的设计与配置才能发挥应有的效能,促进人类学习活动的开展。

1. 泛技术观

泛技术观主要体现了媒介环境学的一个重要特征,即技术不仅仅指传统的机械制造技术,还包括书面文字、语言以及印刷的内容。在众多媒介环境学者的研究中,均对泛技术观持认同的观点,但对技术的主要内容的认知却不尽相同,例如英尼斯、麦克卢汉、莱文森等人将语言当作技术。

2. 非技术决定论

媒介环境学将技术作为生产进步、社会发展的关键因素,从而忽视了其他关键因素,往往会被人们戴上技术决定论的错误帽子,但通过对相关研究的梳理发现,媒介环境学并不是严格的技术决定论。事实上,为了区分媒介的形式和内容,填补相关研究在媒介形式方面的空缺,众多学者会将媒介形式作为重要的研究目标,从而注重媒介的性质、媒介对人类、社会生产、文化教育的作用。他们在研究中均提出社会变革和发展的关键因素并不是技术的作用,事实上还有政治、经济等其他影响。

3. 技术的影响

众多学者从生态学角度研究了技术的影响,并且从人性、社会和谐、环境共生等方面进行评价与考量。从芒福德、艾吕尔等学者开始,众多学者研究了技术对人们的心理和认知、思维、价值观等微观内容的作用,以及技术对社会生产、人文文化、社会环境等宏观层面的作用。除此之外,部分媒介环境学者从优劣两个方面论述了技术的作用和影响。针对技术的弊端,大多学者进行了相应的呼吁,试图引起大众的关注,这些学者对于技术评价的优劣也显示出对于现实的观照和人文关怀。

4. 技术与人的关系

技术与人的关系是媒介环境研究学者存在一定人文主义争论的内容,学者们持有技术中性论、技术乐观主义、技术悲观主义等不同的观点。然而,技术与人的关系的思想还包含有"技术就是权力/控制"的意义。芒福德、艾吕尔、麦克卢汉等人从技术限制人类个性的角度开展了研究,并且大力地批判了技术的非人性化。与此同时,他们也发现了技术拥有的强大力量,能够让人拥有一定的主动性,从而表达了人主导技术的意见。在众多的观点中,最具代表性的是莱文森,作为人类沙文主义者,他认为人类对于技术的掌控能力是绝对的。

5. 教育技术的媒介观

乔纳森(Jonassen)从生态观出发提出了技术不简单是教学媒体,更重要的是吸引和促进学生投入认知加工活动的认知工具。这样看来,不应完全由媒体专家把教学信息封装到教学媒体之中以便传递给学生,而是应该更多地让学生作为设计者,用技术作为工具来分析世界,获取信息,解释和组织自己的知识,向他人表达自己的知识。技术的作用是帮助培植和发展新型的学习生态圈,形成丰富、有力的物质性的学习环境,并扩展和改善人际社会互动,这是对技术的角色的重新定位。① 李永智认为在媒介与教育的研究中,既要接受以媒介环境学为指导,以媒介为研究对象,又要避免陷于机械的技术观,而是在人-社会-教育-媒介-文化的框架内展开,不仅仅关注媒介重塑了教育的某些功能,更重要的是关注媒介重塑了人的存在、社会存在及教育本身。② 从 20 世纪 50 年代末 60 年代初计算机辅助教学(Computer Aided Instructing,CAI)诞生以来,人们对于信息技术在教育中的角色的认识经历了一个发展过程。在早期,人们更多把计算机看作一种新的高级的教学机器,一种更具交互性的高级教学媒体,主要完成表现和传递教学信息的功能。此后,计算机的应用模式又不断扩展,比如计算机作为教学管理工具、作为学习伙伴、作为学习助手等。但总体而言,以往的主导观点是把技术看作承载和传播信息的媒体,看作教授学生的工具。教育传播领域的一个基本假设是把内容传播给学生就可以达成有效的学习。在教育传播过程中,制作者首先以教学设计的系统方法为基础,对学生的学习进行因果分析,而后以形象或符号的方式对各种信息或智力技能进行编码,体现在各种技术产品之中。在学习过程中,学生感知到媒体编码,间或与技术进行一些交互,即输入某些信息,进而引发技术系统的判断和反馈,而这些判断和反馈的信息都是预先封装好的。技术作为媒介信息的载体,向学习者呈现那些要求他们学习的信息,促进其完成学习任务。

综上,媒介环境理论为社区教育活动研究提供了崭新的视角,该理论始终关注媒介技术对媒介环境的塑造及其对人和社会文化的影响,一切媒介都是技术,

---

① 陈琦,张建伟.信息时代的整合性学习模型——信息技术整合于教学的生态观诠释[J].北京大学教育评论,2003(3):90-96.
② 李永智.媒介环境学视域下的教育信息化 2.0[J].新闻爱好者,2018(9):46-50.

反过来说，一切技术都是媒介，两者都是人类的延伸，人类将两者作为自己和外部世界及其事物的中介。人类进行学习活动也不例外，需要通过媒介技术来完成各类信息的接收与传递，开展各类学习活动。一方面，人类进行学习活动必须依托于媒介环境，环境中的构成要素、各类媒介资源、媒介资源之间的相互关系等会对人类的学习产生影响，因此要充分重视社区媒介学习环境对社区成人学习的重要作用，对推进社区教育信息化的重要意义；另一方面，也要避免进入"技术决定论"的误区，媒介对人类的影响并不是绝对的，要充分考虑人类的主观能动性，通过媒介学习环境的科学设计，促进媒介在人类的学习活动发挥应有的作用，上述结论也在环境层面为本书中媒介环境与成人学习者关系的研究奠定了理论基础。

四、自主学习理论

根据研究需要，本部分首先通过终身学习能力内涵与构成相关理论及研究的综述，一方面将成人学习者的非正式学习确定为研究对象；另一方面明确成人的自主学习能力是终身学习能力中最为重要的维度。其次，在此基础上，通过自主学习理论的文献综述，明确自主学习的概念、过程模型及测量方法，为成人学习者模型的构建与检验奠定理论基础。最后通过技术接受理论的文献综述，为研究中成人技术接受程度对自主学习的影响作用的分析奠定理论基础。总体上，本部分关于自主学习理论的文献综述在成人个体的层面为后续研究的开展提供了理论支撑。

（一）终身学习能力的内涵与构成

1. 终身学习践行主体

成人是终身学习的践行主体。成人作为社会的支柱与发展主导，其学习情况受到极大关注，如何使其高效自主学习，提升其知识水平与创造力，创造更多的社会财富是教育界关注的研究领域。[①] 2009年巴西贝伦举行的第六届国际成人教育大会所通过的《贝伦行动框架》条款明确指出成人学习是终身学习的重要组成部分。终身学习是个体从生命开始到终结，持续一生的学习，在完成义务教育与高等教育后，个体离开学校跨入社会，须面对更长的学习期。进一步说，终身学习实则是对传统教育只关注学校体制内学习的突破，因此推行终身学习实

---

① 张生. 混合式学习环境下基于学习活动的形成性评价的理论与实践[D]. 长春：东北师范大学，2008.

践活动,需要重点关注成人学习群体。① 成人处于人一生中生命发展最长、学习和生活环境最复杂的阶段,同时也是社会最主要的群体,研究成人终身学习的能力与培养是所有教育工作者义不容辞的任务。② 郑勤华等也认为个人正规教育体系下的学习均有规范、完善的学习支持服务体系作为支撑,所以,在终身学习的研究中将成人作为研究对象,探究个体在脱离正规学校后的工作和生活中进行终身学习所必需的素养,将更加具有实践价值与意义。③

2. 终身学习形式

终身学习贯穿于人的整个生命历程,是蕴含个体自主学习性质,囊括正规学习、非正规学习及非正式学习等各种学习形式的全方位学习活动,而非正式学习是成人终身学习最为重要的学习形式之一。2003年,世界银行发布的《全球知识经济下的终身学习:发展中国家的挑战》报告指出,终身学习框架涵盖整个生命周期内的学习,并发生在不同的学习环境中,包括正规、非正规和非正式的学习环境。正规学习是指正规教育系统组织和承认的系统化、结构化学习方案,通常通过正规学习可获得国家承认的资质、学历或认证;非正规学习是指未获国家正式承认的系统化、结构化学习方案,如在职培训项目等;非正式学习是指在任何地方,包括家庭、社区或工作场所中发生的非结构化学习活动。④ 厉以贤认为,终身教育体系应该理解为正规教育(Formal Education)、非正规教育(Informal Education)和非正式教育(Non-formal Education)的整合、协调与互动。正规教育主要指各级各类的学历教育,能获得国家和政府所承认的文凭。而非正规教育主要指在职培训、转岗、转业培训、受行业委托的职业资格教育、再就业教育、在职和退休人员继续教育、居民文化生活教育、青少年校外教育等。非正式教育则主要指通过各种媒体,如报纸、杂志、电视、电影、戏剧、计算机网络等,以及参与图书馆、展览会、读书会、文化宫、俱乐部、其他各种形式与内容的团体活动、小组活动等所受到的影响和教育。终身教育体系并非各种教育形式的简单拼凑,而是基于各种形式并又超越形式的一个体系化的全面组织。⑤ Sprott等认为非正式学习通常发生在社区内,学习者通过观察和参与社会活动进行学习,学习方式是灵活

---

① 于莎. 成人终身学习能力建构研究[D]. 成都:四川师范大学,2014.

② 于莎,李盛聪. 成人终身学习能力建构的逻辑起点[J]. 现代远程教育研究,2013(6):77-84.

③ 郑勤华,马东明,陈丽,等. 北京市成人"终身学习素养"现状及特征分析——基于2012年大规模抽样调查数据的探讨[J]. 现代远距离教育,2014(1):3-15.

④ WASHINGTON B W, NETWORK D H D. Lifelong learning in the global knowledge economy: challenges for developing countries directions in development series[J]. World Bank Publications, 2003(1):161.

⑤ 厉以贤. 终身学习视野中的社区教育[J]. 中国远程教育,2007(5S):5-12.

的、以学习者为中心的,主要包括自主学习、偶然性学习、隐性学习及综合性学习四种学习形式。① 上述关于终身学习方式的总结与梳理,进一步明确了非正式学习是终身学习的主要形式,为研究重点的确定提供了理论依据。

3. 终身学习能力的内涵与构成

对于终身学习个体而言,终身学习的能力是影响终身学习的重要因素,本书通过对终身学习能力概念、内涵以及构成等相关文献综述发现,自主学习能力是终身学习能力的核心维度,对成人的终身学习发挥着至关重要的作用。

(1)终身学习能力的内涵

Library 等把终身学习关键能力定义为个人自我实现与发展,具备良好公民意识,社会融入和充分就业所必需的知识、技能及态度等各方面相应能力的整合。② 许加生等指出,终身学习能力是在学习活动中形成和发展起来的,直接影响终身学习活动效率,使终身学习活动得以顺利完成的个性心理特征。③ 钟志贤等认为终身学习能力是指学习者持续开展学习活动的主客观条件的总和,客观条件是指开展学习的物质条件,主观条件是指学习主体的接受、同化与顺应、建构与生成网络的能力。④ 吴明烈认为终身学习能力是一系列的学习能力组合,所涉及的内涵并非单一面向,而是多元面向,每项能力均涵盖知识、技能、态度三方面,各项能力的培养均可通过学习历程持续发展。⑤

综上所述,终身学习能力是指个体在整个生命过程中,为应对客观环境的刺激,适应外界环境而激发的包括知识、技能及态度在内的持续学习的能力。终身学习能力是一体化的概念,整合了认知与非认知层面所有需要调用能力的因素。终身学习能力并非由单一象限领域中的能力构成,任何学习活动的开展脱离不了人的调节系统及认知系统的运行。调节系统涉及学习者的动机、情感、价值观及意志等,而认知系统则有关学习者获取知识的内部机制运作。因此,终身学习能力势必囊括认知和非认知层面的能力。终身学习能力可通过正规学习、非正

---

① SPROTT R A, MEEKER C, O'BRIEN M. Kink community education: experiential learning and communities of practice[J]. Journal of Positive Behavior Interventions, 2019, 5(2): 48-58.

② LIBRARY W P. Council of the European Union[J]. Brussels European Council, 2010, 42(3): 898-900.

③ 许加生,别同玉. 论终身学习与终身学习能力的培养[J]. 成人教育,2003(10):14-15.

④ 钟志贤,王水平,邱婷. 终身学习能力:关联主义视角[J]. 中国远程教育(综合版),2009(4):34-38.

⑤ 吴明烈. 学校培育终身学习者的策略之探究[J]. 教育与心理研究,32(6),113-145.

规学习及非正式学习等途径,以及个体固有的学习能力得以激发,终身学习能力可通过各种形式的学习方式得到培养。①

(2)终身学习能力的构成

纵观国内学者关于终身学习能力构成的研究,均将自主学习能力视为终身学习的核心能力维度。张生认为成人学习理论旨在研究成人的学习特性,研究创造哪些条件、使用哪些手段和方法来促进成人更好地学习。成人学习理论认为,成人学习者是有独立自我概念的人,能够主导自己的学习,他们不是处理信息的认知机器,他们的记忆、情感、意识、想象都可能与新知发生相互作用;成人学习者的学习过程不仅仅是对信息的获取和存储,还是获得生活过程,转变学习方式的非正式的学习过程;成人学习者的学习环境是一个真实的解决问题的环境,他们以问题为中心进行学习,因为他们的学习需求与变化着的社会角色相关,是为了扮演好自己的社会角色;成人学习者已有的经验是学习的丰富资源,这些经验使他们对新知更有兴趣,理解更透彻②。综上可见,自主学习能力对于成人终身学习的重要意义。马东明等将各国际组织与国家"终身学习素养"构成维度和要素进行汇总,并以此为基础将终身学习素养归结为以下七个维度,即自我评价、反思、规划和管理维度;学习准备维度;自主学习能力维度;信息素养维度;社会素养维度;个人特质维度;基础素养维度,见表2.1③。其中,基础素养维度是必备基础,其他方面子素养最终体现在自主学习能力维度中,自主学习能力维度是个体终身学习素养最为关键的构成要素。在该研究团队的后期研究中,郑勤华等通过量化研究发现市民各维度素养分化明显,其中市民对自我导向学习过程的综合管理能力表现水平最低,表明自主学习能力有待提高。④

杨帆等采用量化研究的方法考察了终身学习能力组成要素的相互关系,研究结果表明,自主学习能力处于核心地位,其他各能力项不同程度地支持着自主学习能力的发展,见表2.2。⑤

---

① 于莎,李盛聪. 成人终身学习能力建构的逻辑起点[J]. 现代远程教育研究,2013(6):77-84.

② 张生. 混合式学习环境下基于学习活动的形成性评价的理论与实践[D]. 长春:东北师范大学,2008.

③ 马东明,郑勤华,陈丽. 国际"终身学习素养"研究综述[J]. 现代远距离教育,2012(1):3-11.

④ 郑勤华,马东明,陈丽,等. 北京市成人"终身学习素养"现状及特征分析——基于2012年大规模抽样调查数据的探讨[J]. 现代远距离教育,2014(1):3-15.

⑤ 杨帆,穆肃. 终身学习能力构成及能力项关系的研究[J]. 开放教育研究,2011,17(3):81-88.

表 2.1 国际组织/国家"终身学习素养"构成维度和要素汇总

维度	能力项	联合国科教文组织	经济合作与发展组织	欧盟	美国	加拿大	澳大利亚	新西兰	德国	瑞士	荷兰	芬兰	比利时	奥地利
自我评价、反思、规划和管理维度	无认知和自我评价能力	√			√	√			√				√	√
	思维和反思能力		√		√		√			√		√	√	√
	规划与决策能力	√	√		√			√		√		√	√	√
学习准备维度	学习意愿和责任意识	√			√			√	√			√	√	√
	主动行动能力		√			√	√		√	√		√		
	动机/持之以恒能力	√									√	√		
自主学习能力维度（学会学习）			√		√		√	√		√	√			√
信息素养维度			√	√	√	√	√						√	√

表 2.1（续）

维度	能力项	联合国科教文组织	经济合作与发展组织	欧盟	美国	加拿大	澳大利亚	新西兰	德国	瑞士	荷兰	芬兰	比利时	奥地利
社会素养维度	人际交往能力	√	√	√	√	√	√	√				√		√
	团队合作能力	√	√	√	√	√	√	√			√	√	√	√
	处理冲突能力	√	√	√								√	√	
	公民能力			√						√				
	文化意识和表现能力								√				√	
个人特质维度	应变能力	√						√						
	创新能力	√	√		√								√	√
	问题解决能力	√	√	√	√	√	√		√		√	√	√	√
基础素养维度	语言及沟通能力	√	√	√	√		√		√	√	√	√	√	√
	数理及科技能力			√	√		√		√	√	√	√	√	

第二章 相关理论基础

表2.2　终身学习各能力项重要程度得分率统计表

能力项	重要程度得分率	能力项	重要程度得分率
信息素养	0.94	反思能力	0.84
母语沟通能力	0.93	团队合作能力	0.84
自主学习能力	0.93	实践操作能力	0.78
独立学习能力	0.88	应变能力	0.77
持之以恒能力	0.88	知识管理能力	0.77
自我评价能力	0.86	外语沟通能力	0.77
问题解决能力	0.86	逆向思维能力	0.76
批判性思维能力	0.86	开拓意识	0.76
创新能力	0.84	组织管理能力	0.74

康和平等认为自主学习的理念是成人完成自我导向学习的前提和基础,是成人终身学习的内在动力。在终身学习的时代要求下,成人的学习更需要高度的自觉性,自主学习理念的培养势在必行。[①] 孙立会提出"终身学习力"这一有关终身学习研究话语体系的崭新术语,并通过大量的人物访谈,以及与教育教学领域专家学者的对话,通过对终身学习力的构成要素的总结,提出了数字化情境下终身学习力模型,论述了信息技术、自主学习对终身学习的重要意义,见表2.3。[②]

表2.3　数字化情境下终身学习力模型

能力类别	能力层次	子能力
硬能力	初阶力	母语沟通能力
		即时通信工具交流能力
		文字处理能力
		计算机硬件操作能力
	中阶力	外语沟通能力
		数据处理能力
		计算机软件操作能力
		演示工具能力
		顺应力
		执行力
		学习活动组织与管理能力

---

① 康和平,车向清.成人学员自我导向学习策略探究——基于终身学习的视角[J].中国成人教育,2011(13):26-28.

② 孙立会.数字化学习情境下终身学习力的构建研究[D].长春:东北师范大学,2010.

表 2.3(续)

能力类别	能力层次	子能力
硬能力	高阶力	科学技术应用能力
		计算机网络应用能力
		信息获取能力
		传播能力
		研究能力
		实际应用能力
		逻辑推理能力
		驾驭全局能力
软能力	初阶力	自主学习能力
		分析问题能力
		理解问题能力
		坚强的毅力
		应变能力
		社会适应能力
		语言表达能力
		自我展示能力
		倾听能力
		抗压力
	中阶力	团阶协作能力
		反省力
		互惠力
		解决问题的能力
		自我钻研的能力
		自我控制的能力
		自我评价的能力
		知识管理能力
		自我发展的能力
		可塑力
	高阶力	信息素养能力
		高阶思维能力
		学习创新能力
		敏锐观察能力
		批判思维能力
		科学决策能力

综上,通过终身学习能力相关研究的文献综述,本书明确了非正式学习是成人终身学习最主要的形式,自主学习能力是成人终身学习最为核心的能力维度,而反映在终身教育实践中,同样是成人终身学习的能力维度中亟待提升的短板,采取有效措施提升成人自主学习能力,是教育信息化在社区教育中稳步推进的基础,也是本书的最终诉求。

(二)自主学习理论、模型与测量

上述终身学习能力的相关研究表明,自主学习能力是成人终身学习中最为重要的能力维度,所以在社区媒介学习环境下技术支持的成人自主学习研究中,技术支持的成人自主学习的影响因素、过程及评测是研究的重中之重,而自主学习理论则是上述研究的重要理论基础。自主学习一直是教育心理学研究领域的重要课题,各心理学派都从不同角度对自主学习进行了深入的研究。从20世纪80年代中期开始,以美国华盛顿城市大学齐莫曼为代表的一批心理学家在广泛吸收前人研究成果的基础上,对自主学习进行了全面深入的研究,逐步建构起了一套颇具特色的自主学习理论,引起了教育心理学界的广泛关注,也为本书中技术支持的成人自主学习的相关研究奠定了坚实的理论基础。

1. 自主学习理论

纵观国内外学者关于自主学习的重要理论,主要集中在自主学习的定义、结构、影响因素和测评等方面,大致可以划分为操作行为主义学派、现象学派、社会认知学派、意志学派、言语指导学派及认知建构主义学派六个具有代表性的学派。各学派的主要观点对比见表2.4。

表2.4 自主学习理论各学派主要观点

学派	动机	自我意识形成过程	学业目标形成的关键过程	影响因素	自主学习能力获得
操作行为主义学派	外部强化刺激	无法直接观测,使用行为环境刺激自我意识并记录	自我监控、自我指导与自我强化	注重分析外显行为与环境的关系	建模→口头讲授→强化
现象学派	情感反应	与生俱来,减少抵触情绪,可以提升自我意识	自我评价、计划、目标设置、监控、加工、编码、提取、策略	注重学生的主观感知而非外部影响因素	直接提升自我知觉是自主学习能力获得的关键因素

表 2.4(续)

学派	动机	自我意识形成过程	学业目标形成的关键过程	影响因素	自主学习能力获得
社会认知学派	结果预期、自我效能	包括自我效能、自我观察在内的自我感知状态	自我观察、自我判断、自我反应	注重分析特定社会过程与各种自我调节过程的关系	自我调节学习的训练应考虑儿童发展的局限性
意志学派	由个体价值以及达到特定目标的期望决定	显性认知取向、认知监控、特定注意力控制	注意力控制、编码控制、信息处理控制、动机控制、情感控制、环境控制	将环境视为影响自我调节的次要因素	通过对六个关键过程的强化训练培养自我调节能力
言语指导学派	任务指向的内部语言、自我指向的内部语言、客观环境	自我中心语言是自我意识的表现	自我中心语言	社会环境	儿童和成人之间的社会互动促进其自主学习能力的形成
认知建构主义学派	个体固有	伴随儿童的成长发展	自我胜任(能力)、努力、学术任务、工具性策略	认知冲突、教师的态度和行为、教学流程	自主学习能力被构建为具有具体学习任务的显性行为后,内化为心理表征

其中,社会认知学派的齐莫曼是自主学习研究领域最具代表性的学者,他认为学生自主调节的程度取决于自身的元认知、动机和自己学习过程中积极的行为参与,这些学生能够亲自发起和指导自己的努力,获得知识和技能,而不是依靠教师、家长或其他代理的指示。学生想做到自主学习,必须在学习中使用指定

的策略,在自我效能的基础上实现学习目标。①② 该定义指出了自主学习的三个重要因素,即学生自主学习策略、自我效能感的表现技能及对学术目标的追求。齐莫曼认为自主学习策略是指获取信息的行为或过程,或者包括代理、目标,学习者工具性的观念,以及组织和转换信息、自我影响、查询信息、演练或使用记忆帮助等方法。自我效能感是指对组织能力的感知,组织和实施特定任务所需技能的行为。③ 学业目标,如成绩、社会声望或毕业后的就业机会根据不同的性质和时间发生改变。

国内学者也从不同角度对自主学习的概念进行了界定。程晓堂认为自主学习首先是一种由学习者的态度、能力、学习策略所共同组成的能够主导学习的内在机制;其次,学习者能够实现对学习目标、方法、内容、材料的完全控制;最后,学习者能够在教学目标的调控与教师的帮助下,结合自身学习实际与学习需求,制订并完成学习目标与计划的学习模式。④ 庞维国认为自主学习是指学习者能够自觉地完成学习目标的确定、学习方法的选择、学习过程的监控,最终对学习结果进行评价的过程。⑤ 钟志贤指出自主学习是学习者利用自身的主体意识和元认知能力,自主并具有创造性地完成学习目标的学习方式。⑥

2. 自主学习过程模型

本书关于技术支持的成人自主学习的研究中涉及对成人自主学习过程的考察,学界关于自主学习过程的重要模型为本书的开展奠定了基础。目前自主学习过程模型的相关研究中比较有代表性是 Winne 和 Hadwin 基于信息加工理论提出的模型、Boekaerts 基于自我理论提出的模型,以及齐莫曼基于社会认知理论提出的理论模型。齐莫曼提出的自主学习的研究框架见表 2.5⑦,他强调自主学习过程中要通过表 2.5 中体现的六个方面的学习的任务条件确定学生学习的自

---

① ZIMMERMAN B J, MARTINEZ M. Development of a structured interview for assessing student use of self-regulated learning strategies[J]. American Educational Research Journal, 1986, 23(4):614-628.

② ZIMMERMAN B J. A social cognitive view of self-regulated academic learning[J]. Journal of Educational Psychology, 1989, 81(3):329-339.

③ BANDURA A. Social foundations of thought and action: a social cognitive theory[M]. Upper Saddle River:Prentice-Hall, 1986.

④ 程晓堂. 论自主学习[J]. 学科教育,1999(9):32-35,39.

⑤ 庞维国.90 年代以来国外自主学习研究的若干进展[J]. 心理学动态,2000(4):12-16.

⑥ 钟志贤. 深呼吸:素质教育进行时[M]. 北京:教育科学出版社,2003.

⑦ ZIMMERMAN B J, RISEMBERG R. Self-regulatory dimensions of academic learning and motivation[M]//Handbook of academic learning. Academic Press, 1997.

主性。

表 2.5　自主学习决定因素(1)

科学的问题	心理维度	任务条件	自主的实质	自主过程
1. 为什么学	动机	选择参与	内在的或自我激发的	自我目标、自我效能价值观、归因等
2. 如何学	方法	选择方法	有计划的或自动化的	策略使用、放松等
3. 何时学	时间	控制时限	定时而有效	时间计划和管理
4. 学什么	学习结果	控制学习结果	对学习结果的自我意识	自我监控、自我判断、行为控制、意志等
5. 在哪里学	环境	控制物质环境	对物质环境的敏感和随机应变	选择、组织学习环境
6. 与谁一起学	社会性	控制物质环境	对社会环境的敏感和随机应变	选择榜样、寻求帮助

此外,齐莫曼从社会认知的视角提出了自主学习的决定因素。学习者受到来自个人、行为和环境三个维度的影响。其中,个人因素包括学生的知识、元认知过程、目标及情感四个方面;行为因素体现在自我观察、自我判断和自我反应三个方面;环境因素则包括模仿、言语指导、社会援助、环境结构等①②,见表 2.6。

Winne 与 Hadwin 认为在将自主学习作为一个事件进行研究时,主要过程包括三个阶段,如图 2.2 所示,在这个模型中,信息可以扮演条件、成果、评估及标准四个角色之一。图 2.2 中的箭头表示信息流动到更新条件、成果、评估和标准的路径,同时还描述了元认知监控和元认知控制对自主学习至关重要的作用。③

---

①　朱祖德,王静琼,张卫,等. 大学生自主学习量表的编制[J]. 心理发展与教育,2005(3):60-65.

②　ZIMMERMAN B J. Self-regulating academic learning and achievement: the emergence of a social cognitive perspective[J]. Educational Psychology Review, 1990, 2(2):173-201.

③　WINNE P H, HADWIN A F. Studying as self-regulated learning[M]//Metacognition in Educational Theory and Practice. New York: Routledge,1998:277-304.

表 2.6 自主学习决定因素(2)

学习环境影响因素	个人(自身)影响因素	行为影响因素
物理情景下:	知识:	自律活动的表现:
任务特征	陈述性记忆	自我观察
外部效果	自我调节	自我评价
材料和社会资源	自我效能信念	自我反应
	目标或意图	环境构建
	元认知过程	
	计划	
	行为控制	
	影响过程	

Boekaerts 将自主学习过程划分为内、中、外三个操作层次,最内层是学习者的学习风格,决定了学习者组织和控制认知加工过程的特征模式;中间层是元认知样式,决定了学习者如何调控和引导他们的学习过程,如何针对特定的情境选择最适合的策略;最外层是管理模式,决定了学习者如何通过自我调节编排资源以实现设定的目标。但 Winne 与 Boekaerts 的模型仅从学习者个体的范畴考虑自主学习活动的发生过程,并没有特别关注学习开展的社会情境和外部影响因素。①

齐莫曼分析了自主学习过程的结构和功能,如图 2.2 所示,他认为自主学习可以分为计划阶段、行为表现阶段和自我反思三个阶段,并对内部各项指标进行了详细的解释。② 其中计划阶段包括任务分析和自我激励两种过程;行为表现阶段主要包含自我控制和自我观察过程;自我反思阶段主要涉及自我判断和自我反应两个过程。③

上述关于自主学习理论的梳理,以及具有代表性自主学习过程理论的分析,为后续研究中技术支持自主学习模型假设的提出与验证奠定了坚实的理论基础。

---

① BOEKAERTS M. Self-regulated learning: Where we are today. International Journal of Educational Research, 1999,31(6), 445-457.

② ZIMMERMAN B J. Attaining self-regulation: a social cognitive perspective[M]//Handbook of self-regulation. Academic press, 2000: 13-39.

③ 庞维国. 自主学习:学与教的原理和策略[M]. 上海:华东师范大学出版社,2003.

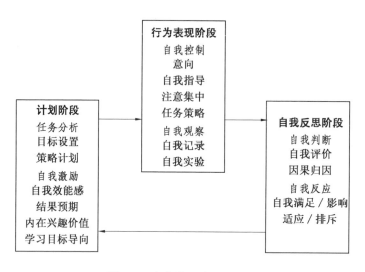

图 2.2　自主学习阶段、过程模型

3. 自主学习测量

社区媒介学习环境下技术支持的成人自主学习模型的检验与修正需要可靠测量工具的支持。自主学习的测量是自主学习概念、理论和自主学习成分等问题的具体化。① 国内外的相关研究为我们提供了丰富的测量工具,便于我们结合研究实际开发出适用于社区媒介学习环境的自主学习测量工具。Kizilcec 等认为自主学习的测量经历了三个发展阶段:第一阶段是自主学习根据学习者固有特征来概念化的,因此使用访谈和问卷等自我报告工具进行测量;在第二阶段中,自主学习被视为学习者在受到外部环境影响时发生的事件或过程,通过使用在学习者与学习环境、教师和同学互动时收集的日志数据来实现;在第三阶段中,自主学习测量方法也可以作为促进或加强学习者自我调节技能的工具。② Rovers 等论证了自我报告问卷是否是衡量自主学习的有效方法。研究结果显示,自我报告问卷可以较准确地反映学生的自我调节水平,相比之下,当要求学生报告特定的自主学习策略时,行为测量给出了更准确的解释。③ Winne 在

---

　① 朱祖德,王静琼,张卫,等.大学生自主学习量表的编制[J].心理发展与教育,2005(3):60-65.
　② KIZILCEC R F, PÉREZ-SANAGUSTÍN M, MALDONADO J J. Recommending self-regulated learning strategies does notimprove performance in a MOOC[R]. Proceedings of the Third (2016) ACM Conference on Learning,2016.
　③ ROVERS S F E, CLAREBOUT G, SAVELBERG H H C M, et al. Granularity matters: comparing different ways of measuring self-regulated learning[J]. Metacognition and Learning, 2019,14:1-19.

第二章 相关理论基础

Handbook of Self-regulation 一书中详细论述了自我学习的测量方法。她将自主学习的测量分为两大类,一类是将自主学习作为一个事件,另一类将自主习作为一种倾向进行研究。① 前者将自主学习测量作为一个有三个复杂阶段的事件,即发生、意外和应急,更加适合在学习的动态过程中学习者自主学习的测量。Winne认为在将自主学习作为一种倾向进行研究时,需要通过对学习者的测量来预测其未来的行为,这种研究方式更加适合使用问卷调查法,同时她介绍了三种最具代表性、最为常用的测量工具,分别是学习策略量表②(Learning and Study Strategies Inventory,LASSI)、学习动机策略量表③(Motivated Strategies for Learning,Questionnaire,MSLQ)和自主学习访谈量表④(Self-regulated Learning Interview Schedule,SRLIS),并且对指标进行了详细的解释和说明。其主要指标有:①内在动机性因素,包括兴趣、价值观、自我效能感、目标定向等;②认知策略的使用,包括注意策略、复述策略、组织策略、精加工策略、理解策略、要点选择、批判性思维等;③元认知能力,包括时间、努力的自我管理能力、情绪自我调控能力、自我检测和评价能力等;④学习资源的利用能力,包括查阅和利用学习信息、资料等物质资源的能力和学业求助等社会性资源利用能力等。Roger Azevedo等强调了在信息技术环境下对学习者认知与元认知过程的监控和测量的重要意义⑤,提出了超媒体环境下自主学习所需要的技能,即目标设定、监控和对认知、动机和行为的控制,提出了35个自主学习策略,并划分为五组,分别是计划、监控、策略使用、任务需求和难度、动机⑥,为学者更加精准地测量信息技术环境下自主学习者的认知与元认知提出了建议。

庞维国指出,问卷测评是用统一、严格设计的问卷来测量个体的有关心理特

---

① BOEKAERTS M, PINTRICH P R, ZEIDER M. Handbook of self-regulation[M]// Handbook of self-regulation. New York:Academic Press,1999.

② WEINSTEIN C E, PALMER D, SCHULTE A C. Learning and study strategies inventory (LASSI)[J]. Clearwater, FL: H & H Publishing, 1987:146-149.

③ PINTRICH P R, SMITH D A, GARCIA T, et al. Reliability and predictive validity of the motivated strategies for learning questionnaire (MSLQ)[J]. Educational & Psychological Measurement, 1993, 53(3):801-813.

④ ZIMMERMAN B J, MARTINEZPONS M. Construct validation of a strategy model of student self-regulated learning[J]. Journal of Educational Psychology, 1988, 80(80):284-290.

⑤ AZEVEDO R, MOOS D C, JOHNSON A M, et al. Measuring cognitive and metacognitive regulatory processes during hypermedia learning: issues and challenges[J]. Educational Psychologist, 2010, 45(4):210-223.

⑥ MOOS D C, AZEVEDO R. Learning with computer-based learning environments: a literature review of computer self-efficacy[J]. Review of Educational Research, 2009, 79(2):576-600.

征或行为态度的一种方法。由于这种测评方式比较容易设计、施测和记分,目前在自主学习的能力测量中最为常用。从测评的工具看,与 Winne 观点一致,他认为最具代表性、最为常用的测评工具有 Weinstein 等开发的学习策略调查表(LASSI)①,Pintrich 等开发的学习动机策略问卷(MSLQ)②。朱祖德等编制的大学生自主学习量表由学习动机与学习策略两个分量表组成,每个分量表各包含六个因子。③ 钟志贤等认为自主学习的构元通常有五个部分,即策略性知识、自我效能、主人翁感、掌握心向及自我反思,这些构元相互作用,构成了自主学习能力。同时,结合祝智庭《现代教育技术——促进多元智能发展》一书通过"信息技术支持与自主能力各构元关系表",对信息技术与支持自主能力各构元发展的关系进行了总结。首先是信息技术与学习者策略性知识的发展。策略性知识可细分为计划、分析、监控、修正等策略。采用专家系统或智能导师系统,学习者可以轻松地对整个学习活动制订一个计划,设定相关的目标、方法,确定可能存在的障碍;通过各种信息搜寻工具如 Internet 搜索引擎,从在线资源、电子刊物、电子书籍、数据库中查找学习资源,再与自己的学习任务进行对比,分析哪些资源可以借鉴;利用虚拟现实技术、多媒体教学软件、微型世界等可以为学习者创设情境,促进元认知能力发展;利用 BBS、新闻组、聊天室、视频会议系统、留言板等群组交流工具可以发现学习者在学习策略、学习任务中存在的问题,并及时做出调整。其次是信息技术与学习者自我效能的发展。利用可自定步调的多媒体学习软件、虚拟学伴可以让学习者的学习内容控制在最近发展区内,并给学习者提供学习的榜样,鼓励学习者进行模仿,最终达到自我调节,促进学习者的学习热情向积极的方向转化。第三是信息技术与学习者主人翁感的发展。通过 WebQuest 的角色模拟,学习者可以增强责任感、义务感,促进他们自信成功地完成学习任务。第四是信息技术与学习者掌握心向的发展。对学习者最大的驱动力来自于与学业相关的学习任务,以及学习者对学习任务的兴趣。因而,对学业有直接联系的如教学测试包、学科数据库、教学模拟软件等都是促进学习者掌握心向发展的最佳工具。第五是信息技术与学习者自我反思的发展。电子学档可以完整地记录学习者的学习过程,不仅为学习者的形成性评价和总结性评价提供了切实的资料数据,而且为学习者管理学习发展、进行自我反思奠定了基础。④ 信

---

① WEINSTEIN C E, PALMER D, SCHULTE A C. Learning and study strategies inventory (LASSI)[J]. Clearwater, FL: H & H Publishing, 1987:146-149.

② 庞维国. 自主学习的测评方法[J]. 心理科学,2003,26(5):882-884.

③ 朱祖德,王静琼,张卫,等. 大学生自主学习量表的编制[J]. 心理发展与教育,2005(3):60-65.

④ 钟志贤,谢云. 基于信息技术的自主学习[J]. 中国电化教育,2004(11):16-18.

息技术与自主能力各构元关系见表2.7。

表2.7 信息技术与自主能力各构元关系

自主能力要素	信息技术
策略性知识	专家系统、智能导师系统、搜索引擎、虚拟现实、聊天室、多媒体教学软件、微型世界、BBS、新闻组、视频会议系统、留言板、基于问题/项目的学习
自我效能	可自定步调的多媒体学习软件、虚拟学伴
主人翁感	协同实验室、WebQuest、认知学徒制
掌握心向	指导型CAI、教学/实验模拟软件、学科数据库、教学测试包
自我反思	电子学档、概念地图、自我测试工具、基于案例的学习

4. 自主学习倾向的测量

首先,上述关于自主学习理论的文献综述为本书中涉及的自主学习的相关研究奠定了理论基础。其次自主学习及信息技术支持自主学习的成熟量表也为社区媒介学习环境下技术支持的成人自主学习因素及作用机制的测量提供了依据。最后,由于本书旨在分析社区媒介学习环境如何有效地促进成人运用信息技术进行自主学习,侧重探究成人运用信息技术进行自主学习的意愿与倾向,所以Winne以及国内部分学者将自主学习视为倾向的观点更加符合本书的实际情况,本书将参考上述学者的理论与研究方法,将成人自主学习作为一种倾向进行研究。

国内外学者关于自主学习倾向评测的研究同样为本书的开展奠定了基础。荆其诚与朱智贤均认为能力倾向(又称性向)可以分为一般能力倾向与特殊能力倾向两种,两种倾向均不是个体已经具备的显示能力,而是通过后天的训练与学习能够获得的能力,这种能力是可以测量与预测的。[1][2] 黄美华编制了中学生自我导向科学学习倾向量表,该量表包括"对自然科学学习的后认知策略执行""对自然科学学习的喜好""对自然科学学习的资源经营策略""对自然科学学习的成就动机""对自然科学学习的自我效能""对自然科学学习的后认知策略计划"六个分量表,共43个问题。[3]

国外学者的相关研究同样为自主学习倾向评测提供了丰富的测量工具。

---

[1] 荆其诚.简明心理学百科全书[M].长沙:湖南教育出版社,1991.
[2] 朱智贤.心理学大词典[M].北京:北京大学出版社,1989.
[3] 黄美华.自我导向科学学习倾向量表之发展[D].台北:台湾高雄师范大学,2003.

Milligan 等在齐莫曼自我调节过程的结构和功能框架基础上,综合 MSLQ、LS、OS 等量表,设计并验证了用以评测工作场所学习行为的测量工具。① Ning 和 Downing 通过总结前人自主学习模型后发现,大多数模型都将自主学习定义为多个相互依存过程的组合,这些过程包括目标设定、监控、控制和管理,参考 LASSI 量表,采用自我报告的测量方法,对大学生的认知、元认知、行为策略进行了测量,以检查他们的自主学习策略导向。② Yen 等研究了在线自主学习的六个指标,即环境构建、目标设定、时间管理、任务策略、寻求帮助、自我评价,是否能够分别预测个人网络学习环境管理中的自发性、控制感以及自我反应的水平的高低。③ Guglielmino 开发了自我导向学习倾向量表,用来测量学习者自我导向学习的能力倾向。④ Chang 在 SDLRS 量表的基础上,根据网络学习的实际对量表进行了修改,将原有的八个项目修改为六个,建立了网络自我导向学习倾向评测量表。⑤

上述关于自主学习理论、模型与测量的文献综述,为本书中媒介学习环境下成人学习者模型的构建,以及技术支持的成人自主学习的测量提供了理论依据。此外,成人对于信息技术的接受程度,在很大程度上决定了技术支持的成人自主学习活动的开展与保持,技术接受程度是成人自主学习的决定性因素,本书中关于技术接受理论及相关模型的文献综述,为自主学习与技术接受关系的研究奠定了理论基础。

（三）技术接受理论

技术接受程度是成人学习者与技术支持学习环境耦合互动的重要指标,社区媒介学习环境下技术支持的成人自主学习的研究,必将涉及成人技术接受因

---

① MILLIGAN C, FONTANA R P, LITTLEJOHN A, et al. Self-regulated learning behaviour in the finance industry[J]. Applied Spectroscopy, 2015, 27(5):387-402.

② NING H K, DOWNING K. The reciprocal relationship between motivation and self-regulation: a longitudinal study on academic performance[J]. Learning & Individual Differences, 2010, 20(6):682-686.

③ YEN C J, TU C H, SUJO-MONTES L, et al. A predictor for PLE management: impacts of self- regulated online learning on students' learning skills[J]. Journal of Educational Technology Development & Exchange, 2016, 9(1):29-48.

④ GUGLIELMINO P J. Self-directed learning readiness and performance in the workplace: implications for business, industry, and higher education[J]. Higher Education, 1987, 16(3):303-317.

⑤ CHANG C C. The study on the quantitative analysis of the development and implementation for electronic performance support systems[J]. International Journal of Instructional Media, 2007, 34:569-570.

素对自主学习影响的考量,所以,技术接受及衍生理论也成为本书的重要理论基础。莱文森提出的媒介进化理论在认可媒介技术对人类重要影响作用的同时,同样承认人类在媒介环境中的主体地位和能动性,强调媒介必须吻合人类的生理特征,以及人类对媒介技术的理性选择的重要意义。因此本书社区媒介学习环境下技术支持的成人自主学习模型构建以及因素的分析,必将涉及个体对信息技术的采纳过程与影响因素的考量。

当前技术采纳行为的研究已经较为成熟,其中最具代表性的是以技术接受模型(TAM)理论及衍生理论为代表的个体技术接受相关理论。个体技术接受相关理论是以社会心理学中人类行为的研究为基础,探究影响个体接受新的信息技术产生使用行为的过程及影响这一过程的因素。该理论以使用意向能够直接导致使用行为的产生为前提,通过探究影响个体技术使用意向和使用行为的因素来进行使用行为的预测。① 下面将对技术接受研究领域具有代表性的模型进行介绍。

1. 理性行为理论(TRA)模型

1975年,美国学者菲什拜因(Fishbein)与阿耶兹(Ajzen)提出了理性行为理论(Theory of Reasoned Action,TRA),用于分析人类的态度如何有意识地对行为产生影响,通过对人类行为前各类影响因素的综合考量来预测行为的产生。该理论认为人类的行为由行为意向(BI)所决定,行为意向则受态度(A)和主观规范(SN)共同影响,如图2.3所示②,该模型广泛地应用于对人类行为的预测当中,为技术接受模型(TAM)的提出奠定了基础。

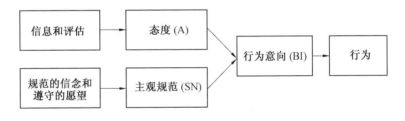

图2.3 理性行为理论(TRA)模型

2. 技术接受模型

技术接受模型(TAM)(图2.4)由Davis等依据理性行为理论(TRA)提出,是

---

① 张哲. 职前教师的采纳技术教学行为影响因素研究[D]. 长春:东北师范大学,2016.
② 鲁耀斌,徐红梅. 技术接受模型及其相关理论的比较研究[J]. 科技进步与对策,2005(10):178-180.

用于专门研究用户对信息系统接受程度的模型。① 技术接受模型试图通过分析外部变量、内在信念、主观态度以及行为意向与技术接受和使用行为的关系,来预测人类对于信息技术的接受程度。

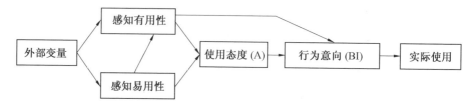

图 2.4 技术接受模型(TAM)

该模型认为人的行为意向(BI)对信息技术的使用具有决定作用,而行为意向由使用态度(A)和感知的有用性共同决定,使用态度由感知的有用性和易用性共同决定,其中感知的有用性由感知的易用性和外部变量共同决定,感知的易用性由外部变量决定。外部变量包括技术特征、用户特征(包括感知形式和其他个性特征)、任务特征、开发或执行过程的本质、政策影响、组织结构等。技术接受模型及其衍生模型被广泛应用于各种信息技术的使用者行为预测和接受研究中,并得到了众多实证研究的检验,因而成为信息系统研究领域中最优秀的技术接受理论之一。②

3. 技术接受扩展模型(TAM2)

技术接受模型(TAM)提出之后,众多学者从模型细化或多理论整合等角度对其进行丰富和发展。技术接受扩展模型(TAM2)是 Davis 和 Viswanath 在技术接受模型的基础上提出的模型理论③,如图 2.5 所示,相对于 TAM 模型,TAM2 模型细化了内在信念的影响因素,将社会规范、形象、工作相关性、产出质量、结果示范五个内在信念影响因素引入模型,同时加入使用经验与自愿两个外部变量作为干扰标量,分别探讨其对社会规范与感知有用性以及使用意向的调节作用。

4. 技术接受与使用统一模型(UTAUT)

技术接受与使用统一模型(Unified Theory of Acceptance and Use of Technology, UTAUT)是 Venkatesh 等人对理性行为理论(Theory of Reasoned Action,

---

① DAVIS F D, BAGOZZI R P, WARSHAW P R. User acceptance of computer technology: a comparison of two theoretical models[J]. Management Science, 1989, 35(8):982-1003.

② 张海,肖瑞雪,王以宁,等. 基于技术接受模型的师范生 TPACK 发展研究[J]. 中国电化教育,2015(5):111-117.

③ VENKATESH V, DAVIS F D. A theoretical extension of the technology acceptance model: four longitudinal field studies[J]. Management Science, 2000, 46(2):186-204.

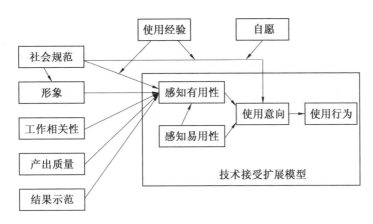

图 2.5 技术接受扩展模型(TAM2)

TRA)、技术接受模型(TAM)、动机模型(Motivational Model,MM)、计划行为理论(Theory of Planned Behavior,TPB)、组合技术接受模型和计划行为理论的模型(C-TAM-TPB)、计算机可用性模型(Model of PC Utilization,MPCU)、创新扩散理论(Innovation Diffusion Theory,IDT)以及社会认知理论(Social Cognition Theory,SCT)八个理论模型进行整合而形成的更为细化的技术接受模型,如图 2.6 所示。① UTAUT 模型认为绩效预期、努力预期、社群影响和便利条件四个直接因素对用户行为意向与使用行为起决定作用,包括性别、年龄、经验和自愿性使用在内的四个调节变量对用户技术接受与使用行为具有间接影响作用。

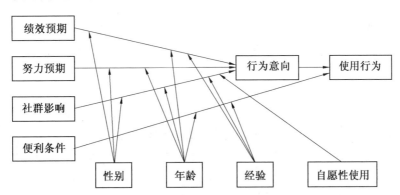

图 2.6 技术接受与使用统一模型(UTAUT)

---

① VENKATESH V,MORRIS M G,DAVIS G B,et al. User acceptance of information technology: toward a unified view[J]. Mis Quarterly, 2003, 27(3):425-478.

5. 技术接受模型3(TAM3)及其他模型

TAM3模型是Venkatesh和Bala在TAM2模型的基础上,以组织层面为切入点,研究员工在工作过程中如何接受以及使用信息技术的模型,如图2.7所示①。TAM3指出社会规范、形象、工作相关性、产出质量、结果示范和感知易用性对感知有用性产生影响,计算机自我效能感、感知外部控制感、计算机焦虑感、计算机娱乐性、感知愉悦性和客观可能性对感知易用性产生影响。

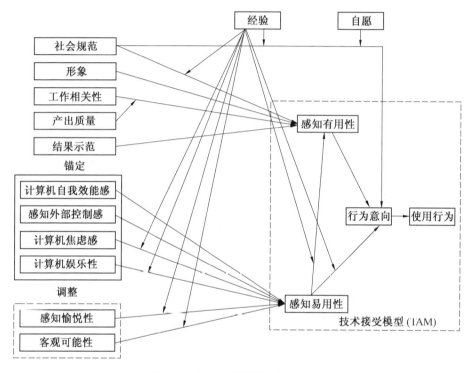

图2.7 技术接受模型3(TAM3)

宫晓东基于技术接受模型(TAM)及其衍生模型,从用户特征和产品特征两个角度,研究、辨析了影响老年人接受和使用信息科技产品的因素,构建了面向老年人群的信息科技接受模型(Technology Acceptance Model for Seniors, TAMS),如图2.8所示,提出感知有用性、感知易用性、社会影响和帮助便利性是影响老年人接受信息科技的使用意愿及使用行为的核心因素,老年用户主体的人机特

---

① VENKATESH V, BALA H. Technology acceptance model 3 and a research agenda on interventions[J]. Decision Sciences, 2008, 39(2): 273-315.

征、产品客体的经验兼容性等设计特征对感知有用性和感知易用性有重要影响。①

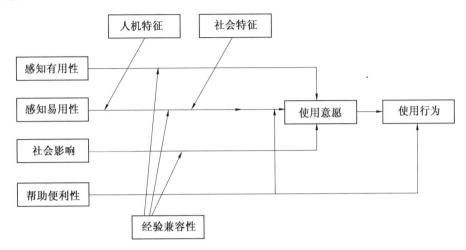

图2.8 面向老年人群的信息科技接受模型(TAMS)

王琳提出了影响老年人接受信息科技的影响因素,比较了因素的重要程度,定量分析了影响因素和接受意图之间的关系,并对显著影响接受意图的因素进行了文化差异的比较和具体案例分析。② 毛羽等在UTAUT模型的基础上增加了感知安全和感知信任两个因素,构建"一键通"服务的用户接受模型,分析影响用户使用"一键通"服务的关键因素,从而为智慧养老服务提供建议和对策,如图2.9所示。③

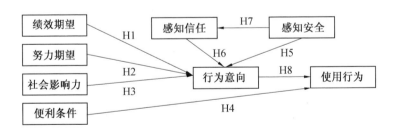

图2.9 "一键通"服务的用户接受模型

---

① 宫晓东.老年人科技生活环境设计研究[D].北京:北京理工大学,2014.

② 王琳.影响中国、韩国和美国的老年人接受信息科技的因素[D].北京:清华大学,2010.

③ 毛羽,李冬玲.基于UTAUT模型的智慧养老用户使用行为影响因素研究——以武汉市"一键通"为例[J].电子政务,2015(11):99-106.

综上可见,技术接受模型及衍生模型被广泛地应用于各种信息技术的使用者行为预测和接受研究中,并得到了众多实证研究的检验,因而成为信息系统研究领域中最优秀的技术接受理论之一,该模型也为本书社区媒介学习环境下技术支持的成人自主学习模型中,成人信息技术接受影响因素及过程的定量研究奠定了坚实的理论基础。

本章小结

本章通过对其所涉及的各类理论及相关研究的综述,为本书研究重点及研究对象的确立奠定了理论基础;通过终身教育、社区教育理论的文献综述明确了研究的动因,在宏观层面上为本书奠定了理论基础;通过学习环境理论与媒介环境理论的梳理与分析,从学习环境层面为研究奠定了理论基础;通过对自主学习理论及技术接受理论的梳理,从成人个体层面为研究奠定了理论基础。本书理论基础应用框架如图2.10所示,具体结论如下。

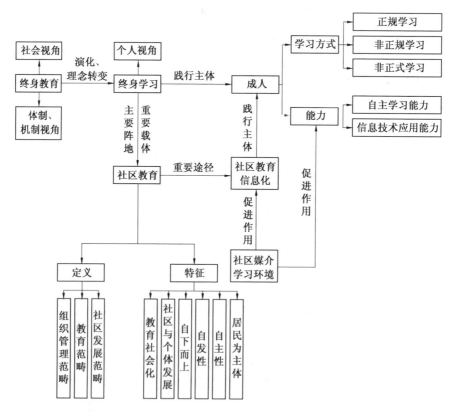

图2.10 本书理论基础应用框架

其一,宏观层面。我国终身教育处于从整体终身教育体系的构建向更加关注个体终身学习需求、提供个性化的优质教育资源与学习支持服务、提升社区教育参与度的方向转变的关键时期。社区教育信息化建设的推进,将进一步促进教育资源的合理配置与共享,促进终身教育的转型发展,更好地发挥前沿阵地的作用,让终身教育惠及更为广泛的学习者。因此,通过系统化、科学化社区媒介学习环境的设计,促进社区成人运用信息技术自主学习,推进社区教育信息化进程,完全符合终身教育转型发展时期融合、服务的核心理念,因此,本章关于终身教育、终身学习、社区教育以及社区教育信息化理论的综述,为研究动因及目标的确立提供了理论支撑。

其二,学习环境层面。首先,本书通过学习环境理论的综述,为社区媒介学习环境概念的界定与理论模型的构建奠定了理论基础;其次,通过媒介环境学理论的文献综述,明确了媒介环境直接作用于社区教育传播过程,进而对成人在社区中的学习活动产生重要影响,是促进社区教育信息化的重要手段,而媒介学习环境的设计要充分考虑人类的主观能动性,通过媒介资源的科学配置有效促进学习活动的开展。上述问题的明确,为本书中社区媒介学习环境与成人学习者关系相关研究的提供了理论依据。

其三,成人个体层面。本书通过终身学习能力内涵与构成的文献综述,为研究对象与核心问题的确定提供了理论依据。首先,成人是终身学习的践行主体,社区作为城市有机体的重要组成部分,是学习型城市建设与终身教育的主要阵地,所以本书选取社区成人作为研究对象具有广泛的代表性。其次,终身学习贯穿于人的整个生命历程,是蕴含个体自主学习性质,囊括正规学习、非正规学习及非正式学习等各种学习形式的全方位学习活动,非正式学习是终身学习最为重要的学习形式,所以本书将重点针对成人非正式学习进行研究。最后,一方面自主学习能力作为成人终身学习最为核心的能力维度,对学习者的终身学习具有决定性的作用。另一方面,首先,成人信息技术的接受程度也会对自主学习产生重要影响,所以本书对技术支持的成人自主学习过程与因素的探索将有助于解决影响终身学习的核心问题。其次,本书通过对自主学习理论、模型及测量相关研究的梳理,明确了自主学习、技术支持的自主学习、技术支持自主学习的测量,均有成熟的理论与大量的实证研究为理论依据,为社区媒介学习环境下技术支持的成人自主学习模型假设的提出及验证奠定了理论基础。最后,本书通过技术接受理论的文献综述,明确了技术接受模型(TAM)及其衍生模型广泛应用于人类技术接受影响因素的相关研究当中,能够较好地解释人类与信息技术的关系,为本书技术接受程度对自主学习影响的相关研究奠定了理论基础。

第三章 核心概念界定与理论模型构建

在第二章的理论基础之上,本章希望结合研究实际,对本书的核心概念进行界定,在此基础上构建社区媒介学习环境理论模型,为后续的研究提供重要依据。本章首先对媒介学习环境、社区媒介学习环境两个核心概念进行界定;其次通过媒介与学习环境、媒介环境与自主学习关系的分析,明确媒介学习环境与自主学习的关系;最后,在此基础上初步构建社区媒介学习环境理论模型,并提出社区媒介学习环境的两大构成要素,即资源工具要素及成人学习者要素,为后续研究奠定基础。

一、核心概念界定

本章在第二章明确了学习环境与媒介环境学相关理论基础后,希望在国内媒介学习环境的相关研究的基础上,结合本书的实际,对媒介学习环境、社区媒介学习环境两个核心概念进行界定。

(一)媒介学习环境

通过相关研究的梳理发现,国内涉足媒介学习环境的相关研究虽然较为有限,但也有少数学者基于不同的视角对媒介学习环境的概念与特征进行了界定,对本书相关概念的提出具有一定的指导意义。

首先,黄荣怀等从媒介即环境的视角,对媒介学习环境的概念进行了界定,他认为传输媒介在教育资源共享系统中可以作为技术环境。技术环境是作用和服务于优质教育资源建设及传输配送行为主体的硬件环境与软件环境。传输媒介在信息化促进优质教育资源建设和传输配送系统中可以实现跨平台、多终端和区域化共享三个重要途径。①

其次,也有部分学者从媒介发展的视角对媒介学习环境的概念进行了阐述。汪学均等探索了信息时代媒介变迁对学习者学习认知方式的影响,认为相对于传统媒介,网络媒介对自主学习与协作学习的支持作用更为显著,同时,网络媒

---

① 黄荣怀,任友群.信息化促进优质教育资源共享的理论与实践[M].北京:高等教育出版社,2017.

介还丰富了学习方式,促使学习者更好地参与到教学活动当中。[①]

最后,吴南中等从智慧学习的角度定义了面向成人的学习环境,他认为成人智慧学习空间是针对成人学习中的职业性、经验性、主动性和差异性而构建的一类支持成人智慧学习的学习环境。它既包括各类面向成人学习者的正式学习空间和非正式学习空间,也包括在线学习空间和融入在线学习的"虚实一体"学习空间。[②]

综合考虑上述学者基于不同视角提出的媒介学习环境概念,本章将社区媒介学习环境定义为在特定的学习场域下,各种网络媒介、电子媒介、传统媒介资源工具共同组成的系统化、环境化学习空间。

(二)社区媒介学习环境

在社区媒介学习环境相关概念的基础上,部分学者基于社区教育、社区居民的特点,对社区媒介学习环境的概念进行了界定。例如,詹青龙等从感知方式和行为方式两个角度分析了社区媒介学习环境下的不同学习方式[③],并以工具的视角总结了社区媒介学习环境的主要内涵与特征。李亚红等认为社区媒介学习环境是在社区范围内,一切可用来传递信息的工具、符号和内容的综合,旨在以社区媒介结构的形式呈现学习内容和生活信息,通过对社区居民的认知、情感和态度影响,使学习者的学习意识不断得到强化。在此基础上将社区媒介学习环境定义为以终身学习、泛在学习为目标的学习型社区内,各种网络媒介、电子媒介、传统媒介形成的环境化社区学习空间,空间包括自然物质媒介与网络增强媒介两个重要组成部分。[④]

综合考虑上述研究所提出的社区媒介学习环境相关定义发现,社区媒介学习环境在具备普通学习环境所包含的部分特征与要素的同时,也因其设计目的、服务对象及媒介资源本身的特点,使其具备了特有的特征,以区别于其他场域下的媒介学习环境。所以,综合考虑学习环境理论以及现有的媒介环境定义,本书从以下几个方面界定社区媒介学习环境的特征:社区媒介学习环境秉承终身学习理念,主动适应社区居民非正式学习的需求;学习者在学习环境中处于主动地

---

① 汪学均,熊才平,刘清杰,等. 媒介变迁引发学习方式变革研究[J]. 中国电化教育,2015(3):49-55.

② 吴南中,夏海鹰,张沛东. 成人智慧学习空间:意涵、特征与构建[J]. 现代远程教育研究,2020,32(5):70-76,85.

③ 詹青龙,李亚红,郭桂英. 学习型社区媒介环境的要素特质与学习方式[J]. 中国电化教育,2015(6):47-50,58.

④ 李亚红,郭桂英. 学习型社区媒介环境案例探析[J]. 软件导刊:教育技术,2015(6):65-67.

位,社区媒介学习环境创设的目标是适应成人学习者的特点,促进其自主学习;社区媒介学习环境是一种生态化的学习空间,整合了社区内包括家庭、场馆、户外空间等不同场域学习环境;社区媒介学习环境由社区内网络媒介、电子媒介、传统媒介、文化资源等物质与非物质资源共同组成。

综上,本书将社区媒介学习环境定义为在以促进居民终身学习、自主学习为目标的社区内,各种网络媒介、电子媒介、传统媒介资源工具,以及各类隐性文化资源构成的各类场域学习环境共同组成的系统化、环境化学习空间。

二、社区媒介学习环境理论模型的构建

社区媒介学习环境概念的明确,为社区媒介学习环境理论模型的构建提供了重要的理论依据。在此基础上,本部分通过媒介学习环境与自主学习对应关系的梳理,构建社区媒介学习环境理论模型,明确其构成要素,为后续章节的研究奠定基础。

(一)媒介学习环境下的自主学习

前面关于媒介学习环境概念的界定反映了社区媒介学习环境设计的目的,即通过社区中媒介资源工具的合理配置,有效促进社区成员的自主学习,由此可见,媒介学习环境中资源工具与成人自主学习关系的明确是媒介学习环境设计的重点。本部分将在第二章的基础上,通过对媒介对学习环境影响,以及媒介学习环境对自主学习影响相关理论的分析,进一步明确媒介学习环境与自主学习的关系,为社区媒介学习环境理论模型的构建以及后续的研究奠定理论基础。

1. 媒介对学习环境的影响

媒介学习环境与人类自主学习关系的研究,首先要明确媒介如何作用于学习环境,二者具有怎样的关系。国内外众多学者倾向于从认知工具的角度分析媒介对学习环境的影响。美国著名的技术哲学与现象学家唐·伊德认为技术是环境的工具,是非中立的,并深深嵌入人们的生活实践中;而环境是具有影响性的,它作为人们生活世界的一部分,决定了技术的功能。这与海德格尔将技术理解为观看"世界"的方式是一致的,技术展现着外界环境,外界环境也影响着技术的功能。由此可见,技术与环境之间相互影响、彼此渗透,环境是技术产生与发展的"土壤",技术则是环境形成和进化的重要推动力量。何克抗等认为学习环境中的学习资源包括学习材料(即信息)、帮助学习者学习的认知工具(获取、加工、保存信息的工具)、学习空间(比如教室或虚拟网上学校)等。人际关系包括

学生之间的人际交往和师生人际交往。① 乔纳森也论述了认知工具的重要性,将认知工具定义为学习环境的重要组成要素。他认为学习环境应促进学习者在学习过程中有效利用信息资源,不断探索与建构认知工具,利用工具实现对学习活动的控制,完成学习任务。② 上述学者在学习环境的研究中均将"认知工具"作为学习环境的重要组成部分,而媒介则是上述认知工具的重要代表,所以基于媒介资源工具的媒介学习环境能够对学习者的学习活动起到巨大的支持作用。

2. 媒介环境对自主学习的影响

自主学习活动的开展需要良好的环境加以承载与支持,学习环境不仅影响学习者计划、监控和评估自己的学习过程,同时也对学习者的学习动机,以及如何在不同的学习情境中进行学习策略与资源的选择,从而实现学习目标,具有潜在的影响作用。网络媒介与传统媒介的深度融合,使社区可以通过丰富的手段为居民提供大量信息,成功的学习者必须不断地决定下一步要做什么,并在获取先验知识的同时评估检索到的信息与其学习目标的相关性,进行自我认知,考虑到学习者自身的动机因素,学习者也必须积极监控学习活动的有效性和对主题的理解。这就要求相关从业人员提出有效策略,运用媒介有效促进学习者自主学习,而相关策略提出前,有必要厘清社区媒介环境与自主学习的关系,即媒介环境如何作用于学习者的自主学习。

首先在媒介环境对学习的影响层面。影响学习的因素主要可以划分为内部因素和外部因素两类。内部因素包括观念、方法,以及智力因素(如注意力、记忆力、思维力等)与非智力因素(如学习动机、学习兴趣个性与情绪、学习态度、学习习惯等);外部因素包括社会教育环境、家庭教育环境及学校教育环境三个方面。媒介技术作为学习环境中最具代表性的技术手段,对人类学习活动的影响也是非常显著的,麦克卢汉早在 1964 年就在《理解媒介:论人的延伸》一书中提出了"媒介即人体的延伸"的概念,他认为任何媒介都不外乎是人的感觉和感官的扩展或延伸。所以,每种媒介的应用都会改变人的感觉平衡状态,产生不同的心理作用和对外部世界的认知方式,它们通过拓展学习者的感知范围和增强学习者的沉浸体验,加深学习者对知识技能的理解。波兹曼在后期研究中逐渐开始关注媒介环境对教育的影响,以及新媒介和新技术如何影响教育而逐步控制年轻人,虽然他对以信息技术支持的新媒介环境对学校教育的影响表示担忧,但同时

---

① 何克抗,李文光. 教育技术学[M]. 北京:北京师范大学出版社,2002.

② JONASSEN D H, ROHRER-MURPHY L. Activity theory as a framework for designing constructivist learning environments[J]. Educational Technology Research & Development, 1999, 47(1):61-79.

也提出了根据学习者的内在化知识和经验、学习目标合理配置媒介环境的建议。由此可以看出,媒介环境对于人类学习活动的重要影响。

其次在学习环境对自主学习影响的研究层面。齐莫曼从社会认知的视角提出了自主学习的决定因素,即学习环境影响因素、个人(自身)影响因素及行为影响因素。① 李青等讨论了个人学习环境,网络媒介和自主学习之间的关系,认为个人学习环境是由工具、社区和服务构成的独立教育平台,个人用学习环境来指导自己的学习和追求教育目标,是网络媒介向学习者提供能够创建、组织和共享内容工具的结果,其目的在于帮助学生聚集和共享资源,参与集体知识的产生,并管理自己的空间。首先,学习环境可以被看作是一项技术和教学方法,使学生设计并围绕自己的目标或学习方法自主选择适合个人的学习风格和学习节奏。其次,个人学习环境同时要求自主学习技能的开发和应用。最后,网络媒介具有教学启示,可以通过启用个人学习环境的创造力帮助学习者自主学习。因此媒介学习环境和自主学习之间的关系是相互依存的,在两者协同要求的同时,还应促进学习者的自主学习,以及使用媒介资源实现自主学习技能变革的发展和应用。② 因此,在综合考虑媒介环境对学习活动的影响,以及学习环境对自主学习影响的基础上,本书进一步明确了媒介环境能够对自主学习活动产生重要影响。

综上,通过对媒介学习环境与自主学习辩证关系的分析可见,媒介作为学习环境的重要组成部分,对学习环境的影响巨大,同时,由媒介资源所构成的媒介环境又是自主学习的决定影响因素,所以,媒介学习环境会对人的自主学习活动产生重要的影响,上述关系的明确,为社区媒介学习环境理论模型的构建,以及媒介学习环境与技术支持的成人自主学习关系的研究奠定了基础。

(二) 理论模型构建

社区媒介学习环境概念的界定,以及社区媒介学习环境与自主学习关系的分析,为社区媒介学习环境理论模型的构建奠定了基础。社区媒介学习环境是学习环境的特殊形态,社区媒介学习环境理论模型与构成要素的确定,需要建立在学习环境构成要素的基础之上,关于学习环境构成要素的研究较为丰富,具体见表3.1。

---

① ZIMMERMAN B J. Self-regulating academic learning and achievement: the emergence of a social cognitive perspective[J]. Educational Psychology Review, 1990, 2(2):173-201.

② 李青,张翠翠,于亦峰,等.个人学习环境、网络媒介和自主学习的相互关系探究[J].科技创新导报,2015,12(9):124-125.

第三章 核心概念界定与理论模型构建

表 3.1 学习环境构成要素

观点名称	学习环境构成要素	观点来源
四要素观	人、工具、资源、服务	胡海明、祝智庭①
六要素观	问题/项目空间、相关案例、信息资源、认知工具、学习共同体和社会性支持	乔纳森②
七要素观	活动、情境、资源、工具、支架、学习共同体、评价	钟志贤③
学习生态观	外部社会文化环境层、学习社群、信息资源、技术、学习活动	陈琦、张建伟④

上述学者的观点都以直接或间接的形式体现了情境、资源、工具、支架、学习者(学习共同体)五个要素,证明上述要素是学习环境中较为重要的要素。而上述关于学习环境要素的界定主要基于学校教育中的正式学习,相比之下,社区媒介学习环境主要面向成人的非正式学习,二者的侧重点存在一定的区别,部分国内学者针对成人非正式学习环境构成要素的研究能够为社区媒介学习环境框架的构建提供理论指引。

徐晶晶等认为自学习型社会和终身学习理念提出以来,正式学习和非正式学习的边界越来越模糊,家庭和各类场馆已成为教育服务供给的新领域,并从系统观视角出发,提出协同教育的演化路径,包括以学校为核心的单方推动,以家校协同为特征的双方并进,以及以学校、家庭、场馆(School-Family-Museum,SFM)为典型场域的三方协同教育联动机制模型。⑤ 詹青龙等认为社区媒介学习环境由内容环境和工具环境构成。首先,学习型社区媒介内容环境是指社区各类需要传递的信息以及媒介本身所包含的信息,通过文字(代码)、图形图像、动画、视频、声音等媒体形式,以及符号、手势等内容形式进行传递。其次,学习型社区媒介工具环境是指包括手机、计算机、报刊、电视、广播等在内的社区媒介表现

---

① 胡海明,祝智庭. 个人学习环境的概念框架:活动理论取向[J]. 开放教育研究,2014(4):84-91.

② 乔纳森. 学习环境的理论基础[M]. 上海:华东师范大学出版社,2002.

③ 钟志贤. 论学习环境设计[J]. 电化教育研究,2005(7):35-41.

④ 陈琦,张建伟. 信息时代的整合性学习模型——信息技术整合于教学的生态观诠释[J]. 北京大学教育评论,2003(3):90-96.

⑤ 徐晶晶,黄荣怀,杨澜,等. 智慧学习环境下学校、家庭、场馆协同教育联动机制研究[J]. 电化教育研究,2018,39(8):27-33.

形式。

由此可见，随着媒介技术的不断发展，如今已不是由纸质媒介、广播媒介主导的时代，大量的数据信息存在于多媒体网络上，丰富了社区媒介信息呈现的内容与方式，使社区媒介学习环境体现出数据内容和表现形式的多模性，给社区居民带来活化的多模态学习环境。在此条件下，针对社区居民这一非正式学习群体，首先要在丰富移动网络学习资源的同时，充分考虑社区居民对学习资源的理解转化程度。因此，可从个性化服务角度出发，为社区居民推送与之兴趣相关的网络学习资源，从学习动机的角度提高学习效果。其次要促进社区内泛在化媒介环境的合理配置。媒介作为环境存在于居民的日常生活中，要合理利用媒介工具和媒介内容，使居民感知最大化的学习资源。社区居民可通过对社区中媒介内容的听、说、读、看等感知方式的学习，在理解社区媒介信息的同时，增强居民的社区意识，提高分析和处理社区问题的能力。综上，以媒介为学习工具来感知媒介信息资源，是社区媒介环境建设的主要内容，通过媒介学习环境的构建能够有效促进泛在学习和终身学习。① 因此，在社区媒介学习环境中，媒介资源、社区居民以及二者的关系是重要的组成部分。

综合考虑上述学习环境构成要素及非正式学习环境构成要素的相关研究，相对于学校的正式学习环境，在社区这一非正式学习环境中，学习者倾向于以更加轻松的态度对待学习，教与学的意识被淡化，所以社区媒介学习环境更加关注资源工具、学习者两个要素，即如何通过社区内的各类媒介工具的有效利用，使社区内的资源得到有效配置，促进社区成人在不同学习场域内自主开展学习活动。

所以，本书在综合考虑学习环境构成相关研究的基础上，结合社区媒介学习环境概念，初步构建了社区媒介学习环境理论模型，如图 3.1 所示。该模型将社区媒介学习环境划分为媒介环境维度、成人学习者个体维度及媒介学习环境与技术支持的成人自主学习对应关系维度三个维度，其中媒介环境维度侧重学习场域、资源工具的划分与配置；成人学习者个体维度侧重学习者分析；媒介学习环境与技术支持的成人自主学习对应关系维度侧重资源工具与学习者的有效互动。在后续研究中，本书将参照理论模型，对模型内不同维度进行完善与整合，从而完成技术支持的社区媒介学习环境（TECMLE）实践模型的构建，用以指导社区媒介学习环境设计的实践。

---

① 詹青龙,李亚红,郭桂英.学习型社区媒介环境的要素特质与学习方式[J].中国电化教育,2015(6):47-50,58.

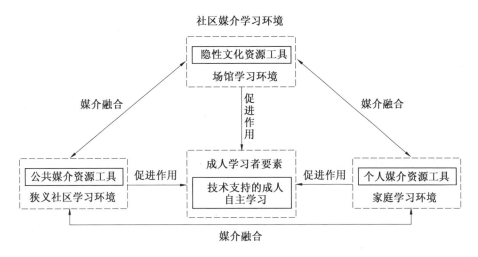

图 3.1　社区媒介学习环境理论模型

(三)社区媒介学习环境构成要素

根据图 3.1 所示,包括乔纳森、陈琦、钟智贤、祝智庭在内的国内外知名学者,均在其研究中将资源工具与学习者界定为媒介学习环境的重要构成要素,因此,本部分根据前面提出的媒介学习环境理论模型,将社区媒介学习环境划分为媒介资源工具要素、成人学习者个体要素,以及资源工具与成人学习者关系,各要素具体内容如下。

1. 媒介资源工具要素

本书将社区媒介学习环境初步划分为家庭学习环境、狭义社区学习环境及社区场馆学习环境三个场域,各场域的媒介资源划分为显性硬件资源和隐性文化资源两个部分,其中显性硬件资源包括个人媒介资源与公共媒介资源两个部分。第四章将在此基础上,通过社区媒介学习环境资源工具要素研究,确定社区各学习场域中显性媒介资源工具及隐性文化资源工具的构成与占比,为媒介资源与技术支持的成人自主学习对应关系的研究奠定基础。

2. 成人学习者个体要素

在社区成人学习者个体层面,本书在第二章已经明确了成人是社区教育的主要服务对象,以及自主学习对成人终身学习的重要意义,成人能否运用信息技术进行自主学习是社区教育信息化推进的关键。所以在成人学习者个体层面,本书将在第五章通过社区媒介学习环境下技术支持的成人自主学习模型假设的检验与修正,明确社区媒介学习环境下技术支持的成人自主学习要素与作用机制,为社区媒介学习环境的设计提供依据。

3. 资源工具与成人学习者关系

学习环境是动态的系统,要通过科学的设计使学习者与学习环境之间建立"互动"关系,通过互动使环境中的各类资源产生效力,使成人的学习活动得以维系和发展。具体到本书中的社区媒介学习环境,则需要通过社区媒介资源工具的科学配置与设计,使媒介资源工具有效作用于技术支持的成人自主学习的全过程,促使媒介环境层面与成人学习者个体层面产生有效互动,从而促进社区成人运用信息技术进行自主学习。第六章将通过 TECMLE 实践模型的构建,进一步明确社区媒介学习环境与技术支持自主学习的对应关系。

本章小结

本章首先在对学习环境理论、媒介学习环境理论进行梳理与分析的基础上,对媒介学习环境、社区媒介学习环境两个核心概念进行了界定;其次通过媒介学习环境与成人自主学习关系的分析,为社区媒介学习环境理论模型的构建奠定了理论基础;最后,在此基础上,初步构建了社区媒介学习环境理论模型,并提出了社区媒介学习环境的构成要素,即资源工具要素和成人学习者要素,为后续二者关系的研究奠定了基础。

社区媒介学习环境理论模型及构成要素提出的同时,本书的具体实施路径也得到了进一步的明确。即第四章通过社区媒介学习环境资源工具要素的研究,明确资源工具的构成与发展状况;第五章通过社区媒介学习环境下技术支持的成人自主学习过程及影响因素的研究完成社区成人学习者要素的分析;第六章通过社区媒介学习环境与技术支持的成人自主学习因素对应关系的确定,完成资源工具与成人学习者关系的研究;第七章通过社区媒介学习环境构成要素及相互关系研究的梳理与整合,提出 TECMLE 实践模型的设计过程与设计策略。

第四章　社区媒介学习环境下资源工具要素研究

根据第三章提出的社区媒介学习环境理论模型，本章将针对社区媒介学习环境构成要素中"资源工具"这一要素进行研究。技术支持的社区媒介学习环境（TECMLE）设计，需要立足于社区媒介学习环境资源工具的构成与发展状况。因此，本章采用问卷调查与半结构化访谈相结合的混合式研究方法对社区媒介学习环境资源工具进行研究，确定社区各学习场域中媒介资源工具以及隐性文化资源工具的构成与发展状态，分析存在的具体问题，为后续研究奠定基础。

一、研究设计

（一）相关研究综述

本部分通过对学习环境资源相关研究的文献综述发现，当前研究可以划分为以下三种类型。首先是学习环境资源研究工具设计类的研究，刘德建等从城市创新发展环境、场域智慧学习环境和市民智慧学习体验三个维度，建构了城市智慧学习环境指数测评模型，该模型对城市中不同学习场域进行了划分，为社区、家庭、职场等学习环境资源工具研究提供了有效工具。[1] 张伟远通过对网上学习环境的维度及指标体系的信效度检验、模型建构与指标确认，构建了网上学习环境资源的评价模型和指标体系，为网上学习环境研究提供了工具。[2] 张豪锋等构建了泛在学习环境评价模型，从实践、评价、学习环境优化三个方面提出了评价实施步骤。[3]

---

[1] 刘德建,唐斯斯,庄榕霞,等.城市智慧学习环境指数研究[J].开放教育研究,2016,22(5):22-33.

[2] 张伟远.网上学习环境评价模型、指标体系及测评量表的设计与开发[J].中国电化教育,2004(7):29-33.

[3] 张豪锋,赵耀远.有意义学习视角下的泛在学习环境评价[J].中国远程教育,2013(10):90-94.

其次，部分学者设计或使用现有的研究工具，采用质性或量化的单一研究方法对学习环境资源进行研究。邓晖、徐海林、黄萍均结合研究实际构建了研究工具，在此基础上采用案例分析法对网络学习环境资源进行了调查与分析，有针对性地提出了建议。①② 潘卫东等在研究中设计了问卷工具，对电大网络学习环境资源质量进行了调查与评价。③ 王涛设计了网络学习平台的生态特征调查三级指标体系，采用问卷调查法对网络学习平台生态特征进行了调查与评估。④ 杨俊锋基于教室环境评测框架，开发了评测量表，通过问卷调查对量表信、效度进行检验的同时，分析了课堂环境资源的发展状况，提出了相应的对策。⑤ 陈敏等以有效学习为落脚点，构建了泛在学习环境资源评估模型，基于模型设计了评价指标，采用问卷调查的方式进行了实证研究。⑥

最后，也有学者基于研究工具采用质化与量化相结合的混合式研究方法，开展了对学习环境资源的研究。谭秀森等设计了问卷工具，采用问卷调查法对山东高校学生学习环境的现状进行个案分析和调查研究，分析了山东高校学生学习环境资源的特点及存在的问题。⑦ 柴阳丽采用问卷调查与访谈相结合的研究方法对 Web 2.0 环境下大学生非正式学习现状进行了研究。⑧ 李亚红等使用田野调查与案例分析法，对国内外四个典型社区媒介学习环境资源建设情况进行调查，为社区媒介学习环境建设提供了依据。⑨ 沈明霞以成年社区居民为对象，采用问卷调查法分析了成年居民环境教育需求的基本情况，同时配合访谈与观

---

① 邓晖,徐梅林.个性化网络学习环境建设状况调查与启示[J].现代远程教育研究,2003(1):31-34,63.

② 黄萍.Web Quest 学习环境设计的调查与分析[J].开放教育研究,2005(3):90-92.

③ 潘卫东,白崇琦.网络学习环境质量评价的问卷调查与初步分析[J].现代远距离教育,2002(3):40-43.

④ 王涛.网络学习平台生态指数开放评价模型研究[J].开放教育研究,2015,21(3):81-89.

⑤ 杨俊锋.技术促进学习的课堂环境评测与优化[J].电化教育研究,2016,37(12):99-105.

⑥ 陈敏,孟彩云,周驰.有效学习视角下的泛在学习环境评价研究[J].开放学习研究,2018,23(4):11-19.

⑦ 谭秀森,刘昕.大学生就读环境研究——基于山东省的调查[J].教育发展研究,2008(20):82-85.

⑧ 柴阳丽.Web 2.0 环境下大学生非正式学习现状调查与对策研究[J].电化教育研究,2011(12):63-68.

⑨ 李亚红,郭桂英.学习型社区媒介环境案例探析[J].软件导刊:教育技术,2015(6):65-67.

察,进一步明确了教育需求的影响因素,最终提出了相关的对策与建议。①

通过上述三种学习环境资源研究路径的对比分析(图4.1),研究得到以下结论。第一,在研究思路层面,学习环境资源研究工具设计虽然能为相关研究提供工具,但缺少实证研究的检验。针对开展实证研究来说,质性调查方法能够为量化调查结果提供补充及确证,确保研究结果的科学性,相对于单一研究方法,混合式方法能够确保本书在广泛的搜集数据的同时,获得真实、生动的事实依据。第二,在研究方法的选择上,与学习环境资源研究工具相关。本书多采用案例分析或问卷调查等单一研究方法,而学校、社区等实体学习环境与资源的调查研究,多采用问卷调查辅以访谈或实地考察的混合式调查方法。因此,本书将参考上述研究方法与路径,采用质化与量化相结合的混合研究方法进行社区媒介学习环境资源工具研究的设计与实施。

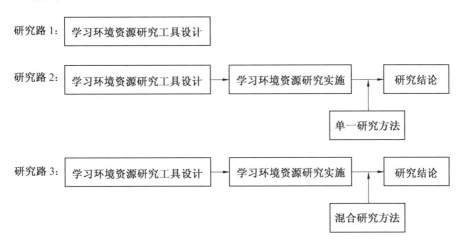

图4.1 学习环境资源工具研究路径对比分析

(二)研究目的

本章希望通过社区媒介学习环境工具的研究,一方面掌握社区媒介学习环境资源工具发展状况,分析存在的问题,为第五章技术支持的成人自主学习影响因素的确定,以及最终媒介学习环境设计策略的提出奠定基础;另一方面,进一步明确社区内场域学习环境的划分、内部资源工具的构成,为第六章社区媒介学习环境与技术支持自主学习对应关系的研究奠定基础。

---

① 沈明霞. 社区居民环境教育需求调查研究[D]. 上海:华东师范大学,2015.

(三)研究对象

本书关于社区媒介学习环境资源工具要素、成人学习者要素的研究,应选择国内具有代表性的城市内的社区及居民作为研究对象,以确保研究的结论具有普适性与代表性。本书通过对国内城市的对比分析,决定选择黑龙江省哈尔滨市作为研究对象,具有原因有以下几个方面。

首先,北京、上海、广州等一线城市社区教育经过多年的发展,已形成由社区大学、社区教育学院、居民学习中心、居民学习点构成的四级网络社区教育办学体系,相比之下,哈尔滨市仅构建了三级办学体系,市内社区教育发展不均衡,既有以南岗区社区教育学院为代表的全国社区教育模范实验区,也存在社区教育活动开展滞后的社区,总体上在社区教育在资源配置、信息化建设方面还存在亟待解决的问题。

其次,近年来人口持续负增长、老龄化提速问题在东北三省日益显现,如何通过扩大老年教育资源供给,完善老年人社区学习网络,促进老年教育与养老服务的有机融合,不仅是东北三省的城市,未来也是其他城市需要充分关注的问题。因此,本书选择哈尔滨市为研究对象,具有一定的代表性。

最后,针对上述问题,黑龙江省民政厅、教育厅、财政厅2019年联合印发了《发挥黑龙江广播电视大学作用 推动社区教育融入城乡社区治理的若干意见》,明确积极发展社区教育,以发展老年教育为重点,推进学习型社区建设,到2020年,多渠道搭建"三社联动"服务平台,全省开展社区教育的县(市、区)实现全覆盖;到2022年,90%以上的乡镇(街道)、50%以上的村(社区)完成社区教育学校、社区教育学习站两级网点的建设。上述工作的开展,也需要社区媒介学习环境设计过程、设计策略的指导。

综上,本书选取黑龙江省哈尔滨市作为研究对象,对该市的社区媒介学习环境进行研究。在本章的问卷调查中,选择社区居民作为研究对象;在半结构化访谈中,选择包括主城区及外县共计六个社区的六名工作人员作为研究对象。

(四)研究方法与程序

1. 研究方法的选择

在研究方法的选择过程中,要充分认识在教育信息化2.0时代,客观的数据驱动是计算教育学研究范式的热点,三方数据的验证可以提高科学性与严谨性,可以直接获取社区官网或其他途径报告的信息化发展指标或指数,替代访谈或问卷,一方面减少工作量,另一方面提高权威性。

而通过对国内城市信息化发展指数的检索发现,各城市指数不健全,且地域差异较大。北京、上海、广州等国内一线城市信息化发展指数较为完善,能够支持本书社区媒介学习环境资源工具要素的研究,但二线、三线城市相关指数不够完善,部分项目存在缺失的现象,且数据获取较为困难。

基于上述原因,本书决定选择普适性较高的研究方法进行社区媒介学习环境资源工具要素的研究。社区媒介学习环境资源工具研究一方面需要调查范围与样本数量的有效支撑,另一方面需要访谈、实地考察等质性研究方法的验证与补充。因此,本书将结合研究实际,采用问卷调查与半结构化访谈相结合的研究方法,从多个视角对社区媒介学习环境资源工具进行综合考察。

2. 研究程序

在研究的实施过程中,本书首先在国内相关调查指标体系的基础上,构建社区媒介学习环境资源工具研究维度框架,设置观测点,根据观测点实际确定调查方法。其次,根据各观测点开发问卷,运用问卷调查法对居民学习体验、学习支持服务,以及家庭学习环境、狭义社区学习环境、社区场馆学习环境下的媒介资源工具进行问卷调查。再次,根据观测点设计访谈提纲,深入社区,采用半结构访谈法对狭义社区学习环境、场馆学习环境下的媒介资源工具,以及社区学习支持服务、隐性文化资源等维度对社区工作人员进行访谈,对问卷调查结果形成验证与补充。最后,综合考虑问卷调查与半结构化访谈分析结果,明确社区媒介资源工具的构成,分析社区媒介学习环境资源工具发展状况,提出存在的问题。社区媒介学习环境资源工具要素研究实施路径如图 4.2 所示。

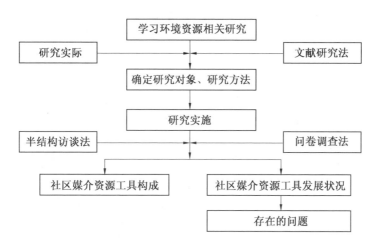

图 4.2 社区媒介学习环境资源工具要素研究实施路径

(五)问卷与访谈工具设计

社区媒介学习环境资源工具是复杂、动态的要素,相关研究工作的开展必须基于研究目标,在综合考虑社区媒介环境框架与构成的基础上,制定科学的研究维度框架,根据研究实际设置观测点,确保在明确社区媒介资源工具构成的同时,全面反映社区媒介学习环境资源工具发展状况及存在的问题。因此在研究工具设计过程中,本书基于第三章提出的家庭学习环境、狭义社区学习环境和社区场馆学习环境三个学习场域的划分,以及上述场域中关于个人媒介资源、公共媒介资源、隐性文化资源的资源工具类型划分,结合国内学习环境研究相关指标维度,构建社区媒介学习环境研究维度框架,设置观测点,为本书的开展提供有效工具。

1. 设计依据

(1)智慧社区评测指标

近年来,北京师范大学智慧学习研究院围绕学校教育、家庭教育、社区教育、企业学习与公共场所学习的特征和规律进行了深入的研究,构建了相应的评价体系,以期为学习型社会和智慧城市建设提供支持,取得了包括《2016中国智慧学习环境白皮书》《2016中国城市智慧学习环境指数报告》《城市智慧学习环境研究与测评:宜居与创新的视角》等多项研究成果,为本书评测体系的构建提供了理论与实践指引。首先在宏观层面,本书根据教育部社区教育实验与示范区的研究数据,对我国35个城市的社区教育覆盖与参与率、学习场所使用率、信息化平台使用率,以及社区学习活动参与率进行总体的调查与分析。

其次在微观层面的研究中,智慧学习研究院联席院长刘德建指出,学习环境应以不同的场域作为基础,包括不同场域中具有相似发展性任务和特征的学习者,在学习过程中可能与之发生相互作用的周围因素及其组合;包括不同场域中学习者可能利用的内容资源和技术工具、可能会发生交往关系的社群、学习方式等;也包括作为学习活动一般背景的物理情境和社会心理情境。据此,相关研究将城市中的学习环境划分为学校学习环境、家庭学习环境、社区学习环境、单位学习环境和场馆学习环境五类学习环境,并构建了对应的学习环境评价体系,见表4.1。[①] 评测指标由硬件、资源、学习者的活动、学习者体验等维度组成,其中家庭学习环境、社区学习环境及场馆学习环境的划分与本书中学习场域的划分方式一致,对社区媒介学习环境资源工具研究维度划分与观测点的设置具有重

[①] 刘德建,唐斯斯,庄榕霞,等.城市智慧学习环境指数研究[J].开放教育研究,2016,22(5):22-33.

要参考价值。

表 4.1　智慧学习环境框架和评价体系

学习环境指标	评测指标
1. 学校学习环境	1.1 中小学计算机指标
	1.2 中小学多媒体教室指标
	1.3 中小学数字资源指标
2. 家庭学习环境	2.1 家庭数字终端指标
	2.2 家庭图书资源指标
	2.3 家庭学习满意指标
3. 社区学习环境	3.1 社区学习场所利用指标
	3.2 社区信息化平台利用指标
	3.3 社区学习活动参与指标
	3.4 社区教育发展指标
4. 单位学习环境	4.1 单位网络环境指标
	4.2 单位学习激励指标
	4.3 线上在职学习参与指标
5. 场馆学习环境	5.1 学习场馆数量指标
	5.2 场馆市民利用指标
	5.3 场馆信息化环境指标

此外，祝智庭也在智慧城市评价领域开展了深入的研究，他在总结智慧城市特征、智慧教育特征的基础上，充分考虑智慧城市建设以人为本的要求以及技术对智慧城市教育发展的促进作用，构建了面向智慧城市教育领域的评价指标体系。该体系由两级指标构成，一级指标包括学习环境、学习资源、用户体验、管理服务、系统建设和市民学习六个维度，每个维度下设六个二级指标，见表 4.2。[①] 该体系中涉及的家庭、社区学习资源丰富性、学习环境联通性、用户体验等多个维度下的具体指标对本书观测点的设置有一定的指导意义。

---

① 祝智庭,余平. 智慧城市教育公共服务评价指标体系研制[J]. 开放教育研究,2017,23(6):49-59.

表 4.2 智慧城市教育领域评价指标

一级指标	指标说明	二级指标(观测点)
A1 学习环境连贯性	通过有线、无线网络连通学校、企事业单位、社区、公共场馆的程度,反应数字学习环境建设的就绪状态	(A1-1)学校接入互联网比例
		(A1-2)学校建立数字校园的比例
		(A1-3)学校多媒体普及率
		(A1-4)家庭宽带接入率
		(A1-5)无线网络覆盖率(包括学校与城市公共场所)
		(A1-6)市民通过统一认证接通学校、家庭、社区、科教文博等场域的比例
A2 学习资源丰富性	城市为市民提供学习服务(教学、培训、自学、体验、查询等)的多样性、覆盖面与充足性,反映城市在教育供给侧的信息化支持能力	(A2-1)学校数字学习资源丰富度
		(A2-2)家庭教育相关数字学习服务丰富度
		(A2-3)单位为在职人员提供数字学习服务的比率
		(A2-4)社区提供的数字学习服务丰富度
		(A2-5)城市公共图书馆的书刊文献借阅情况(含数字图书)
		(A2-6)科普文博场馆提供体验式学习服务的容量
A3 用户体验满意度	各类学习及教育用户对于城市中信息技术支持教育服务的主观感受,反映城市所能提供的数字学习服务能力、品质及效益	(A3-1)学习便捷性
		(A3-2)学习适需性
		(A3-3)学习有效性
		(A3-4)机会公平性
		(A3-5)记录完整性
		(A3-6)学习互认性
A4 管理服务普惠性	利用信息技术支持教育行政、教育事务管理的状态,反映城市中数据驱动教育管理的水平与惠民服务的能力	(A4-1)数据汇通
		(A4-2)信息畅通
		(A4-3)服务贯通
		(A4-4)精准决策
		(A4-5)适性服务
		(A4-6)特需保障

表 4.2(续)

一级指标	指标说明	二级指标(观测点)
A5 系统建设生态化	城市中数学教育系统的平台互联互通、资源共享、数据集成功能特性,反映城市数字教育体系建设的水平与持久发展前景	(A5-1)顶层设计 (A5-2)标准兼容 (A5-3)开放互联 (A5-4)安全保障 (A5-5)长效机制 (A5-6)配套政策
A6 市民学习发展力	依据客观数据,从市民接受教育程度、教育投入力度、自觉学习行为等方面调查,反映智慧教育对提升市民素质与发展潜力的可能影响	(A6-1)受高等教育人口比例 (A6-2)人均教育文化支出 (A6-3)参与终身学习的比例 (A6-4)参与终身学习的日均时间 (A6-5)特殊人群(老年人、残疾人等)参与终身学习的比例 (A6-6)数字阅读比例

(2)社区文化资源与信息化平台建设指标

2017年,教育部社区教育研究中心编写了《中国社区教育发展报告(2015—2017年)》,报告通过文献研究、实地考察、案例收集、数据分析和研讨会等研究方法,全景反映我国社区教育的整体形势,突出展现我国社区教育的新亮点、新变化。① 报告对我国社区个人资源工具、公共资源工具以及文化资源发展状况进行了调研,将社区文化组织建设、各类文化活动的开展作为文化资源发展状况考察的重点,为本书社区隐性文化资源工具的观测点的设置提供了依据。

此外,报告将社区信息化教育平台调查的重点集中于社区教育网站、微信平台、移动学习 App、微博平台四个领域,证明上述领域是当前社区信息化平台建设的重点和发展趋势。本书将以此为依据,在社区信息化平台建设现状维度观测点的设置过程中,重点关注社区网站、微信群、微信公众号等新媒介资源工具的建设与使用情况。

(3)社区教育信息化服务质量评测指标

社区媒介资源工具的有效应用需要社区学习支持服务的保障,因此本书将

---

① 教育部社区教育培训中心.中国社区教育发展报告(2015—2017年)[M].北京:国家开放大学出版社,2017.

社区学习支持服务作为社区媒介学习资源工具研究的重要维度。在社区学习支持服务研究领域中，胡水星通过对美国社区学院信息技术应用现状分析、社区教育信息化平台设计、社区教育信息化服务质量评价等多个维度的研究，构建了较为完整的社区教育信息化服务评价体系，对本书社区教育支持服务相关指标的建立具有较高的参考价值。他在对社区教育信息化服务评价指标体系研究现状进行梳理的基础上，基于 SERVQUAL 服务质量评价的视角，结合数字化资源服务、电子商务服务、在线教育服务质量评价等相关研究成果，从保证性、有形性、响应性、可靠性和移情性五大服务品质对社区教育信息化服务质量进行评价维度设计与解读①，具体见表 4.3。

表 4.3　社区教育信息化服务质量评价维度

评价维度	维度说明
保证性	教育服务机构能够运用信息技术有效地帮助社区学习者解决社区教育中出现的困难
有形性	社区教育信息化实施过程中所涉及的具体有形物品及要素
响应性	社区教育在信息化服务供给上的时间效应，以及满足学习者迅速获得帮助的愿望
可靠性	在社区教育信息化建设中，能够可靠地、准确地利用信息技术完成所承诺服务的能力
移情性	能够充分利用信息技术进行服务人员及学习者情感交流与沟通，构建和谐服务氛围

在确定社区教育信息化服务质量评价维度后，本书采用社区教育信息化服务质量评价维度及具体指标体系进行指标设计，第一部分为服务质量期望表，第二部分为服务质量感知表，分别用于调查社区学员对社区教育信息化服务质量的期望和实际服务质量的感受。同时参照服务质量 SERVQUAL 模型的评价维度、测度指标和测量量表，结合教育部教育信息化技术标准委员会 2002 年发布的《教育资源建设技术规范》，2003 年发布的《教育信息化技术标准网络教育服务质量管理体系规范》等评价标准，构建社区教育信息化服务质量评价指标，具体见表 4.4。上述社区教育信息化服务质量的相关研究，为本书社区学习支持服

---

①　胡水星. 社区教育信息化服务质量评价指标体系研究——基于 SERVQUAL 评价模型的视角[J]. 教育发展研究，2015(12)：77-84.

务维度观测点的设计奠定了基础。

表4.4 社区教育信息化服务质量评价维度及具体指标

评价维度	序号	评价指标
有形性 社区教育信息化服务机构能够为学习者提供有效的、可靠的和丰富的学习资源、技术设备的能力	1	提供丰富的数字化学习教育资源
	2	现代化信息技术设施完备
	3	教育服务人员具有清洁、整齐的外表
	4	各项设备与所提供的服务相协调
可靠性 社区教育信息化服务机构可靠地、准确地完成所承诺的服务的能力	5	认真履行对社区学习者的各种教育承诺
	6	当学习者出现学习困难时,表现出一定的协助诚意
	7	对学习者的教育承诺是可信任的、可信赖的
	8	具有准时提供所承诺教育服务的能力
	9	将与服务相关的记录正确地保存
响应性 社区教育信息化服务机构愿意帮助学习者提供学习支持,并能够及时为学习者提供各种信息支撑服务的能力	10	对学习者提出的服务请求应及时给予答复
	11	能及时发布有关教学、管理和服务方面的信息
	12	教育服务人员总是乐于帮助顾客
	13	教育服务人员不会因为忙碌而无法提供服务
保证性 社区教育机构的管理者和老师具有一定的专业知识水平,能够向学习者传达对他们的信任和依赖的能力	14	教育服务人员具有足够的专业知识,是可以信任的
	15	保障学习者个人信息的安全性和隐私性
	16	教育服务人员具有礼貌性,积极向学习者提供技术服务与学习指导
	17	教育服务人员能够互相支持、互相帮助,为更好的教学服务提供支持
移情性 社区教育信息化服务机构为其用户提供关怀和个性化服务的能力	18	为学习者提供方便的学习时间和学习场所
	19	教育服务人员应以关爱的态度对待每一位学习者
	20	教育服务人员应了解学习者的特殊需求,给予个别化注意
	21	重视每一位学习者的利益
	22	积极引导学习者通过各种信息技术交互参与学习活动

综上,现有研究中涉及的学习环境资源工具维度与观测点设置为本书提供了理论依据。首先,智慧社区评测指标为本书居民学习体验、家庭学习环境、社区场馆学习环境维度下相关观测点的设置提供了依据;其次,社区文化资源与信息化平台建设指标为社区隐性文化资源工具、狭义社区学习环境维度观测点的构建奠定了基础;最后社区教育信息化服务质量评测指标为社区学习支持服务维度下相关观测点的确定提供了指引。

2. 维度划分与框架构建

本书在综合考虑现有研究中相关维度的划分及观测点设置的基础上,根据第三章提出的社区媒介学习环境模型框架中的家庭场域、狭义社区场域、社区场馆场域划分,与之对应构建了居民学习体验、家庭学习环境、狭义社区学习环境、社区场馆学习环境、学习支持服务、隐性文化资源六个一级维度,各维度下设二级、三级观测点。其中居民学习体验、家庭学习环境、社区场馆学习环境维度观测点采用《城市智慧学习环境指数》相关指标;狭义社区学习环境维度、隐性文化资源观测点根据《中国社区教育发展报告》相关内容改编;学习支持服务维度观测点采用《社区教育信息化服务质量评价指标体系》中相关指标,具体维度划分与观测点设置见表4.5。

表4.5 社区媒介学习环境资源工具维度框架

维度	序号		观测点
居民学习体验 (问卷调查)	1.1	学习投入	居民学习意愿
			居民学习参与
	1.2	学习方式	自费接受正规技能培训
			运用信息技术手段学习
			接受社区公益培训
	1.3		学习环境满意度
家庭学习环境 (问卷调查)	2.1		家庭数字终端
	2.2		家庭互联网资源
	2.3		家庭图书资源
	2.4		家庭广播电视资源
	2.5		家庭学习环境满意度

表 4.5（续）

维度	序号	观测点	
狭义社区学习环境 （问卷调查、半结构化访谈）	3.1	社区传统媒介	电子显示屏
			宣传栏
			露天电视
			条幅
			社区广播
	3.2	社区信息化平台建设	微信群
			微信公众号
			QQ 群
			社区网站
社区场馆学习环境 （问卷调查、半结构化访谈）	4.1	学习场馆数量	
	4.2	场馆利用率	
	4.3	场馆信息化环境	
社区学习支持服务 （问卷调查、半结构化访谈）	5.1	专业工作人员与社区志愿者	
	5.2	信息技术支持学习的引导	
	5.3	学习支持服务满意度	
社区隐性文化资源 （半结构化访谈）	6.1	社区文化组织类型	
	6.2	文化活动类型	

3. 维度与观测点内涵

（1）居民学习体验维度

居民学习体验维度从社区居民学习体验的角度对社区媒介学习环境进行考察，学习投入程度的高低、学习方式的丰富程度以及对学习环境的满意程度，决定了居民的学习体验。

①学习投入观测点反映的是社区居民对学习投入的程度，主要从居民学习意愿情况、学习参与情况两个方面综合考量。居民学习意愿是指居民近期是否有继续学习或接受培训的想法；居民学习参与指标用于衡量参加过正式或非正式学习活动居民占比情况，反映社区居民对学习的投入程度。

②学习方式观测点反映了社区居民自费接受正规技能培训、运用信息技术手段学习、接受社区公益培训的情况。自费接受正规技能培训观测点用于考察居民自己出资参加社会技能培训学校，接受正规技能培训的总体情况；运用信息技术手段学习观测点用于衡量社区居民运用信息技术手段学习的情况；接受社

区公益培训观测点用于衡量居民接受社区组织的公益学习或者技能培训的总体情况。

③学习环境满意度是指对当前社区媒介学习环境较为满意的居民占比情况,用于衡量居民对社区媒介学习环境的综合满意度。

(2)家庭学习环境维度

家庭教育是一切教育的基础与起点,家庭学习环境维度反映的是家庭学习环境中各类媒介资源工具的普及情况,以及居民对家庭学习环境的满意程度。

①家庭数字终端观测点是反映计算机、平板电脑、学习机、点读机或阅读器等数字设备在家庭中普及情况的指标,用于衡量家庭利用数字化设备进行学习的情况。

②家庭图书资源观测点用于衡量居民家庭平均图书拥有情况。

③家庭互联网观测点反映互联网在居民家庭中的普及情况。

④家庭广播电视资源是反映收音机、数字电视在家庭中普及情况的观测点,用于衡量居民利用广播电视媒介进行学习的情况。

⑤家庭学习环境满意度用于衡量居民对家庭学习环境的满意程度。

(3)狭义社区学习环境维度

狭义社区学习环境维度反映了社区内除家庭、社区场馆以外社区环境中的电子显示屏、宣传栏、露天电视等传统媒介资源工具,以及以社区网站、微信群、微信公众号等为代表的信息化资源工具的普及情况。

①社区传统媒介资源工具是指社区内部电子显示屏、宣传栏、露天电视、条幅、社区广播等传统媒介的普及与使用程度,用来反映社区传统媒介使用概况。

②社区信息化平台是指社区内部微信群、微信公众号、QQ群、社区网站的普及程度,用来反映社区信息化资源工具的发展状况。

(4)社区场馆学习环境维度

场馆学习环境维度用于反映社区内可供居民学习的场馆对居民学习体验和文化素养提升的支持情况。该维度下各观测点评价越高,证明学习场馆在数量与内部资源上越能够满足居民的需求,同时场馆内部资源便于居民使用,利用率高,能够带给居民良好的学习体验,文化素养提升效果显著。

①学习场馆数量是指所在社区建有供居民学习的场馆数量,用来衡量社区所场馆资源的丰富度。社区拥有的场馆数量=图书室数量+文体室数量+教室数量。

②场馆利用率用于考察一年内居民去过社区场馆人数占比情况,衡量社区场馆资源的利用程度。

③场馆信息化环境观测点用于考察居民对社区场馆的信息化环境建设的满意程度。

(5)社区学习支持服务维度

社区学习支持服务是指社区内志愿者团队、专业社区工作人员团队建设以及学习支持服务情况,用来反映社区为居民资源工具使用提供支持服务的能力与质量。

①社区学习支持团队观测点反映社区内部专业工作人员、社区志愿者以及其他学习支持服务的团队建设情况。

②信息技术支持学习的引导观测点用于考察社区工作人员或志愿者是否能够引导社区居民运用信息技术进行自主学习。

③居民学习支持服务满意度用于反映社区学习支持服务的总体质量,满意度越高,表明社区学习支持服务的能力与质量越高。

(6)社区隐性文化资源维度

社区隐性文化资源维度是指社区内各类文化组织的构成以及活动的开展情况,用于考察社区文化资源建设情况。

二、研究实施

本书根据社区媒介学习环境资源工具维度及观测点的设置,结合社区实际,决定采用问卷调查法对居民学习体验、家庭学习环境维度各观测点进行研究;采用半结构化访谈法对社区隐性文化资源维度各观测点进行考察;采用问卷调查与半结构化访谈相结合的方法对狭义社区学习环境、社区场馆学习环境、社区学习支持服务维度各观测点进行考察,具体实施过程如下。

(一)问卷调查

1. 问卷开发与检验

在问卷具体开发过程中,根据本书划分的居民学习体验、家庭学习环境、狭义社区学习环境、社区场馆学习环境、社区学习支持服务五个维度下的具体观测点,逐条设计题项,初步形成调查问卷。对于量表式问卷而言,一般认为可以通过项目分析与因素分析来验证问卷的信度和效度。而对于本书的非量表式问卷来说,同样需要通过科学的方法对问卷进行信效度检验,保证问卷调查的科学性。

首先,针对问卷题项开展专家评定,邀请终身教育领域专家、授课教师、工作人员对问卷的维度划分、题项设置、题项难度、表述方式等方面进行分析与考量,并提出修改意见。专家普遍反映在居民"学习体验维度"下的"居民学习意愿"观测点问卷题项的设置上,题项"是否有继续学习或接受技能培训的想法"与"继续学习或接受技能培训的想法是否强烈"调查内容重叠。根据专家建议,将"继续学习或接受技能培训的想法是否强烈"题项删除。

其次,因为研究对象是社区居民,人员结构较为复杂,为保证问卷调查的质量,以及考察问卷各题项是否能够被居民所理解,对问卷进行了小范围的预调查。选取了某小区的20名居民作为研究对象,发放问卷,问卷回收后征求受访者对问卷题项的建议。预调查结果表明,受访居民普遍能够理解问卷题项的含义,并能够在合理的时间内完成问卷,但同时也有部分居民对社区媒介学习环境的概念、题项是否能够多选以及社区场馆构成等问题存在疑问,因此在问卷开头以及题项中增加了相关说明,以便让受访者了解问卷调查的意图以及作答方式。

综上,通过专家评定及预调查,问卷的信度与效度得到了保证,本书在此基础上对问卷进行调整与修改,最终形成包括23个题项的社区媒介学习环境资源工具正式调查问卷(详见附录一)。

2. 问卷发放与回收

于2019年7月20日—2019年8月30日的42天内对哈尔滨市所辖9区9县成年居民(以下统称居民)进行问卷调查。为保证问卷调查结果能够最大限度地反映城市整体的媒介资源工具状况,在问卷发放过程中选择各主要城区及外县中具有代表性的社区发放问卷,同时利用公益课程平台向居民发放问卷,扩大问卷调查的覆盖范围,最大限度地保证问卷数据的代表性,具体发放过程如下。

①深入社区随机问卷调查。一方面,考虑到暑假期间,居民户外活动较多,有足够的调查空间,不需要再入户调查;另一方面,社区随机问卷调查有助于减少被调查者受外部社会环境的压力与干扰,能够取得更接近居民真实想法的数据资料。

②公益课程问卷调查。依托哈尔滨市民学习中心公益课程这一平台,利用市民学习中心公益、半公益课程课间休息时间向市民发放问卷。

上述两种调查方式共发放问卷600份,回收有效问卷522份,有效率为87%。

(二)半结构化访谈

半结构访谈是一种常用的质性研究方法,访谈过程中学者根据事先备有的粗线条访谈提纲对受访者提出问题,提纲仅作为一种提示,可以根据访谈实际对访谈内容进行灵活调整①,从而尽可能从受访者的观点来理解日常生活的主题。② 因此,本书在对社区居民进行问卷调查的基础上,希望通过对社区工作人

---

① 陈向明. 质的研究方法与社会科学研究[M]. 北京:教育科学出版社,2000.
② 苟费尔,布林克曼. 质性研究访谈[M]. 北京:世界图书出版公司,2013.

员的半结构化访谈,从社区管理者角度对问卷调查的结果进行验证与补充,从而更加全面地掌握社区媒介资源工具的构成与发展状况。根据前面社区媒介学习环境资源工具研究的总体设计,半结构化访谈将重点围绕社区媒介资源构成、社区场馆学习环境、狭义社区学习环境、社区学习支持服务、隐性文化资源五个维度的观测点进行访谈。

1. 访谈对象确定

鉴于社区媒介学习环境问卷调查的对象为社区居民,为了更好地对问卷调查结果进行验证与补充,同时考虑到社区工作人员对社区实际情况具有更为全面、细致的了解,所以选择社区工作人员为访谈对象。在问卷调查受访居民所在社区中选择了哈尔滨市南岗区保健路街道保健社区、道外区黎华街道华北社区、香坊区新成街道建成社区、依兰镇五国城社区、方正镇兴商社区、宾县宾州镇迎宾社区,共计六个社区的六名工作人员作为研究对象,上述社区既包括哈尔滨市内南岗区、道外区、香坊区等重点城区,同样涵盖以依兰、方正、宾县为代表的外县,在调查社区的选取上具有代表性。在社区工作人员的选择上,经与社区沟通,由社区协调、推荐社区工作经验丰富的工作人员作为访谈对象,访谈实施前向受访者介绍本研究的目的,对社区媒介学习环境、媒介资源工具的分类等相关知识进行了介绍,以确保访谈能够客观反映社区媒介学习环境资源工具发展状况。

2. 访谈提纲设计

在社区媒介学习环境调查问卷相关题项的基础上,结合研究实际,从社区媒介资源工具构成、狭义社区学习环境、社区场馆学习环境、社区学习支持服务、隐性文化组织五个维度设计了访谈提纲。为保证访谈提纲的科学有效性,在访谈提纲初步形成后,邀请两名社区工作人员进行预访谈,根据受访者的意见,对提纲的问题顺序及措辞进行了调整与修改,最终形成正式访谈提纲,见表4.6。

表4.6 社区媒介学习环境媒介资源工具访谈提纲

问题编号	问题	备注
Q1	请介绍一下社区概况	
Q2	请列举社区有哪些媒介资源	网络媒介、电子媒介、传统媒介
Q3	请介绍社区媒介资源的使用情况	网络媒介、电子媒介、传统媒介
Q4	请介绍社区场馆的建设情况	场馆数量、信息化环境建设、使用情况
Q5	请介绍社区学习支持服务队伍的建设情况	人员构成、具体职责、取得的成效
Q6	请介绍社区文化组织建设与活动开展情况	文化组织类型、活动种类
Q7	请介绍社区教育工作取得的成效	

3. 访谈实施

考虑到受访者均为社区一线工作人员,为确保访谈的顺利开展,本书决定深入社区对受访者进行半结构化访谈,在征得受访者同意的基础上,对访谈全程进行录音;同时对社区进行了实地走访与考察,利用文字、照片、录音与录像等多种形式搜集了大量的资料,通过对资料的整理和分析得出相关结论,与社区媒介学习环境问卷调查结果形成了互证与补充,保证了访谈的科学性与有效性。

三、研究数据与分析

（一）问卷调查数据与分析

本书利用 SPSS 统计分析软件对回收的 522 份有效问卷进行统计分析,问卷数据与分析结果如下。

1. 受访社区概况

参加问卷调查的居民分别来自哈尔滨市的 76 个小区,隶属于 49 个社区,具体见表 4.7 和表 4.8。

表 4.7　小区名称

序号	小区名称	序号	小区名称	序号	小区名称
1	爱心小区	27	建河小区	53	文昌小区
2	巴黎第五区	28	教化小区	54	文景小区
3	保利城	29	磐石金江悦	55	西典家园
4	保利清华颐园	30	美名苑	56	溪村庭院
5	保利怡和家园	31	民生尚都	57	香醍雅诺
6	博维龙庭	32	名人府邸	58	鑫港湾小区
7	创越名苑	33	明达小区	59	星河小区
8	电大小区	34	民生国际小区	60	幸福小区
9	东北林大家属楼	35	明珠花园	61	秀水华庭
10	东方御景	36	铭奥国际	62	宣庆小区
11	东风小区	37	尤橡小区	63	学苑嘉园
12	东苑小区	38	牛房小区	64	学院新城
13	芳洲园	39	盘龙小区	65	耀景小区
14	福地小区	40	七星家园	66	银浪温馨家园

表 4.7（续）

序号	小区名称	序号	小区名称	序号	小区名称
15	福干华城	41	清华园小区	67	永平小区
16	福泰家园	42	日出东方小区	68	永泰 B 区
17	翰林苑	43	软件园小区	69	永信小区
18	河古小区	44	三木花园	70	运建小区
19	鹤电小区	45	杉尼家园	71	征仪花园
20	向阳小区	46	盛世桃园	72	征仪花园 C 区
21	小职工街小区	47	世水花园	73	征跃小区
22	恒大悦府	48	水木清华	74	中北春城
23	鸿景兴园小区	49	顺水小区	75	立汇美罗湾
24	惠林嘉园	50	天勤苑小区	76	自兴小区
25	惠林小区	51	王岗镇政赫城	总计:76	
26	嘉航小区	52	温泉小镇小区		

表 4.8 隶属社区名称

序号	社区名称	序号	社区名称
1	安边社区	26	连江社区
2	八宝社区	27	林大社区
3	保健路社区	28	方正兴商社区
4	保健社区	29	青山社区
5	哈西社区	30	庆华社区
6	道南社区	31	尚义社区
7	第十九社区	32	胜利社区
8	奋斗社区	33	顺新社区
9	阜宁社区	34	太平桥社区
10	工力所社区	35	团结社区
11	共建社区	36	依兰五国城社区
12	哈平路社区	37	先锋社区
13	哈西社区	38	香坊社区
14	和平社区	39	向阳社区
15	和兴社区	40	华北社区

表 4.8（续）

序号	社区名称	序号	社区名称
16	河曲社区	41	新向阳社区
17	宾县迎宾社区	42	新兴社区
18	鸿达社区	43	星河社区
19	花园社区	44	怡园社区
20	华北社区	45	永兴社区
21	建文社区	46	优家社区
22	建成社区	47	跃进社区
23	教化社区	48	长青社区
24	晋安社区	49	宣信社区
25	兰城社区	总计:49	

2. 居民学习体验维度

居民学习体验维度由学习投入、学习方式、学习环境满意度指标三个观测点构成，分别根据问卷调查结果，对上述指标进行综合分析，进而掌握居民学习体验的总体情况。

（1）学习投入

学习投入观测点通过学习意愿情况、学习参与情况两个观测点考察，问卷调查通过是否有继续学习或接受培训的想法、1 年内参加学习活动的情况两个题项对上述观测点进行调查，具体结果见表 4.9 和表 4.10。

表 4.9　是否有继续学习或接受培训的想法

		次数	占比/%	有效占比/%	累积占比/%
有效	想	470	90.0	90.2	90.2
	不太想	43	8.2	8.2	98.4
	不想	8	1.5	1.6	100.0
	总计	521	99.8	100.0	
缺失	系统	1	0.1		
总计		522	100.0		

第四章 社区媒介学习环境下资源工具要素研究

表 4.10 近一年是否参加过学习活动

		次数	占比/%	有效占比/%	累积占比/%
有效	参加过	425	81.4	81.4	81.4
	没有参加	97	18.6	18.6	100.0
	总计	522	100.0	100.0	
缺失	系统	0	0		
总计		522	100.0		

调查结果显示,有 90.2% 的受访居民有参加学习的意愿,81.4% 的居民近一年内参加过学习或者培训,上述两个指标表明居民学习投入意愿较高。

(2)学习方式

学习方式观测点通过自费接受正规技能培训情况、运用信息技术手段学习情况、接受社区公益培训情况三个观测点考察,问卷调查通过提高综合素质和技能的途径题项对观测点进行调查,结果见表 4.11。

表 4.11 提高综合素质和技能的途径

选项	答案	
	数量	占比/%
自己出资参加社会上技能培训学校,接受正规技能培训	71	13.6
运用信息技术手段进行学习	234	44.8
接受政府的免费技能培训或市民学习中心的培训	217	41.6
总计	522	100.0

调查结果显示,有 13.6% 的受访居民自费接受技能培训或学习,44.8% 的居民运用信息技术进行自主学习,41.6% 的居民参与过政府组织的公益培训或学习活动。

(3)学习环境满意度

学习环境满意情况通过问卷调查中居民对社区媒介学习环境满意程度题项进行调查,见表 4.12。调查结果表明,有 78% 的居民对社区学习环境状况表示认可与满意。

表 4.12 居民学习环境满意程度

		次数	占比/%	有效占比/%	累积占比/%
有效	非常满意	266	50.9	50.9	50.9
	比较满意	141	27.0	27.0	77.9
	一般	99	19.0	19.0	96.9
	不满意	16	3.1	3.1	100.0
	总计	522	100.0	100.0	
缺失	系统	0	0		
总计		522	100.0		

综上,在居民学习体验维度,居民参与学习的意愿较为强烈,运用信息技术自主学习、参与政府组织的公益学习活动是居民偏爱的学习方式,仅有少数居民自费参加学习或培训。此外,使用信息技术进行自主学习的受访居民占总数的44.8%,证明居民运用信息技术进行自主学习的意愿还有待进一步引导与提升。

3. 家庭学习环境维度

家庭学习环境维度由家庭数字终端、家庭图书资源、家庭互联网、家庭广播电视终端、家庭学习满意度五个观测点构成,结合问卷调查结果对家庭学习环境状况进行分析。

(1)家庭数字终端

家庭数字终端情况通过问卷调查中智能手机、平板电脑、计算机占有情况题项进行调查,调查结果见表 4.13~表 4.15。有 99.4% 的受访居民使用智能手机,分别有 43.5% 与 82% 的家庭拥有平板电脑与计算机。

表 4.13 智能手机使用情况

占比/%	有效占比/%	累积占比/%
0.6	0.6	0.6
99.4	99.4	100.0
100.0	100.0	

表 4.14 家庭媒介设备——平板电脑

		次数	占比/%	有效占比/%	累积占比/%
有效	无	295	56.5	56.5	56.5
	有	227	43.5	43.5	100.0
	总计	522	100.0	100.0	

表4.15　家庭媒介设备——计算机

		次数	占比/%	有效占比/%	累积占比/%
有效	无	94	18.0	18.0	18.0
	有	428	82.0	82.0	100.0
总计		522	100.0	100.0	

（2）家庭图书资源

《中国统计年鉴2019》显示,哈尔滨市家庭图书平均拥有数量为5.9本。①

（3）家庭互联网

家庭互联网使用情况通过问卷调查中家中是否安装网络题项进行调查,调查结果见表4.16。92.7%的受访居民家中具备网络环境。

表4.16　家中是否安装网络

		次数	占比/%	有效占比/%	累积占比/%
有效	无	38	7.3	7.3	7.3
	有	484	92.7	92.7	100.0
总计		522	100.0	100.0	

（4）家庭广播电视终端

家庭广电终端情况通过问卷调查中家庭收音机、数字电视占有情况题项进行调查,调查结果见表4.17和表4.18。受访居民家中拥有收音机与数字电视的比例分别为79.9%与79.3%。

表4.17　家庭媒介设备——收音机

		次数	占比/%	有效占比/%	累积占比/%
有效	无	417	79.9	79.9	79.9
	有	105	20.1	20.1	100
总计		522	100.0	100.0	

---

① 国家统计局.中国统计年鉴2019[EB/OL].[2019-09-24].http://www.stats.gov.cn/tjsj/ndsj/2019/indexch.htm.

表 4.18 家庭媒介设备——数字电视

		次数	占比/%	有效占比/%	累积占比/%
有效	无	108	20.7	20.7	20.7
	有	414	79.3	79.3	100.0
	总计	522	100.0	100.0	

(5) 家庭学习满意度

家庭学习满意情况通过问卷调查中居民家庭学习环境满意程度题项进行调查,调查结果见表 4.19。根据调查结果计算出家庭学习满意度为 85.9%。

表 4.19 居民家庭学习环境满意情况

		次数	占比/%	有效占比/%	累积占比/%
有效	满意	448	85.8	85.8	85.8
	一般	35	6.7	6.7	92.5
	不满意	39	7.5	7.5	100.0
	总计	522	100.0	100.0	
缺失	系统	0	0		
总计		522	100.0		

综上,在家庭学习环境维度下,数字终端中手机占有率最高,其次是计算机与平板电脑;广播电视终端中电视占有率较高,收音机占比较低;绝大多数家庭具备网络环境,对家庭学习环境较为满意。从总体上看,家庭学习环境中各项资源的占比总体上反映出当今媒介资源工具发展趋势与使用的总体状况,各类媒介资源的占比较为合理,家庭学习环境发展状况总体上较为理想。

4. 狭义社区学习环境维度

狭义社区学习环境由社区传统媒介建设情况和社区信息化平台建设情况两个观测点组成,分别根据问卷调查结果,对上述观测点进行分析,进而得出狭义社区媒介学习环境资源工具发展的总体状态。

(1) 社区传统媒介

社区传统媒介维度通过问卷调查中的电子显示屏、宣传栏、露天电视、条幅、社区广播建设情况题项进行调查,调查结果见表 4.20~表 4.24。拥有上述媒介资源的社区比例分别为 35.4%、69.3%、10.7%、55%、19.5%。

表 4.20　社区宣传媒介——电子文字显示屏

		次数	占比/%	有效占比/%	累积占比/%
有效	无	337	64.6	64.6	64.6
	有	185	35.4	35.4	100.0
	总计	522	100.0	100.0	

表 4.21　社区宣传媒介——宣传栏

		次数	占比/%	有效占比/%	累积占比/%
有效	无	160	30.7	30.7	30.7
	有	362	69.3	69.3	100.0
	总计	522	100.0	100.0	

表 4.22　社区宣传媒介——露天电视

		次数	占比/%	有效占比/%	累积占比/%
有效	无	466	89.3	89.3	89.3
	有	56	10.7	10.7	100.0
	总计	522	100.0	100.0	

表 4.23　社区宣传媒介——条幅

		次数	占比/%	有效占比/%	累积占比/%
有效	无	235	45.0	45.0	45.0
	有	287	55.0	55.0	100.0
	总计	522	100.0	100.0	

表 4.24　社区宣传媒介——社区广播

		次数	占比/%	有效占比/%	累积占比/%
有效	无	420	80.5	80.5	80.5
	有	102	19.5	19.5	100.0
	总计	522	100.0	100.0	

（2）社区信息化平台

社区信息化平台建设观测点通过问卷调查中的社区微信群、QQ 群、微信公众号、社区网站等网络媒介的建设情况题项进行调查,调查结果见表4.25~表4.28所示,拥有上述网络媒介的社区比例分别为67.6%、41.6%、31.2%、15.9%。

表4.25 社区居民交流平台——微信群

		次数	占比/%	有效占比/%	累积占比/%
有效	无	169	32.4	32.4	32.4
	有	353	67.6	67.6	100.0
	总计	522	100.0	100.0	

表4.26 社区居民交流平台——QQ群

		次数	占比/%	有效占比/%	累积占比/%
有效	无	305	58.4	58.4	58.4
	有	217	41.6	41.6	100.0
	总计	522	100.0	100.0	

表4.27 社区居民交流平台——微信公众号

		次数	占比/%	有效占比/%	累积占比/%
有效	无	359	68.8	68.8	68.8
	有	163	31.2	31.2	100.0
	总计	522	100.0	100.0	

表4.28 社区居民交流平台——网站

		次数	占比/%	有效占比/%	累积占比/%
有效	无	439	84.1	84.1	84.1
	有	83	15.9	15.9	100.0
	总计	522	100.0	100.0	

综上,狭义社区学习环境中传统媒介资源使用最为广泛的是宣传栏,其次是条幅、电子显示屏、社区广播及露天电视;网络媒介使用最为广泛的是微信群与QQ群,其次是微信公众号与社区网站。总体上看,同类媒介资源占比差距较大,且网络媒介资源占比高于传统媒介资源,缺乏均衡性。

5. 社区场馆学习环境维度

社区场馆学习环境建设情况由学习场馆数量、场馆市民利用情况、学习场馆信息化建设满意度三个观测点构成,分别根据问卷调查结果,对上述指标进行分析,进而得出场馆学习环境建设的总体状况。

(1)学习场馆数量

学习场馆数量通过问卷调查中学习场馆数量题项调查,见表4.29。受访居民所在社区平均学习场馆数量约为2.6个。

表4.29 学习场馆数量

平均数	数量	标准偏差
2.574 7	522	1.460 67

(2)场馆利用情况

场馆市民利用情况通过问卷调查中学习场馆利用情况题项进行调查,调查结果见表4.30。社区场馆利用率为63.4%。

表4.30 学习场馆利用情况

		次数	占比/%	有效占比/%	累积占比/%
有效	没有去过学习场馆	191	36.6	36.6	36.6
	去过学习场馆	331	63.4	63.4	100.0
	总计	522	100.0	100.0	

(3)社区场馆信息化环境建设

场馆信息化环境建设情况通过问卷调查中学习场馆信息化建设满意程度题项进行调查,调查结果见表4.31。50.2%的受访居民对学习场馆信息化建设现状较为满意。

表4.31 学习场馆信息化建设满意程度

		次数	占比/%	有效占比/%	累积占比/%
有效	不满意	165	31.6	49.8	49.8
	比较满意	166	31.8	50.2	100.0
	总计	331	63.4	100.0	
遗漏	系统	191	36.6		
	总计	522	100.0		

综合考虑上述观测点发现,社区场馆学习环境维度中场馆数量较少,场馆利用率与信息化建设满意度有待提升。由此可见,社区场馆信息化环境建设与使用率是社区媒介学习环境资源工具发展建设中的短板。

6. 社区学习支持服务维度

社区学习支持服务维度包括社区学习支持服务团队、信息技术支持学习的引导及居民学习支持服务满意度三个维度,通过问卷调查结果的分析,掌握社区学习支持服务概况。

(1)社区学习支持服务团队

社区学习支持团队观测点通过问卷调查中社区专业学习支持团队建设情况题项调查,调查结果见表4.32。30.5%的受访居民所在社区有学习支持服务团队。

表4.32 社区专业学习支持团队建设情况

有效		次数	占比/%	有效占比/%	累积占比/%
有效	无	363	69.5	69.5	69.5
	有	159	30.5	30.5	100.0
	总计	522	100.0	100.0	

(2)信息技术支持学习的引导

信息技术支持学习的引导观测点通过问卷调查中社区工作人员是否引导居民运用信息技术学习题项调查,调查结果见表4.33。27.1%的受访居民曾接受过运用信息技术学习的相关建议。

表4.33 信息技术支持学习的引导情况

		次数	占比/%	有效占比/%	累积占比/%
有效	否	116	72.9	72.9	72.9
	是	43	27.1	27.1	100.0
	总计	159	100.0	100.0	

(3)居民学习支持服务满意度

居民学习支持服务满意情况通过问卷调查中居民学习支持服务满意度体现,调查结果见表4.34。居民对学习支持服务的满意度为47.9%。

表4.34 居民学习支持服务满意度

		次数	占比/%	有效占比/%	累积占比/%
有效	不满意	83	52.2	52.2	52.2
	满意	76	47.8	47.8	100.0
	总计	159	100.0	100.0	

综上,社区学习支持服务维度的各观测点指标均偏低,证明社区无论在学习支持团队建设还是在学习支持服务中,均有较大的提升空间,并未对居民运用信

息技术自主学习提供必要的引导与帮助。

以上是社区媒介学习环境资源工具问卷调查数据及分析结果,在此基础上,本书将结合半结构化访谈数据分析结果对社区媒介学习资源工具进行深入考察。

(二)半结构化访谈数据与分析

半结构化访谈结束后,本书将访谈录音整理为文字资料,同时配合社区媒介学习环境实地考察的影像资料及文字记录,形成社区媒介学习环境资源工具半结构化访谈文字、图片资料,见表4.35~表4.40。

表4.35 南岗区保健路街道保健社区工作人员访谈内容

访谈问题编号	陈述内容
Q1	社区位于哈尔滨市南岗区西南部,辖区东起哈平路,西至王岗镇永丰村,南与动力区朝阳乡前进村接壤,北至学府四道街,面积10.6平方千米,居民1 754户,总人口为47 659人,辖区有33个居委会,600个居民组
Q2	宣传窗、黑板报、条幅、微信群、微信公众号
Q3	社区利用宣传窗、黑板报等每月张贴宣传各类健康卫生知识、科普资料10余种,计3 000余份;发布国学经典、科普、中外文学名著等各类图书简介百余条,以方便居民借阅图书;重视信息技术的应用,引进了远程教育系统
Q4	社区拥有300余平方米的图书阅览室、书画室、电教室、科普室、文体活动室等场所,在上级单位赞助和街道的经费支持下,购置了各类书籍近7 000册,报纸杂志20多种,满足了居民的学习需求。文体活动室配备了乒乓球、跑步机、康复医疗器械等健身设施近10种,免费对居民开放,图书阅览室、电教室利用率有待进一步提升
Q5	充分挖掘社区内部人力资源,邀请社区内退休干部、教师等加入社区志愿者队伍,建立了法制教育、消防安全、科普文化等五支志愿者队伍,深入社区开展各类丰富多彩的教育活动
Q6	建立社区公益讲堂,根据居民学习需求,常年组织开展智能手机操作、摄影、书法、国学等各类课程;利用传统节日弘扬民族文化,连续七年倡导居民在"清明节"时利用网上祭祀、栽种追思林、鲜花祭奠等方式进行集体公祭
Q7	社区先后荣获全国妇联基层组织建设示范社区、省级文明社区、省和谐社区、市党风廉政建设示范社区、市五星级社区、南岗区学习型社区等20多项荣誉称号

表4.36　道外区黎华街道华北社区工作人员访谈内容

访谈问题编号	陈述内容
Q1	社区辖区有四个居民小区,面积约为3.6平方千米,居民4 400多户,总人口近11 000人
Q2	电子显示屏、宣传栏、条幅、微信群、微信公众号、微博
Q3	社区将微博作为信息的重要发布渠道,建有多个文化宣传板和LED电子屏,每月定期更换社区科普宣传和文明宣传海报,常年开展文化知识的宣传教育
Q4	社区设有居民活动室和多功能活动大厅、健身一条街,设有乒乓台案、戏剧小舞台、各种健身器材40余套,成为居民强身健体和开展大型文化体育活动的好去处。社区建有图书阅览室、文体活动室,阅览室有法律、思想理论、工具书、儿童读物、生活用书等各类图书1 000余册,各类报纸、杂志近10种,全部面向居民免费开放,极大地满足了居民的文化学习需求
Q5	不断加强社区学院志愿教师队伍建设,广泛吸纳社区内优质人力资源,为社区居民打造各类居民喜闻乐见的优质课程
Q6	社区发动居民和文艺专业志愿者队伍,先后在社区居民活动室、小区广场举办文体活动20余次,如元旦联欢会、春节联欢会、元宵联欢会、儿童节联欢会、吕剧团剧目演出等 社区还设有"百姓课堂",定期组织社区居民学习,课程包括道德价值观、普法用法、健康保养、计划生育、科学技术、环保节能、消防安全等,不定期举办下岗失业群体再就业技能班、文化艺术学习班等技术、技巧培训班
Q7	社区先后荣获省模范居民委员会、省级文明社区、市五星级和谐社区、市青年和谐社区、市党风廉政示范社区、市和谐社区示范社区、市五好社区关工委、市共青团突出贡献奖、市体育示范社区、市青年特色楼道等光荣称号

表 4.37　香坊区新成街道建成社区工作人员访谈内容

访谈问题编号	陈述内容
Q1	辖区面积约 0.64 平方千米,社区东至南直路,南邻香化社区,西邻电力社区,北至城标街,现有居民 4 398 户,总人口为 12 090 人,46 栋住宅,19 个庭院
Q2	宣传栏、条幅、微信群、QQ 群(不经常使用)
Q3	社区定期通过宣传栏、条幅开展各类生活常识宣传教育活动。经常通过微信群发布生活小窍门、卫生健康教育小常识、法律知识等内容丰富的学习资源
Q4	社区办公地点使用面积达 2 000 平方米,设有便民服务、温馨驿站、康乐家园、活力空间、文化沙龙、信息平台六大功能区,可同时容纳 600 余名群众同时活动 社区设有艺体室、棋牌室、图书室和体育活动室、社区居家养老服务站、党员活动室、市民学校、绿色网吧和科普室、书法绘画室等多个服务场所。社区图书室作为哈尔滨市图书馆的第 28 分站,藏书达到千余册,并免费对居民开放。艺体、棋牌活动室利用率较高,网吧与科普室利用率有待提升
Q5	社区拥有工作人员 14 人,平均年龄为 40 岁,均为大专及大专以上学历,是一支低年龄、高学历,能吃苦耐劳敬业奉献的高素质社区干部队伍,配合社区志愿者,开展学习支持服务
Q6	每年举办居民棋牌比赛、乒乓球友谊赛等活动。每逢传统节日,社区都会举办文艺汇演以及慰问演出;聘请律师为居民讲解婚姻法、劳动法、妇女维权法及继承法等法律知识;在社区绿色网吧内开办计算机学习班,讲解计算机知识;不定期聘请心理辅导专家对青少年进行"如何克服学习障碍与考试焦虑"培训。社区组织志愿者大力开展文明楼道建设,每月开展道德讲堂活动
Q7	社区先后获得了哈尔滨市"关心下一代工作先进集体"、香坊区委"同心"实践社区、"舞动全城"健身操大赛和万人创吉尼斯纪录"精神文明奖"、"哈尔滨市十星级科普社区"等光荣称号

表4.38 依兰镇五国城社区工作人员访谈内容

访谈问题编号	陈述内容
Q1	社区位于依兰镇西北部,辖区东起通江路,西至五国路,南至健康街,北至江堤。五国城社区现有居民2 752户,总人口为6 598人,7个居民小组,住区单位13个
Q2	宣传栏、电子显示屏、条幅、微信群、QQ群
Q3	社区开辟市民大讲堂、阅览室、党员活动厅、社区学习角、QQ群等各类学习教育阵地,通过网络平台组织居民代表开展学习《弟子规》、"人民群众的好公仆——葛玉兰的光荣事迹"活动。社区还利用社区内各种专栏、板报宣传社会主义精神文明,倡导科学、文明、健康的生活方式
Q4	社区设有阅览室、党员活动厅、社区学习角、机房等活动场所,利用率较低,有待进一步引导与宣传
Q5	社区不断加强文体骨干的挖掘和培训工作,组建了一支具有较强专业知识、勤奋务实的学习支持志愿服务队
Q6	鼓励居民参与社区开展的活跃社区文化的主题活动,从而提高居民的文化素养;组织青少年开展有益身心的实践活动,陶冶青少年的爱国情操
Q7	社区先后被评为市级巾帼文明岗、市级平安示范社区、市级维护社会稳定先进集体、市优秀"妇女组织"工作先进集体、县级先进妇女组织等荣誉称号

表4.39 方正镇兴商社区工作人员访谈内容

访谈问题编号	陈述内容
Q1	辖区面积约0.6平方千米,住宅小区23个、住宅楼82栋,住区单位9个,商业网点660个,商户3 300户,居民7 689人
Q2	宣传板、宣传橱窗、电子显示屏、条幅、微信群
Q3	社区在原有宣传板、宣传橱窗的基础上,新增宣传电子屏,滚动式播放信息;设立文化活动广场、道德主题广场,面积达1 500平方米,在楼道张贴《新二十四孝》,道德漫画图版128处,在小区街路灯杆悬挂标语100余处。设立道德视角栏16个,道德景观小品6处,引导教育群众改陋习、树新风。利用远程教育平台举办了法律知识、健康知识、科普知识、文明礼仪等讲座

表 4.39（续）

访谈问题编号	陈述内容
Q4	社区拥有 365 平方米办公用房,一楼开设一站式便民服务大厅,设计划生育、养老保险、民政服务、劳动就业、法律服务等窗口;二楼设有维稳工作室、计划生育服务室、日间照料室、心理咨询室、警务室、文体室、卫生室、图书室、远程教室等功能服务室。图书室藏有图书近 5 000 册,种类 20 余种,报刊 10 余种。社区图书阅览室、棋牌室、乒乓球室等文体活动室全天候开放。总体上,棋牌室、乒乓球等文体活动室利用率高,相比之下远程教室、图书室利用率较低
Q5	社区重视工作人员队伍建设,定期组织岗位培训,不断提升工作人员服务居民的能力。社区还拥有一支具有战斗力的社区志愿者队伍,通过社区教育活动的广泛开展,为创建学习型社区提供了人员保证
Q6	社区成立戏曲、舞蹈、歌唱、书法等团队,开展社区半小时文化圈活动。定期举办学习型家庭、学习型楼院、学习型小区评选活动,营造了人人学习、时时学习、事事学习、处处学习的良好学习氛围
Q7	年度社区图书室阅读人次达 1 300 以上,辖区群众对文化长廊上的方正道德歌、方正三字经、道德警示牌、道德语录和励志名言辖区群众耳熟能详;评选出学习型家庭 126 户,道德家庭 66 户,文化之星 22 人,文艺人 28 人,群众学习科学文化的热情不断攀升,道德文化素质进一步提高

表 4.40 宾县宾州镇迎宾社区工作人员访谈内容

访谈问题编号	陈述内容
Q1	社区位于宾县西侧,现所辖 3 个小区,居民 3 456 户,常住人口 9 035 人
Q2	宣传栏、电子显示屏、条幅、微信群
Q3	利用宣传栏,条幅潜移默化地向居民灌输学习理念,通过微信群发布生活小常识等学习资源
Q4	社区对硬件资源进行了更新与改善,对文体设施进行了升级改造,修建运动休闲广场以及文化大舞台,成立社区活动中心、老年之家、党员之家、社区服务站等文体场所。社区占地面积 560 平方米,设有 50 平方米的图书室,藏书 6 000 余册,图书漂流站 1 个。图书室、科普宣传室、社区期刊阅览室、文体活动室等社区场馆全天候免费开放
Q5	社区不断加强社区工作人员与志愿者队伍建设,精心设计精品课程,完善配套教材的编制,不断提升社区教育教学与服务质量

表 4.40（续）

访谈问题编号	陈述内容
Q6	成立社区未成年人思想教育阵地，为社区青少年提供良好的校外学习实践基地，创办社区市民学校，举办"家长学校"，深化文明家庭、文明楼群创建活动，开展"我学习，我充实"为主题的系列社区学习活动，邀请知名专家开展各类公益讲座
Q7	社区市民学校开办三年来，受益人次达 1 万余人。为解决社区弱势群体的就业问题，社区与妇联联合组织开展烹调、编织、裁剪、计算机、护理、家政服务等培训数十次

本书根据访谈考察维度，对上述访谈材料进行汇总与分析，见表4.41。对社区媒介学习环境资源工具问卷调查结果进行验证与补充，得出以下结论。

表 4.41 社区媒介学习环境资源工具访谈统计分析

社区 考察维度	保健 社区	华北 社区	建成 社区	五国城 社区	兴商 社区	迎宾 社区
媒介资源工具构成	宣传窗、黑板报、条幅、微信群、微信公众号	电子显示屏、宣传栏、条幅、微信群、微信公众号、微博	宣传栏、条幅、微信群、QQ群	宣传栏、电子显示屏、条幅、微信群、QQ群	宣传板、宣传橱窗、电子显示屏、条幅、微信群	宣传栏、电子显示屏、条幅、微信群
媒介资源工具使用情况	宣传窗、黑板报、条幅	电子显示屏、宣传栏、微博	宣传栏、条幅、微信群	宣传栏、微信群、QQ群	宣传版、宣传橱窗、电子显示屏、微信群	宣传栏、条幅、微信群
社区场馆资源	图书阅览室、书画室、电教室、科普室、文体活动室	图书阅览室、文体活动室	艺体室、棋牌室、图书室、体育活动室、党员活动室、市民学校、绿色网吧、科普室、书法绘画室	阅览室、党员活动厅、社区学习角、机房	心理咨询室、文体室、图书室、远程教室	社区活动中心、老年之家、党员之家、社区服务站、图书室、科普宣传室、期刊阅览室、文体活动室

第四章 社区媒介学习环境下资源工具要素研究

表 4.41（续）

社区 考察维度	保健 社区	华北 社区	建成 社区	五国城 社区	兴商 社区	迎宾 社区
学习支持服务	社区志愿者	社区志愿者	社区工作人员+社区志愿者	社区志愿者	社区工作人员+社区志愿者	社区工作人员+社区志愿者
社区文化组织与活动	定期举办各类培训、公益活动	开设"百姓课堂"、组织文体活动	道德讲堂、专题培训、文体活动	文化主题活动、青少年实践活动	学习型家庭、学习型楼院、学习型小区评选活动，各类文艺演出	社区市民学校、"家长学校"、文明家庭、文明楼群创建活动、公益讲座

1. 狭义社区学习环境资源工具的构成与使用情况

本书通过对访谈材料的分析发现，在狭义社区学习环境中，传统媒介资源工具由宣传栏、条幅、电子显示屏构成，占有率与问卷调查结果一致，从高到低为宣传栏、条幅、电子显示屏；新媒介资源工具占比由高到低为微信群、QQ 群、微信公众号，与问卷调查结果一致。此外，六个社区均未建设露天电视、社区广播及社区网站三类资源工具，证明上述资源工具在社区媒介学习环境建设中没有得到重视与使用，进一步验证了问卷调查的结果。

在资源工具使用层面，访谈结果显示一方面各社区较为重视包括宣传栏、条幅等传统媒介资源工具的使用，仅有少数社区利用微信群开展社区教育工作，没有充分发挥新媒介在社区教育中的重要作用；另一方面，传统媒介与新媒介资源工具的使用缺乏统筹规划，缺少有效融合，在一定程度上影响了媒介资源工具作用的发挥。

2. 社区场馆资源工具建设情况

访谈结果显示各社区虽然场馆资源较为丰富，但文体活动室居多，供居民运用信息技术进行自主学习的场馆数量较少，五个受访社区各建有一个信息化场馆，一个社区无信息化场馆资源，且场馆的使用频率较低。上述访谈结果反映了社区场馆资源信息化建设与使用率有待提升的现状，在一定程度上印证了问卷调查的结果。

3. 社区学习支持服务情况

在社区学习支持服务层面，首先在学习支持服务队伍建设上，受访社区大多依托社区志愿者或社区工作人员与社区志愿者配合开展学习支持服务工作,并未建立专职团队;其次所有受访者在访谈过程中并未提及学习支持服务具体开展情况以及对社区居民运用信息技术自主学习的引导。上述结论证明社区学习支持服务工作在队伍建设与具体工作实施中均有较大的提升空间。

4. 社区文化组织及相关活动开展情况

访谈结果表明,受访社区均能够结合社区实际,组织开展各类公益活动、文体比赛、专题培训活动,部分社区建立百姓课堂、社区市民学校,开展系统化的社区教育工作,并取得了显著的成效。但上述社区教育活动的形式以面授为主,基于信息技术的线上学习、培训没有得到足够的重视。

四、研究结论

本书采用问卷调查与半结构化访谈相结合的方法对社区媒介学习环境资源工具进行了深入研究,进一步明确了社区媒介资源工具的构成,掌握了社区媒介学习环境资源工具的发展状况并提出了存在的问题,为后续的研究奠定了基础。

(一)资源工具构成

社区媒介学习环境资源工具研究结果显示,社区媒介学习环境可以划分成家庭学习环境、狭义社区学习环境及社区场馆学习环境三个场域,各场域的媒介资源工具划分为显性硬件资源和隐性文化组织两个部分。显性硬件资源包括公共媒介资源工具与个人媒介资源工具两种类型,公共媒介资源工具主要包括图书阅览室、电子阅览室、教室、文体活动室、宣传栏、条幅、露天电视等;个人媒介资源工具包括智能手机、电视、收音机、计算机、平板电脑、有线、无线网络等。隐性文化资源工具包括社区学院、社区志愿者、特色专题培训、社区文体组织、社区公益活动等,媒介资源工具分类与普及率,见表4.42。社区媒介资源工具构成的明确为社区媒介学习环境与技术支持的成人自主学习因素对应关系矩阵的构建奠定了基础。

表 4.42

	显性硬件资源															隐性文化资源				
	公共媒介资源								个人媒介资源											
	社区广播	电子显示屏	宣传栏与条幅	露天电视	社区网站	QQ群	微信群	微信公众号	电视	智能手机	收音机	计算机	平板电脑	有线网络	无线网络	社区学院	社区志愿者	特色专题培训	社区文体组织	社区文体公益活动
占有率	19.5%	35.4%	69.3%	10.7%	15.9%	41.6%	67.6%	31.2%	79.3%	99.4%	20.1%	82%	43.5%	92.7%	81.3%	30.5%	30.5%			
社区媒介内容环境 — 文字代码		√	√		√	√	√	√	√	√		√	√							
社区媒介内容环境 — 图形图像			√	√	√	√	√	√	√	√		√	√							
社区媒介内容环境 — 声音	√			√		√	√	√	√	√	√	√	√							
社区媒介内容环境 — 视频				√		√	√	√	√	√		√	√							

(二) 资源工具发展状况

本书通过社区媒介学习环境资源工具构成与使用情况的研究，在明确社区资源工具构成的同时，也从多个维度综合反映出当前社区媒介资源工具的发展状况。

1. 居民学习意愿强烈

在居民学习体验层面，居民学习意愿与学习参与程度都较高，说明伴随着生活水平的不断提高，居民对于学习的需求在逐渐增强，大多数居民都具有较强的学习需求及意愿。在学习方式选择方面，自费接受正规技能培训的居民比例较低，大多数居民希望通过公益培训或者运用信息技术进行远程学习，说明技术支持的自主学习在社区内的广泛开展具有良好的群众基础。

2. 家庭学习环境良好

在家庭学习环境层面，家庭数字终端（手机、平板电脑）、互联网资源等以信息技术为依托的新媒介资源工具普及率较高，相比之下，以收音机、电视为代表的传统媒介资源工具占有率较低，居民对当前家庭学习环境总体较为满意。因此在家庭学习环境层面，社区居民无论在媒介终端设备的拥有与使用，还是对学习环境的评价，总体来说比较满意，证明家庭学习环境资源工具发展状况良好。

3. 狭义社区学习环境资源工具缺乏有效融合

在狭义社区学习环境层面，社区硬件资源的升级改造，虽然为居民学习活动的开展提供了良好的硬件环境，但仍存在利用率低、媒介资源工具缺乏有效融合等问题。社区普遍重视宣传栏、液晶显示屏、条幅等传统媒介的使用，忽视新媒介在学习型社区创建过程中的重要作用，没有充分利用社区网站、微信公众号、微信群、QQ群、微博等新媒介资源，促进媒介融合，更加有效地开展社区教育、宣传活动。

4. 社区场馆信息化建设与使用率有待提升

一方面，近年来社区场馆条件普遍得到了大幅度的改善，受访各社区场馆平均数量为2.57，通过访谈与实地考察，上述社区除拥有专门办公场所以外，均建有图书阅览室、文体活动室等学习场馆，且对居民全天候免费开放，为居民各项学习活动的开展提供良好的硬件基础及环境，但场馆利用情况不理想。在场馆信息化建设方面，虽然大部分社区均建有电子阅览室、机房、网吧等具备信息化环境的场馆，但数量较为有限。从总体上来看，社区场馆的利用率与信息化建设情况中规中矩，总体上还有进一步提升空间。

5. 社区学习支持服务相对薄弱

社区学习支持服务是公共服务及社会治理创新的重要实践，有助于提升社区媒介资源工具的利用率,是社区教育工作顺利开展的基石。通过半结构化访谈研究发现,受访社区能够充分认识到学习支持服务对于学习型社区创建的重要意义,深入挖掘社区人力资源,不断发展壮大社区志愿者队伍,通过丰富多彩的专题培训、文体活动以及学习支持服务,不断拓展社区教育的内涵与覆盖面,切实提升社区教育的质量与影响力。但是,社区学习支持服务建设中仍存在缺乏专职队伍、专业化人才,对居民技术支持自主学习缺少有效引导与支持等问题,导致居民对社区学习支持服务的满意度较低,说明近年来社区学习支持团队建设与学习支持服务虽然得到了重视与改善,但仍未能够为社区居民提供全方位的学习支持服务,是社区媒介学习环境建设的短板,需要引起足够的重视。

6. 文化活动形式单一,缺乏统筹规划

在社区隐性文化资源建设方面,文化组织虽然种类多样,活动丰富多彩,但缺乏理论指导,活动效果受限,社区学院建设有待加强。通过半结构化访谈与实地考察发现,受访社区均能够根据社区的实际情况,成立学习型社区工作领导小组,完善各项规章制度,通过组织开展各类丰富多彩的文体活动、专题讲座、居民讲堂等,不断推进学习型社区建设,取得了良好的成效。但社区在媒介使用,以及各类文体、学习活动开展的过程当中,重活动、轻理论的现象较为普遍,缺乏传播、教育理论的指导,没有充分重视信息技术在活动开展中的重要作用,在一定程度上影响了活动的效果。

(三)资源工具发展存在的问题

本书通过对社区媒介学习环境资源工具发展状况的深入研究发现,社区在硬件环境建设与社区教育活动的组织开展中均取得了显著的成效,但部分社区同样在场馆信息化建设与使用、媒介资源工具使用、学习支持团队建设、学习支持服务等方面存在不足,社区媒介学习环境设计需要在媒介资源工具层面重点关注以下几个方面的问题。

1. 社区媒介学习环境资源工具建设亟待加强

社区媒介学习环境资源工具的研究结果表明,社区各场域学习环境中除家庭学习环境良好外,其他场域学习环境发展均存在一定的问题,证明社区媒介学习环境资源工具发展建设并未得到社区的有效重视,导致社区内各场域学习环境发展、建设不均衡,同时信息化资源建设与使用、学习支持服务等领域还存在一定的差距与不足,无法满足居民的学习需求。因此有必要通过社区媒介学习环境系统、科学的设计,统筹规划、合理使用社区内各类媒介资源,在不断加强信息化环境建设的同时,充分利用社区内显性硬件资源工具和隐性文化资源,营造良好的社区学习环境,以居民需求为导向,科学组织开展社区教育活动,不断提升社区教育的质量与覆盖率。

2. 社区媒介资源工具缺乏有效融合

问卷调查与半结构化访谈结果显示,虽然社区内各类网络媒介、电子媒介、传统媒介资源工具,以及各类隐性文化资源工具均在社区教育中发挥了不同程度的作用,但功能与作用的发挥相对单一、独立,缺乏有效融合。因此社区一方面要重视新媒介资源工具在社区媒介学习环境建设中的重要地位,充分利用社区网站、微信公众号、微信群、QQ群等新媒介资源工具更加有效的开展社区教育、宣传活动;另一方面要促进社区内部不同场域学习环境中的传统媒介与新媒介资源工具、显性硬件资源工具与隐性文化资源工具、公共媒介资源工具与个人媒介资源工具深度融合,建设多渠道、全方位、强大易用的融媒介学习环境。

3. 居民技术支持自主学习缺乏有效支持

伴随着智能手机、计算机、平板电脑等个人媒介资源工具普及与使用率的提高,以及移动互联技术的日益成熟,促使信息技术打破时间和空间的限制,随时为学习者提供丰富、个性化的学习资源,为居民运用信息技术自主学习创造了良好的条件。而本章研究结果显示,一方面社区内部各类信息化场馆资源并未得到有效利用;另一方面社区学习支持服务的欠缺也导致居民自主学习缺乏有效技术支持,运用技术自主学习能力与意愿均有待提升,阻碍了社区教育信息化的推进。因此,社区工作人员应在深入分析自主学习、技术接受等相关理论的基础上,结合社区实际,探究居民技术支持自主学习因素,从而有针对性地制定措施,促进技术支持的成人自主学习,破解社区教育信息化发展瓶颈。

本章小结

本章通过社区媒介学习环境资源工具的研究,一方面印证了社区媒介学习环境各场域的构成,确定了各场域内的媒介资源工具,完成了社区媒介学习环境框架中媒介资源工具要素的研究(图4.3);另一方面,明确了社区媒介资源工具的发展状况,提出了当前社区媒介学习环境资源工具建设亟待加强、社区媒介资源缺乏有效融合、居民技术支持的自主学习缺乏有效支持等问题,为后续研究中社区媒介学习环境下成人学习者要素研究、技术支持社区媒介学习环境设计策略的提出奠定了基础,提供了依据。

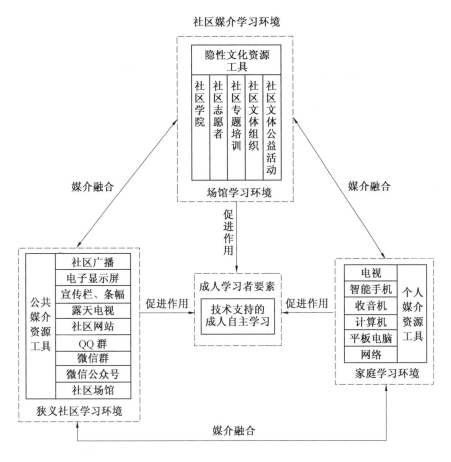

图 4.3 社区媒介学习环境理论模型

第五章　社区媒介学习环境下的
成人学习者要素研究

社区媒介学习环境下技术支持的成人自主学习的研究,是探究媒介学习环境与成人学习者关系的重要切入点,本章将基于社区媒介学习环境资源工具构成与发展状况,进一步开展社区媒介学习环境构成要素中"成人学习者要素"的研究。本章提出社区媒介学习环境下技术支持的成人自主学习模型假设,开发技术支持的成人自主学习调查问卷,采用 AMOS 结构方程模型统计分析工具对模型假设进行检验与修正,明确社区媒介学习环境下技术支持的成人自主学习因素与作用机制,为第六章面向设计的社区媒介学习环境实践模型构建奠定了基础。

一、研究设计

(一)相关研究综述

本章的研究旨在通过社区媒介学习环境下技术支持的成人自主学习模型假设的检验与修正,确定技术支持的成人自主学习的因素与作用机制。国内外学者关于自主学习因素的相关研究,以及第四章社区媒介学习环境下资源工具要素研究的相关结论,为模型假设的提出奠定了理论基础。

大多数自主学习模型都将内部与外部因素整合在一起来解释特定环境下自主学习的过程。①②③　一方面,在自主学习视角下,齐莫曼认为影响自主的学习的

---

① JONASSEN D. Development of the human interaction dimension of the self-regulated learning questionnaire in asynchronous online learning environments[J]. Educational Psychology, 2009, 29(1):117-138.

② MUIS K R, WINNE P H, JAMIESONNOEL D. Using a multitrait-multimethod analysis to examine conceptual similarities of three self-regulated learning inventories[J]. British Journal of Educational Psychology, 2007, 77(1):177-195.

③ TSAI I C, TUNG I P, LAFFEY J. Exploring the impact of students' motivation and self-regulation on the social nature of online learning experiences[M]. Olney: Inderscience Publishers, 2013.

因素除个体自身的自我效能、元认知、已有知识以外,还包括社会因素与物质因素等外部影响因素。另一方面,技术接受模型(TAM)以及衍生模型也定义了感知易用性与感知有用性的内部和外部影响因素,内部因素包括绩效预期、努力预期、经验、计算机自我效能、感知愉悦性等;外部因素包括社会影响、便利条件、社会规范、工作相关性等。然而,没有研究探讨个体(内在)特征,如人格对在线课程和在线学习的感知易用性或感知有用性的影响。

综上,在综合考虑自主学习、技术接受理论相关研究的基础上,结合本书实际,通过技术支持成人自主学习内部与外部因素的整合,来解释社区媒介学习环境下成人技术支持自主学习的影响因素与作用机制。

第一,在内部影响因素的选择过程中,从人格五因素模型中选择对技术支持自主学习产生影响的人格特征作为内部影响因素。五因素模型(Five Factor Model,FFM)是重要的人格结构理论,该模型包括五个广泛的人格维度,即外倾性(Extraversion)、宜人性(Agreeableness)、责任感(Conscientiousness)、开放性(Openness)和神经质(Neuroticism)。① 该理论在心理学研究领域得到了广泛应用,并被证明具有跨语言、跨文化、跨情景、跨种族、跨评定者的一致性和稳定性,五个维度层面也得到了特质人格心理学家的普遍接受和认同。② 通过对相关研究的总结,结合本书实际,选取人格五因素中的外倾性、责任感、开放性子维度作为技术支持的成人自主学习内部影响因素。

第二,在外部影响因素的选择过程中,充分考虑社区媒介学习环境资源工具因素研究结论,从当前社区媒介学习环境中的公共媒介工具、个人媒介资源工具及隐性文化资源工具的各组成要素中选取可能会对技术支持的成人自主学习产生影响的要素。首先,考虑到社区居民在使用信息技术前需要利用社区内的各类媒介获取相关的学习资源推荐或者技术支持服务,所以将技术支持可用性作为一个外部影响因素;其次,居民在使用个人或者公共媒介工具进行学习之初,媒介终端的易用程度也是影响其选择符合自身需求的工具进行学习的重要影响因素,所以,外部设备可访问性也成为重要的外部影响因素。综上,在本章的研究设计过程中,综合考虑上述因素,构建社区媒介学习环境下技术支持的成人自主学习模型假设,研究设计思路如下。

(二)研究对象与方法

由于本章重点考察社区媒介学习环境下技术支持的成人自主学习因素,因

---

① 支富华. 人格五因素模型研究述评[J]. 社会心理科学,2002(2):12-15.
② 罗杰,戴晓阳. 中文形容词大五人格量表的初步编制:理论框架与测验信度[J]. 中国临床心理学杂志,2015,23(3):381-385.

此选择参加市民学习中心公益课程的成年社区居民作为研究对象,进行调查研究。在研究方法与程序的制定方面,首先提出社区媒介学习环境下成人学习者模型假设,在国内外技术支持自主学习相关量表的基础上,开发技术支持的成人自主学习调查问卷,通过问卷调查回收数据,采用 AMOS 结构方程模型统计分析工具对模型假设进行检验与修正,最终确定技术支持的成人自主学习因素及作用机制。

(三)提出模型假设

本章在综合考虑相关研究综述的基础上,首先基于自主学习理论、技术接受理论和人格五因素理论,结合国内外技术支持的自主学习的相关研究,将齐莫曼提出的自主学习过程模型与技术接受模型(TAM)相融合,用以解释技术支持的自主学习形成过程。社区媒介学习环境下技术支持的成人自主学习框架构建如图 5.1 所示。

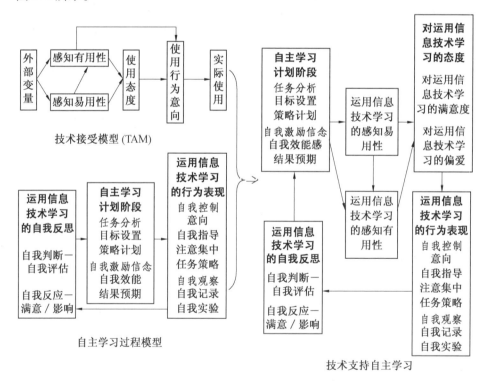

图 5.1　社区媒介学习环境下技术支持的成人自主学习框架构建

其次,使用人格五因素模型来解释促进技术支持自主学习的内在影响因素;综合考虑社区媒介学习环境资源发展现状,使用技术支持可用性、外部设备可访问性来解释促进技术支持自主学习的外在影响因素,最终形成模型假设。模型共包括12个变量,分别为责任感(C)、经验开放性(OTE)、风险倾向(RP)、技术支持可用性(TS)、外部设备可访问性(EEA)、自主学习计划阶段的任务分析(TAGS)、自主学习计划阶段的自我激励信念(SMB)、运用信息技术学习的感知易用性(PEOE)、运用信息技术学习的感知有用性(PU)、运用信息技术学习的态度(AU)、运用信息技术学习的行为表现(PSS)及运用信息技术学习的自我反思(SJR),如图5.2所示。现根据国内外相关研究提出具体假设如下。

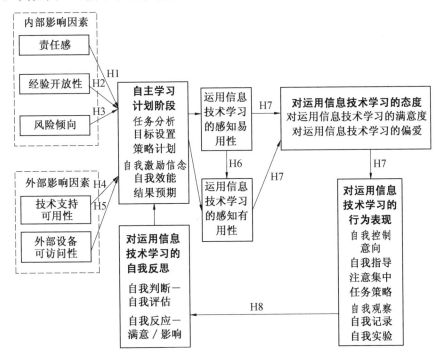

图5.2 社区媒介学习环境下技术支持的成人自主学习模型

假设1a(H1a):在技术支持的学习环境中,责任感通过自主学习计划阶段的任务分析和自我激励信念,对运用信息技术学习的感知易用性产生正向影响。

假设1b(H1b):在技术支持的学习环境中,责任感通过自主学习计划阶段的任务分析和自我激励信念,对运用信息技术学习的感知有用性产生正向影响。

责任感是个体对自身冲动进行控制、管理与调节的方式,能够反映个体对目标导向行为的自我控制以及坚持与动机[①],表现了一个人在不同情况下的可靠性

---

① 支富华. 人格五因素模型研究述评[J]. 社会心理科学,2002(2):12-15.

和责任心。① 赵小云等通过研究发现,中学生人格特质中的宜人性、责任感和开放性人格特质与学业成就存在非常显著的正相关关系。② 魏源在学业成绩的相关性研究中发现大学生责任感与学业总成绩呈显著性正相关。③ John 等在研究中也发现高严谨性与高开放性的青少年具有较高的学业成就。④ Lee 等的研究表明责任感与学业成绩相关,有责任感和持续性的个人更容易达到学习目标,并且在学习结果的测量中具有更高的水平。⑤ 他们还发现学习目标定向与责任感呈正相关。⑥

此外,还需明确在技术支持的学习环境中,责任感这一人格特征如何与学业表现这样的结果变量联系起来。齐莫曼的自主学习过程模型将计划阶段作为自主学习的第一阶段,包括:①任务分析,如目标设置和策略计划;②自我激励信念,如结果预期、自我效能和任务兴趣。⑦ 相关研究表明,高责任感的个人更有可能制订长期计划与目标,并有积极的结果预期,以目标为导向采用策略和积极的态度,这预示着更高的自我激励信念和表现水平。⑧ 从事规划和自我激励信念较强的学习者倾向于接受新技术、变化或挑战,更易于管理,并且表现优于他人。因此,任务分析及自我激励信念有助于学习者提升对技术的易用性和有用性的感知。所以责任感作为一个人格特征变量,通过自主学习计划阶段的任务分析、自我激励信念两个表现方面,让个体觉得技术容易管理与使用,并有助于增强学习效果。

---

① DIGMAN J M. Personality structure: emergence of the five-factor model[J]. Annual Review of Psychology, 1990, 50(1):417-440.

② 赵小云,郭成. 中学生的学业自我与人格特质的关系[J]. 教育测量与评价(理论版), 2013(1):48-52.

③ 魏源. NEO 与学业成绩的相关性研究[J]. 湖北民族学院学报(哲学社会科学版), 2003(3):90-93.

④ JOHN O P, ROBINS R W. Traits and types, dynamics and development: no doors should be closed in the study of personality[J]. Psychological Inquiry, 1994, 5(2):137-142.

⑤ LEE S, KLEIN H J. Relationships between conscientiousness, self-efficacy, self-deception, and learning over time[J]. Journal of Applied Psychology, 2002, 87(6):1175.

⑥ KLEIN H J, LEE S. The effects of personality on learning: the mediating role of goal setting[J]. Human Performance, 2006, 19(1):43-66.

⑦ ZIMMERMAN B J. Chapter 2 — attaining self-regulation: a social cognitive perspective[M]// Handbook of Self-Regulation. Academic Press, 2000:13-39.

⑧ GERHARDT M W, RODE J C, PETERSON S J. Exploring mechanisms in the personality—performance relationship: mediating roles of self-management and situational constraints[J]. Personality & Individual Differences, 2007, 43(6):1344-1355.

假设2a(H2a)：在技术支持的学习环境中，经验开放性通过自主学习计划阶段的任务分析和自我激励信念，对运用信息技术学习的感知易用性产生正向影响。

假设2b(H2b)：在技术支持的学习环境中，经验开放性通过自主学习计划阶段的任务分析和自我激励信念，对运用信息技术学习的感知有用性产生正向影响。

经验开放性是指个体为了自身的缘故对经验的前摄(Proactive)寻求理解，以及对陌生情境的容忍和探索。开放的人偏爱抽象思维，兴趣广泛；封闭性的人讲求实际，偏爱常规，比较传统和保守。[①] 经验开放性还涉及艺术创造力、发散思维、智力以及对学习新材料的开放性，它与学业成绩相关。[②] 技术支持的学习环境的出现，促使传统的面对面教学方式及知识传递方式发生了变化，而经验开放性高的个体更易于接受这种变化，认为新的学习方式容易使用。

经验开放性作为一个人格维度包含了多个子维度，如想象力(Fantasy)、尝新(Actions)和思辨(Ideas)等，都可能对学习的自我效能感产生积极的影响。对新的经验开放程度高的个体更有可能相信他们的能力在新的技术环境中会有所表现，认为改变是值得的[③]，相信自己有能力探索未知的领域，更有可能尝试新领域的任务。因此他们对预期表现更有准备和计划。相对于经验开放性低的个体，他们可能认为技术支持下的学习更加有用。所以，本书假设经验开放性通过任务分析过程，如目标设定、规划以及在新技术环境中达到目标的信念，对运用信息技术学习的感知有用性、感知易用性产生正向影响。

假设3a(H3a)：在技术支持的学习环境中，风险倾向通过自主学习计划阶段的任务分析和自我激励信念，对感知易用性产生正向影响。

假设3b(H3b)：在技术支持的学习环境中，风险倾向通过自主学习计划阶段的任务分析和自我激励信念，对感知有用性产生正向影响。

风险倾向是一种广义的人格特征，是表示个体是否承担风险的一般意愿。[④] Sitkin等将风险倾向视为个体人格特征，并将其定义为决策者接受或规避风险的

[①] 帅琳. 电视节目中榜样行为对儿童助人行为影响的实证研究[D]. 上海：华东师范大学，2015.

[②] FARKAS B, BLICKLE T, ULBERT Z, et al. Characterization of mixing of suspension in a mechanically stirred precipitation system[J]. Journal of Crystal Growth, 1996, 166(166):1064-1067.

[③] KLEIN H J, LEE S. The effects of personality on learning: the mediating role of goal setting[J]. Human Performance, 2006, 19(1):43-66.

[④] DAS T K, TENG B S. The risk-based view of trust: a conceptual framework[J]. Journal of Business & Psychology, 2004, 19(1):85-116.

倾向[①]，风险倾向影响个体在任何特定情况下的风险评估。Das 等的研究表明，风险倾向、风险感知和风险承担之间存在线性关系，高风险倾向导致低风险感知，从而导致高风险承担。[②] 因此，当个人面对新的技术或经验时，与倾向于低风险倾向的人相反，高风险倾向的人可以预见到较少的风险并且具有更积极的结果期望。作为自主学习过程的计划阶段，当面对技术支持的学习环境，风险倾向较高的人更有可能会制订战略性的长期计划，包括任务分析和自我激励。

风险倾向作为一种相对稳定的人格特征，是一种开放的变化趋势，而不是被新技术的不确定性所抑制。随着风险倾向的提高，个体更倾向将技术视为更可控、更可管理，从而提升技术支持下学习的自我效能以及对学习效果的期望，最终提高运用信息技术学习的感知易用性。Gefen 等的研究表明，风险感知显著地预测了电子服务的感知有用性，并且风险感知的增大会降低新技术的有用性。[③] 所以，风险倾向较高的学习者在降低新技术与不确定水平的同时，会促进其对运用信息技术学习的目标设定与规划，这也同时将提升新技术的感知有用性，因为感知的可管理性越高，用以提高表现的感知有用性越高。

假设 4a(H4a)：在技术支持的学习环境中，技术支持可用性通过自主学习计划阶段的任务分析和自我激励信念，对感知易用性产生正向影响。

假设 4b(H4b)：在技术支持的学习环境中，技术支持可用性通过自主学习计划阶段的任务分析和自我激励信念，对感知有用性产生正向影响。

技术支持可用性被认为是技术使用的重要预测因素。Lee 认为技术支持来源于内部与外部两个方面：内部来源是大学和公司的内部信息技术部门，以及受雇于机构的 IT 专家和个人；外部资源可以是同行、朋友、软件或硬件供应商，或者是正在使用该技术的组织之外的任何机构。Lee 还通过量化研究证实了内部及外部支持与感知易用性、感知有用性呈正相关。[④] 对于运用信息技术学习的成人学习者，技术支持可以通过该技术提供组织的技术部门、说明书、手册，或者通过朋友、学习伙伴来实现。技术支持可用性促使学习者相信当需要帮助时，新技术更可能提高其表现，因此在学习者眼中，技术问题更容易快速找到解决方案，而不是成为学习的障碍，实际上技术可以促进学习。因此，技术支持可用性有助于

---

① SITKIN S B, PABLO A L. Reconceptualizing the determinants of risk behavior[J]. Academy of Management Review, 2016, 17(1):9-38.

② DAS T K, TENG B S. The risk-based view of trust: a conceptual framework[J]. Journal of Business & Psychology, 2004, 19(1):85-116.

③ GEFEN D, WARKENTIN M, PAVLOU P, et al. Egovernment adoption[J]. AMCIS 2002 proceedings, 2002: 83.

④ LEE Y C. The role of perceived resources in online learning adoption[J]. Computers &Education, 2008, 50(4):1423-1438.

积极的结果预期、更具体的目标设定和规划以及自我激励。可用的技术支持和相关资源越多,学习者就越容易感知新的技术,并且认为该技术对他们的学习和表现是有用的。

假设 5a(H5a):在技术支持的学习环境中,外部设备可访问性通过自主学习计划阶段的任务分析和自我激励信念,对感知易用性产生正向影响。

假设 5b(H5b):在技术支持的学习环境中,外部设备可访问性通过自主学习计划阶段的任务分析和自我激励信念,对感知有用性产生正向影响。

外部设备的可访问性指个体能够访问组织外部系统的硬件和软件的能力。研究表明,容易掌握、访问的必要技术和设备是学习者接受课程管理系统的先决条件。① 通常,如果发现完成任务所必需的硬件和软件设备是不容易访问的,学习者则会认为一个系统或技术具有挑战性或难以使用②;相反,便捷的访问有助于对技术支持的学习产生积极的影响,有助于提升支持学习者完成任务的能力信念。学习者技术使用的频率越高,其使用技术的感觉就越容易,如果在使用技术过程中可以获取其所期望的知识,学习者将会发现该系统更加有用。③ 同时,拥有更多设备接入和技术使用便利的用户将更容易参与任务分析、目标设定、规划和其他自我激励机制。通过加强对技术支持学习的控制意识将有助于人们理解技术的易用性与有用性。

假设 6(H6):运用信息技术学习的感知易用性与感知有用性呈正相关。

技术接受模型(TAM)以及包括 TAM2、TAM3 等在内的衍生模型均证实了感知易用性与感知有用性存在正相关的关系。具体来说,当学习者意识到系统使用是相对容易的,或者不需要额外努力时,他们更可能相信使用系统会提高他们的表现。李雅筝与 Lee 的研究均表明,学生对在线学习系统的感知易用性与他们对在线学习系统有用性的感知呈显著正相关。④⑤

---

① SANTOS B L D, WRIGHT A L. Internet-supported management education[M]. Internet-Supported Management Education, 2001:53-64.

② RAHO L E, BELOHLAV J A, FIEDLER K D. Assimilating new technology into the organization: an assessment of McFarlan and McKenney's model[J]. Mis Quarterly, 1987, 11(1):47-57.

③ LEE Y C. The role of perceived resources in online learning adoption[J]. Computers & Education, 2008, 50(4):1423-1438.

④ 李雅筝. 在线教育平台用户持续使用意向及课程付费意愿影响因素研究[D]. 合肥:中国科学技术大学, 2016.

⑤ LEE Y C. The role of perceived resources in online learning adoption[J]. Computers &Education, 2008, 50(4):1423-1438.

假设7(H7):运用信息技术学习的感知易用性和感知有用性,通过运用信息技术学习的态度,对学习表现产生正向影响。

技术接受模型(TAM)及其衍生模型均将用户对新的信息系统的接受作为主要的评价变量①,并将用户接受定义为用户对新信息系统的态度、系统使用意向及系统实际使用三个变量的组合②,最常见的系统可操作性态度是使用者对系统的满意度③。Martins 等还将学生对系统的偏好作为一个维度来捕捉其对课程管理系统的态度,并证实了学生对课程管理系统的态度与使用意向之间的正向关系。④

技术支持下的学习技能只有通过自我调节的过程才能对学习表现产生重要影响。受学习者自身因素与在线学习系统影响,学习者对技术使用的满意度和偏好程度也存在区别,所以,技术使用的态度作为一个关键的中介变量,用来解释用户对系统的感知易用性和感知有用性的影响表现过程。同时,组织行为学相关研究也分析、论证了满意度与绩效的相互关系⑤,并且态度作为重要的心理指标,本身就具有促进知识形成、为问题解决提供策略评估、促进和组织记忆的排序等功能⑥,因此学习者对运用信息技术学习的态度可能会影响其学习表现水平。

假设8(H8):运用信息技术学习的总体表现对自主学习的自我反思产生正向影响。

课程的实际表现作为课程的重要组成部分,可以为学习者评价自身表现、进

---

① ARBAUGH J B. How classroom environment and student engagement affect learning in internet-based MBA courses. [J]. Business Communication Quarterly, 2000, 63(4):9-26.

② TEO T. The impact of subjective norm and facilitating conditions on pre-service teachers' attitude toward computer use: a structural equation modeling of an extended technology acceptance model[J]. Journal of Educational Computing Research, 2009, 40(1):89-109.

③ COMPEAU D, HIGGINS C A, HUFF S. Social cognitive theory and individual reactions to computing technology: a longitudinal study[J]. Mis Quarterly, 1999, 23(2):145-158.

④ MARTINS L L, KELLERMANNS F W. A model of business school students' acceptance of a web-based course management system[J]. Academy of Management Learning & Education, 2004, 3(1):7-26

⑤ VISWESVARAN C, DESHPANDE S P, JOSEPH J. Are ethicality perceptions of different counterproductive behaviors affected by workplace dependencies[J]. Journal of Applied Social Psychology, 2010, 30(10):2050-2057.

⑥ WHITMAN D S, ROOY D L V, VISWESVARAN C. Satisfaction, citizenship behaviors, and performance in work units: ameta-analysis of collective construct relations[J]. Personnel Psychology, 2010, 63(1):41-81.

行自我判断及归因提供依据。当学习者对自身表现的评估低于预期时,就会进行归因,而这正是自主学习的自我反思阶段的重要组成部分。① 学习表现的评估结果也会导致学习者产生不同的情绪,例如,如果学习者认为成绩是不公平的,就会产生消极的情绪;如果学习者将表现水平归因于学习时间有限,就会对自己缺乏良好的计划或时间管理而感到失望。齐莫曼等的研究也表明学习者表现过程阶段,例如任务指导和任务策略与自我反思阶段的归因、自我满足及情感相关。②

(四)开发调查问卷

社区媒介学习环境下技术支持的成人自主学习模型的检验与修正,需要问卷工具的支持。调查问卷的开发过程主要采用文献综述和专家咨询法。首先梳理关于人格五因素、技术接受、技术支持的自主学习等相关研究的成熟量表,结合本书实际,对部分测量问题进行改编。在初步形成调查问卷后,分别邀请教育技术、终身教育、教育心理学领域专家,对问卷进行审阅,根据专家意见对问卷进行再次修订,最终形成社区媒介学习环境下成人学习者技术支持的自主学习问卷。该问卷由两个部分构成:第一部分为被试基本信息,主要包括性别、文化程度、职业;第二部分为正式测量题目,包含12个潜在变量,65个题项的Likert测试量表,赋值标签分别为:1代表不同意,2代表不太同意,3代表一般,4代表比较同意,5代表完全同意。问卷题项及其来源见表5.1。

表5.1 问卷题项及其来源

变量	题项数量	题项来源
责任感(C)	4	Ben-Porath 和 Waller③
经验开放性(OTE)	4	
风险倾向(RP)	3	蒲春阳④

---

① ZIMMERMAN B J. Investigating self-regulation and motivation: historical background, methodological developments, and future prospects[J]. American Educational Research Journal, 2008, 45(1):166-183.

② ZIMMERMAN B J, KITSANTAS A. Developmental phases in self-regulation: shifting from process goals to outcome goals. [J]. Journal of Educational Psychology, 1997, 89(1):29-36.

③ BEN-PORATH Y S, WALLER N G. Five big issues in clinical personality assessment: a rejoinder to Costa and McCrae[J]. Psychological Assessment, 1992, 4(1):23-25.

④ 蒲春阳.大学生创业意向影响因素实证研究[D].成都:西南交通大学,2011.

表 5.1(续)

变量		题项数量	题项来源
技术支持可用性(TS)		3	Lee①
外部设备可访问性(EEA)		4	
自主学习计划阶段的任务分析(TAGS)	目标设定	5	Yen②、LASSI、MSLQ、SRLIS
	策略计划	5	Fontana、Fellow、Director③、朱祖德、王静琼、张卫等④、LASSI、MSLQ、SRLIS
自主学习计划阶段的自我激励(SMB)	自我效能	4	Park⑤,宋伟、张学和、胡海洋⑥
	结果预期	3	
运用信息技术的感知有用性(PU)		4	Venkatesh 和 Davis⑦,詹海宝和张立国⑧
运用信息技术的感知易用性(PEOU)		3	

---

① LEE Y C. The role of perceived resources in online learning adoption[J]. Computers & Education, 2008, 50(4):1423-1438.

② YEN C J, TU C H, SUJO-MONTES L, et al. A predictor for PLE management: impacts of self-regulated online learning on students' learning skills[J]. Journal of Educational Technology Development and Exchange (JETDE), 2016, 9(1):29-48.

③ FONTANA R P, FELLOW C M, DIRECTOR A L, et al. Measuring self-regulated learning in the workplace[J]. International Journal of Training & Development, 2015, 19(1):32-52.

④ 朱祖德,王静琼,张卫,等.大学生自主学习量表的编制[J].心理发展与教育,2005(3):60-65.

⑤ PARK S Y. An analysis of the technology acceptance model in understanding university students' behavioral intention to use e-learning[J]. Educational Technology & Society, 2009, 12(3):150-162.

⑥ 宋伟,张学和,胡海洋.远程自主学习者个人学习因素研究[J].中国电化教育,2010(1):47-53.

⑦ VENKATESH V, DAVIS F D. A theoretical extension of the technology acceptance model: four longitudinal field studies[J]. Management Science, 2000, 46(2):186-204.

⑧ 詹海宝,张立国.理解大学生对网络教学平台的采纳——基于TAM的实证研究[J].现代远距离教育,2015(3):53-59.

表5.1(续)

变量		题项数量	题项来源
运用信息技术学习的态度		4	Morris 和 Venkatesh①
运用信息技术学习的行为表现	自我控制	8	田美②,李西坤③,LASSI、MSLQ
	自我观察	4	
运用信息技术学习的自我反思	自我判断	4	
	自我反应	3	

1. 预调查与问卷项目分析

(1)预调查

在预试样本的选取上,若要进行探索性因素分析,且研究的总体为一般群体,预试样本的数量最好为问卷测量题项总数的5倍以上。本书选取参加公益课程学习的市民为研究对象,发放问卷400份,回收有效问卷373份,有效率为93.25%。使用SPSS统计分析软件对预调查数据进行分析,通过问卷的项目分析与信度检验,对问卷题项进行删除与修改,形成正式调查问卷,为下一步社区媒介学习环境下技术支持的成人自主学习模型验证提供有效工具。

(2)问卷项目分析

使用SPSS统计分析软件,运用Pearson相关系数法对问卷数据进行同质性检验,分析结果见表5.2。PSS4相关系数:0.396,小于0.4,与整体问卷同质性不高,予以删除,题项删除后,问卷中其余题项与整体问卷同质性较高,予以保留。

---

① MORRIS M G, VENKATESH V. Age differences in technology adoption decisions: implications for a changing work force[J]. Personnel Psychology, 2010, 53(2):375-403.

② 田美.大学生元认知与网络自我调节学习的结构模型构建研究[D].长春:东北师范大学,2017.

③ 李西坤.北京体育大学体育教育专业学生自主学习能力量表编制与测评研究[D].北京:北京体育大学,2017.

表 5.2

		总分			总分			总分
C1	皮尔森相关	0.545**	OTE1	皮尔森相关	0.533**	RP1	皮尔森相关	0.481**
	显著性（双尾）	0.000		显著性（双尾）	0.000		显著性（双尾）	0.000
	N	373		N	373		N	373
C2	皮尔森相关	0.523**	OTE2	皮尔森相关	0.487**	RP2	皮尔森相关	0.524**
	显著性（双尾）	0.000		显著性（双尾）	0.000		显著性（双尾）	0.000
	N	373		N	373		N	373
C3	皮尔森相关	0.469**	OTE3	皮尔森相关	0.520**	RP3	皮尔森相关	0.627**
	显著性（双尾）	0.000		显著性（双尾）	0.000		显著性（双尾）	0.000
	N	373		N	373		N	373
C4	皮尔森相关	0.524**	OTE4	皮尔森相关	0.533**			
	显著性（双尾）	0.000		显著性（双尾）	0.000			
	N	373		N	373			

第五章 社区媒介学习环境下的成人学习者要素研究

表 5.2（续）

		总分			总分			总分
TS1	皮尔森相关	0.577**	EEA1	皮尔森相关	0.475**	TAGS1	皮尔森相关	0.641**
	显著性(双尾)	0.000		显著性(双尾)	0.000		显著性(双尾)	0.000
	N	373		N	373		N	373
TS2	皮尔森相关	0.564**	EEA2	皮尔森相关	0.498**	TAGS2	皮尔森相关	0.635**
	显著性(双尾)	0.000		显著性(双尾)	0.000		显著性(双尾)	0.000
	N	373		N	373		N	373
TS3	皮尔森相关	0.527**	EEA3	皮尔森相关	0.526**	TAGS3	皮尔森相关	0.547**
	显著性(双尾)	0.000		显著性(双尾)	0.000		显著性(双尾)	0.000
	N	373		N	373		N	373
			EEA4	皮尔森相关	0.505**	TAGS4	皮尔森相关	0.627**
				显著性(双尾)	0.000		显著性(双尾)	0.000
				N	373		N	373
						TAGS5	皮尔森相关	0.640**
							显著性(双尾)	0.000
							N	373

表 5.2(续)

			总分
TAGS6	皮尔森相关		0.621**
	显著性(双尾)		0.000
	N		373
TAGS7	皮尔森相关		0.568**
	显著性(双尾)		0.000
	N		373
TAGS8	皮尔森相关		0.664**
	显著性(双尾)		0.000
	N		373
TAGS9	皮尔森相关		0.617**
	显著性(双尾)		0.000
	N		373
TAGS10	皮尔森相关		0.584**
	显著性(双尾)		0.000
	N		373

表 5.2（续）

		总分			总分			总分
SMB1	皮尔森相关	0.675**	PU1	皮尔森相关	0.679**	PEOU1	皮尔森相关	0.513**
	显著性（双尾）	0.000		显著性（双尾）	0.000		显著性（双尾）	0.000
	N	373		N	373		N	373
SMB2	皮尔森相关	0.659**	PU2	皮尔森相关	0.691**	PEOU2	皮尔森相关	0.509**
	显著性（双尾）	0.000		显著性（双尾）	0.000		显著性（双尾）	0.000
	N	373		N	373		N	373
SMB3	皮尔森相关	0.591**	PU3	皮尔森相关	0.671**	PEOU3	皮尔森相关	0.585**
	显著性（双尾）	0.000		显著性（双尾）	0.000		显著性（双尾）	0.000
	N	373		N	373		N	373
SMB4	皮尔森相关	0.655**	PU4	皮尔森相关	0.578**			
	显著性（双尾）	0.000		显著性（双尾）	0.000			
	N	373		N	373			
SMB5	皮尔森相关	0.731**						
	显著性（双尾）	0.000						
	N	373						
SMB6	皮尔森相关	0.609**						
	显著性（双尾）	0.000						
	N	373						
SMB7	皮尔森相关	0.693**						
	显著性（双尾）	0.000						
	N	373						

表 5.2（续）

		总分			总分			总分
AU1	皮尔森相关	0.626**	PSS1	皮尔森相关(双尾)	0.528**	SJR1	皮尔森相关	0.597**
	显著性(双尾)	0.000		显著性(双尾)	0.000		显著性(双尾)	0.000
	N	373		N	373		N	373
AU2	皮尔森相关	0.641**	PSS2	皮尔森相关	0.634**	SJR2	皮尔森相关	0.572**
	显著性(双尾)	0.000		显著性(双尾)	0.000		显著性(双尾)	0.000
	N	373		N	373		N	373
AU3	皮尔森相关	0.580**	PSS3	皮尔森相关	0.619**	SJR3	皮尔森相关	0.591**
	显著性(双尾)	0.000		显著性(双尾)	0.000		显著性(双尾)	0.000
	N	373		N	373		N	373
AU4	皮尔森相关	0.665**	PSS4	皮尔森相关	0.396**	SJR4	皮尔森相关	0.666**
	显著性(双尾)	0.000		显著性(双尾)	0.000		显著性(双尾)	0.000
	N	373		N	373		N	373
			PSS5	皮尔森相关	0.572**	SJR5	皮尔森相关	0.659**
				显著性(双尾)	0.000		显著性(双尾)	0.000
				N	373		N	373
			PSS6	皮尔森相关	0.605**	SJR6	皮尔森相关	0.680**
				显著性(双尾)	0.000		显著性(双尾)	0.000
				N	373		N	373

表 5.2（续）

			总分	SJR7
总分	SJR7	皮尔森相关	0.578**	
		显著性（双尾）	0.000	
		N	373	
	PSS7	皮尔森相关	0.670**	
		显著性（双尾）	0.000	
		N	373	
	PSS8	皮尔森相关	0.650**	
		显著性（双尾）	0.000	
		N	373	
	PSS9	皮尔森相关	0.465**	
		显著性（双尾）	0.000	
		N	373	
	PSS10	皮尔森相关	0.645**	
		显著性（双尾）	0.000	
		N	373	
	PSS11	皮尔森相关	0.632**	
		显著性（双尾）	0.000	
		N	373	
	PSS12	皮尔森相关	0.588**	
		显著性（双尾）	0.000	
		N	373	

注：**表示相关性在 0.01 层上显著（双尾）；*表示相关性在 0.05 层上显著（双尾）。

信度代表问卷的一致性和稳定性,其在项目分析中也可作为同质性检验指标之一。本书在删除部分题项后,采用克龙巴赫α系数(Cronbach α)作为评价指标,分别计算 12 个分问卷的克龙巴赫α系数值,具体结果见表 5.3。问卷各因子的克龙巴赫α系数值均在 0.700 至 0.900 之间,题项间一致性理想,信度良好。

表 5.3 各分问卷信度检验结果

因子	C	OTE	RP	TS	EEA	PU	PEOU	AU	TAGS	SMB	PSS	SJR
题项数目	4	4	3	3	4	4	3	4	10	7	11	7
克龙巴赫α系数	0.825	0.746	0.745	0.785	0.795	0.843	0.820	0.847	0.889	0.869	0.900	0.865

2. 问卷因素分析

项目分析结束后,采用探索性因素分析(Exploratory Factor Analysis,EFA)的方法,对问卷内部因素进行分析,旨在进一步明确问卷潜在结构,减少题项数目,对问卷构建效度进行检验。因素分析的可靠性与样本数量关系密切,若要进行因素分析,样本数量最好为问卷题项数目的 5 倍,本书问卷题项为 74 个,因此较为理想的样本数量为 370,预调查有效问卷回收数量为 373,符合因素分析条件。

(1)技术接受模型(TAM)分问卷

经过项目分析及信度检验,将符合项目分析指标的 29 个题项纳入因子分析中。进行因素分析前,首先对数据进行 KMO 和 Bartlett 球形检验,检验结果见表 5.4。KMO 值为 0.913,大于 0.900,表示变量非常适合进行因素分析。此外,Bartlett 球形检验的 χ^2 值为 5 466.216,自由度为 406,显著性概率值 $P=0.000<0.05$,达到显著水平,拒绝虚无假设,适合进行因素分析。

表 5.4 KMO 与 Bartlett 球形检验结果

取样足够的 KMO 度量		0.913
Bartlett 球形检验	χ^2	5 466.216
	自由度	406
	显著性概率值	0.000

在 KMO 和 Bartlett 球形检验的基础上,本书采用主成分分析法及直交转轴法(最大变异法)对问卷条目进行探索性因素分析,结合问卷编制之初的设想及项目分析结果,笔者已经将问卷划分为 8 个构面向度,所以限定萃取因素个数为 8 来提取公因子。如表 5.5 所示,问卷提取的 8 个公因子能够解释变异的总量为 68.484%,大于 60%,说明提取的 8 个公因子能够较好地解释问卷数据所含信息。

表 5.5　解释变异总量

元件	起始特征值			提取平方和载入			循环平方和载入		
	总计	变异/%	累加/%	总计	变异/%	累加/%	总计	变异/%	累加/%
1	10.377	35.784	35.784	10.377	35.784	35.784	4.198	14.477	14.477
2	2.227	7.678	43.462	2.227	7.678	43.462	3.030	10.449	24.925
3	1.592	5.491	48.953	1.592	5.491	48.953	2.741	9.451	34.377
4	1.528	5.269	54.221	1.528	5.269	54.221	2.402	8.283	42.659
5	1.314	4.532	58.753	1.314	4.532	58.753	2.182	7.523	50.182
6	1.128	3.891	62.644	1.128	3.891	62.644	2.065	7.122	57.304
7	0.887	3.058	65.702	0.887	3.058	65.702	1.798	6.199	63.503
8	0.807	2.781	68.484	0.807	2.781	68.484	1.444	4.981	68.484
以下数据省略									

提取方法:主体元件分析。

然后采用直交转轴法(最大变异法),限定萃取因素个数为 8 来提取公因子,将输入系数按大小排序,将显示系数最小绝对值设置为 0.45。转轴方法选择具有 Kaiser 标准化的正交旋转法,经过 7 次迭代计算后达到收敛状态,结果见表 5.6。

表 5.6　旋转元件矩阵

	元件							
	1	2	3	4	5	6	7	8
PU2	0.734							
PU1	0.722							
AU2	0.719							
AU1	0.706							
AU3	0.639							
PU3	0.556							
PU4	0.534							
AU4	0.508							
C3		0.790						
C1		0.783						
C2		0.727						
C4		0.677						

表5.6(续)

	元件							
	1	2	3	4	5	6	7	8
EEA2			0.804					
EEA1			0.728					
EEA3			0.691					
EEA4			0.586					
PEOU2				0.865				
PEOU1				0.824				
PEOU3				0.649				
TS3					0.822			
TS2					0.796			
TS1					0.633			
RP2						0.840		
RP1						0.718		
RP3						0.636		
OTE4							0.765	
OTE3							0.675	
OTE2								0.691
OTE1								0.575

提取方法:主成分。

如表5.6所示,提取出的8个公共因子与问卷理论预期吻合度较高,其中"责任感"(C1~C4)、"外部设备可访问性"(EEA1~EEA4)、"运用信息技术学习的感知易用性"(PEOU1~PEOU3)、"技术支持可用性"(TS1~TS3)、"风险倾向"(RP1~RP3)5个构面的题项与预期完全一致。"运用信息技术学习的感知有用性"(PU1~PU4)与"运用信息技术学习的态度"(AU1~AU4)两个构面的题项被提取到一个构面;"经验开放性"(OTE1~OTE4)题项被提取到两个构面。根据问卷理论预期,按照因子载荷由高到低的顺序删除题项。删除题项OTE4后,将剩余的28个题项纳入因子分析,KMO和Bartlett球形检验结果见表5.7。KMO值为0.9134,大于0.900,表示变量非常适合进行因素分析。此外,Bartlett球形检验的χ^2值为5 196.608,自由度为378,显著性概率值$P=0.000<0.05$,达到显著水平,拒绝虚无假设,适合进行因素分析。

表5.7 KMO 与 Bartlett 球形检验

取样足够的 KMO 度量		0.913 4
Bartlett 球形检验	χ^2	5 196.608
	自由度	378
	显著性概率	0.000

本书采用主成分分析法及直交转轴法（最大变异法）对问卷条目进行探索性因素分析。如表5.8所示，提取的8个公因子能够解释变异的总量为69.028%，大于60%，说明提取的8个公因子能够较好地解释问卷数据所含信息。

表5.8 解释变异总量

元件	起始特征值			提取平方和载入			循环平方和载入		
	总计	变异/%	累加/%	总计	变异/%	累加/%	总计	变异/%	累加/%
1	10.035	35.841	35.841	10.035	35.841	35.841	2.989	10.677	10.677
2	2.194	7.834	43.675	2.194	7.834	43.675	2.970	10.606	21.282
3	1.589	5.676	49.351	1.589	5.676	49.351	2.810	10.036	31.318
4	1.473	5.259	54.611	1.473	5.259	54.611	2.323	8.296	39.615
5	1.294	4.622	59.233	1.294	4.622	59.233	2.216	7.913	47.528
6	1.124	4.015	63.248	1.124	4.015	63.248	2.204	7.870	55.398
7	0.835	2.983	66.231	0.835	2.983	66.231	2.033	7.261	62.658
8	0.783	2.797	69.028	0.783	2.797	69.028	1.784	6.370	69.028

以下数据省略

提取方法：主体元件分析。

然后采用直交转轴法（最大变异法），限定萃取因素个数为8来提取公因子，将输入系数按大小排序，显示系数最小绝对值设置为0.4，转轴方法选择具有Kaiser标准化的正交旋转法，经过6次迭代计算后达到收敛状态，结果见表5.9。本次提取的题项所属构面与问卷理论预期完全吻合。

表5.9 旋转元件矩阵

	元件							
	1	2	3	4	5	6	7	8
C1	0.786							
C3	0.781							
C2	0.741							
C4	0.661							
AU1		0.739						
AU2		0.713						
AU3		0.701						
AU4		0.625						
EEA2			0.789					
EEA1			0.714					
EEA3			0.705					
EEA4			0.587					
PEOU2				0.862				
PEOU1				0.828				
PEOU3				0.664				
TS3					0.823			
TS2					0.798			
TS1					0.642			
PU2						0.747		
PU1						0.731		
PU3						0.556		
PU4						0.411		
RP2							0.839	
RP1							0.715	
RP3							0.643	
OTE2								0.725
OTE1								0.660
OTE3								0.466

提取方法：主成分。

根据探索性因子分析的结果,采用克龙巴赫 α 系数作为评价指标,分别计算 8 个构面的信度,检验结果见表 5.10。各组成元素水平测量问卷包含 8 个分问卷及问卷总体的克龙巴赫 α 系数值,除 OTE 为 0.683 外,均大于 0.700,题项间一致性良好。OTE 指标介于 0.650～0.700 之间,是可以接受的。各个构面信度良好。

表 5.10　各分问卷信度检验结果

因子	C	OTE	RP	TS	EEA	PU	PEOU	AU	总体
题目数量	4	3	3	3	4	4	3	4	28
克龙巴赫 α 系数	0.825	0.683	0.745	0.785	0.795	0.843	0.820	0.847	0.910

(2) 自主学习(SRL)分问卷

将符合项目分析指标的 35 个题项纳入因素分析中。进行因素分析前的 KMO 和 Bartlett 球形检验结果见表 5.11。KMO 值为 0.952,大于 0.900,表示变量非常适合进行因素分析。此外,Bartlett 球形检验的 χ^2 值为 7 509.207,自由度为 595,显著性概率值 $P=0.000<0.05$,达到显著水平,拒绝虚无假设,适合进行因素分析。

表 5.11　KMO 与 Bartlett 检验结果

取样足够的 KMO 度量		0.952
Bartlett 球形检验	χ^2	7 509.207
	自由度	595
	显著性概率	0.000

本书采用主成分分析法及直交转轴法(最大变异法)对问卷条目进行探索性因素分析,限定萃取因素个数为 4 来提取公因子。如表 5.12 所示,问卷提取的 4 个公因子能够解释变异的总量为 55.492%,虽然未达到 60% 的标准,但希望通过进一步的因子分析使解释变异总量结果得到改善。

表 5.12　解释变异总量

元件	起始特征值			提取平方和载入			循环平方和载入		
	总计	变异/%	累加/%	总计	变异/%	累加/%	总计	变异/%	累加/%
1	14.725	42.071	42.071	14.725	42.071	42.071	6.279	17.941	17.941
2	1.915	5.472	47.543	1.915	5.472	47.543	4.681	13.373	31.314
3	1.624	4.639	52.183	1.624	4.639	52.183	4.488	12.824	44.138
4	1.158	3.309	55.492	1.158	3.309	55.492	3.974	11.354	55.492
以下数据省略									

提取方法:主体元件分析。

然后采用直交转轴法(最大变异法),限定萃取因素个数为 4 来提取公因子,将输入系数按大小排序,将显示系数最小绝对值设置为 0.45,转轴方法选择具有 Kaiser 标准化的正交旋转法,经过 9 次迭代计算后达到收敛状态,结果见表5.13。

表 5.13 旋转元件矩阵

	元件			
	1	2	3	4
PSS12	0.704			
PSS11	0.703			
PSS10	0.666			
PSS6	0.632			
PSS9	0.625			
PSS1	0.599			
PSS7	0.589			
PSS2	0.556			
SJR2	0.547			0.499
SJR1	0.533			
SJR7	0.516		0.477	
SJR3	0.513			
PSS8	0.482			
TAGS9		0.720		
TAGS10		0.689		
TAGS8		0.627		
PSS5		0.594		
PSS3		0.525		
TAGS5		0.524		
TAGS4		0.501		
SMB5		0.478		
SJR5		0.458		
SMB3			0.763	
SMB2			0.693	
SMB1			0.674	
SMB4			0.620	

表5.13(续)

	元件			
	1	2	3	4
SMB6	0.454		0.547	
SMB7			0.534	
SJR6	0.469		0.534	
TAGS3				
TAGS6				0.677
TAGS7				0.647
TAGS2				0.643
TAGS1				0.586
SJR4	0.462			0.499

如表5.13所示,"任务分析"(TAGS1~TAGS10)、"自我激励信念"(SMB1~SMB7)、"运用信息技术学习的形为表现"(PSS1~PSS12)"运用信息技术学习的自我反思"(SJR1~SJR7)四个构面中的题项虽大多按照预想被提取到相应构面,但是部分题项与假设有一定出入。所以,根据问卷理论预期,按照因子载荷由高到低的顺序删除题项,然后重新进行探索性因素分析,在依次删除题项PSS5、PSS3、SJR7、SJR6、TAGS3、SMB5、TAGS2、PSS8、TAGS6后,将剩余的26个题项纳入因素分析,KMO和Bartlett球形检验结果见表5.14。KMO值为0.946,大于0.900,变量非常适合进行因素分析。此外,Bartlett球形检验的χ^2值为5 138.472,自由度为325,显著性概率值$P=0.000<0.05$,达到显著水平,拒绝虚无假设,适合进行因素分析。

表5.14 KMO与Bartlett球形检验结果

取样足够的KMO度量		0.946
Bartlett球形检验	χ^2	5 138.472
	自由度	325
	显著性概率	0.000

采用主成分分析法及直交转轴法(最大变异法)对问卷条目进行探索性因素分析,结果见表5.15。问卷提取的4个公因子能够解释变异的总量为59.018%,接近60%,提取的4个公因子能够较好地解释问卷数据所含信息。

表 5.15 解释变异总量

元件	起始特征值			提取平方和载入			循环平方和载入		
	总计	变异/%	累加/%	总计	变异/%	累加/%	总计	变异/%	累加/%
1	11.114	42.746	42.746	11.114	42.746	42.746	4.489	17.266	17.266
2	1.800	6.924	49.670	1.800	6.924	49.670	4.164	16.014	33.279
3	1.385	5.327	54.997	1.385	5.327	54.997	3.455	13.287	46.566
4	1.046	4.021	59.018	1.046	4.021	59.018	3.238	12.452	59.018
以下数据省略									

提取方法：主体元件分析。

此后采用直交转轴法(最大变异法),限定萃取因素个数为4来提取公因子,将系数按大小排序,将显示系数最小绝对值设置为0.45,转轴方法选择具有Kaiser标准化的正交旋转法,经过6次迭代计算后达到收敛状态,结果见表5.16。经过题项的删除调整后,本次提取的题项所属构面与问卷理论预期完全吻合。

表 5.16 旋转元件矩阵

	元件			
	1	2	3	4
PSS1	0.695			
PSS10	0.689			
PSS6	0.661			
PSS11	0.659			
PSS9	0.653			
PSS12	0.650			
PSS7	0.598			
PSS2	0.548			
TAGS10		0.741		
TAGS8		0.738		
TAGS9		0.717		
TAGS5		0.623		
TAGS7		0.583		
TAGS4		0.548		
TAGS1		0.452		
SMB3			0.781	

表5.16(续)

	元件			
	1	2	3	4
SMB2			0.721	
SMB1			0.689	
SMB4			0.650	
SMB7			0.546	
SMB6			0.533	
SJR3				0.748
SJR4				0.738
SJR2				0.678
SJR5				0.556
SJR1				0.551

根据探索性因子分析的结果,采用克龙巴赫 α 系数作为评价指标,分别计算4个构面的信度,检验结果见表5.17。各组成元素水平测量问卷包含的4个分问卷以及问卷总体的克龙巴赫 α 系数值均大于0.80,题项间一致性非常良好,信度良好。

表5.17 各分问卷信度检验结果

因子	TAGS	SMB	PSS	SJR	总体
题目数量	7	6	8	5	26
克龙巴赫 α 系数	0.859	0.852	0.886	0.853	0.937

最后,本书采用克龙巴赫 α 系数作为评价指标,对两个分问卷的整体信度进行检验,检验结果见表5.18。问卷整体的克龙巴赫 α 系数值大于0.80,题项间一致性非常良好,表示问卷整体信度良好。

表5.18 问卷整体信度检验结果

克龙巴赫 α 系数	基于标准化项目的克龙巴赫 α 系数	项目个数
0.965	0.966	54

综上所述,本书利用预调查数据对问卷进行项目、因素分析后,题项 TA1~TA3、SI1~SI3、TT1~TT3、OTE4、TAGS2、TAGS3、TAGS6、SMB5、PSS3、PSS4、PSS5、

PSS8、SJR6、SJR7予以删除,最终形成包含12个潜在变量、54个题项的社区媒介学习环境下成人自主学习调查正式问卷,问卷题目详见附录二。经过调整后的问卷具有良好的内部一致性与构建效度,这为研究模型假设的检验和修正提供了有效的工具。

二、研究实施

(一)问卷发放与数据回收

正式问卷形成后,同样选取参加公益课程学习的市民为研究对象,采用实地发放的方法进行正式问卷调查。在调查过程中发现,接受调查的部分市民年龄较大,由于问卷题项较多,对问卷题项理解有难度,在一定程度上影响了问卷调查的质量。所以在正式问卷发放过程中,以各类公益课程班级为单位,利用课间休息时间集中发放问卷,运用PPT对题项进行解读,现场指导市民填写问卷,并向完成问卷调查的市民发放礼品,上述措施在一定程度上保证了问卷的回收率和质量。共计发放问卷700份,回收有效问卷670份,有效率为95.71%,问卷数量超过题项数量的10倍,达到进行探索性因素分析与验证性因素分析的样本要求。

1. 描述性统计

通过对670位受访者的基本信息进行描述性统计,结果见表5.19,受访市民在性别、年龄、文化程度、职业分布上较为均衡,具有一定的代表性。

表5.19 被试人基本信息情况统计

被试特征	特征值	人数/人	占比/%
性别	男	235	35.1
	女	435	64.9
年龄	18~30岁	51	7.6
	31~40岁	98	14.6
	41~50岁	193	28.8
	51~60岁	260	38.8
	61岁以上	68	10.1

表5.19(续)

被试特征	特征值	人数/人	占比/%
文化程度	小学	41	6.1
	初中	96	14.3
	高中(职高)	214	31.9
	大专	193	28.8
	本科	114	17
	研究生及以上	12	1.8
职业	党政机关、事业单位	111	16.6
	军队	22	3.3
	国有企业	158	23.6
	民营企业	65	9.7
	个体企业	62	9.3
	三资企业	30	4.5
	社区	31	4.6
	下岗	98	14.6
	无业	36	5.4
	其他	57	8.5

2. 信度分析

在对社区媒介学习环境下技术支持的成人自主学习模型假设进行验证分析之前,为保证模型验证数据的适用性,对正式问卷调查数据进行了信度和效度检验。

本书运用 SPSS 统计分析软件的"可靠性分析"功能计算克龙巴赫 α 系数,作为问卷数据信度的评价指标。检验结果见表 5.20 和表 5.21。各分问卷克龙巴赫 α 系数值均在 0.700~0.900 之间,问卷数据信度良好。

表5.20 技术接受模型(TAM)分问卷信度检验结果

因子	C	OTE	RP	TS	EEA	PU	PEOU	AU	整体
题目数量	4	3	3	3	4	4	3	4	28
克龙巴赫 α 系数	0.838	0.719	0.735	0.771	0.807	0.856	0.852	0.866	0.934

表 5.21　自主学习(SRL)分问卷信度检验结果

因子	TAGS	SMB	PSS	SJR	整体
题目数量	7	6	8	5	26
克龙巴赫 α 系数	0.855	0.864	0.888	0.857	0.948

3. 效度分析

采用探索性因素分析法对问卷的效度进行检验,首先对数据进行 KMO 和 Bartlett 球形检验,检验结果见表 5.23 和表 5.23。KMO 值分别为 0.930、0.959,大于 0.900,表示变量非常适合进行因素分析。此外,Bartlett 球形检验的 χ^2 值分别为 9 556.464、9 318.345,自由度分别为 378、325,显著性概率值 $P = 0.000 < 0.05$,达到显著水平,拒绝虚无假设,适合进行因素分析。

表 5.22　技术接受模型(TAM)分问卷 KMO 与 Bartlett 检验结果

取样足够的 KMO 度量		0.930
Bartlett 球形检验	χ^2	9 556.464
	自由度	378
	显著性概率	0.000

表 5.23　自主学习(SRL)分问卷 KMO 与 Bartlett 检验结果

取样足够的 KMO 度量		0.959
Bartlett 球形检验	χ^2	9 318.345
	自由度	325
	显著性概率	0.000

在此基础上,本书采用主成分分析法及直交转轴法(最大变异法)对题项数据进行探索性因素分析,分别限定萃取因素个数为 8、4 来提取公因子,将系数按大小排序,将显示系数最小绝对值设置为 0.45,转轴方法选择具有 Kaiser 标准化的正交旋转法,两个分问卷数据均经过 7 次迭代计算后达到收敛状态,结果见表 5.24 和表 5.25。提取的题项所属构面与理论预期完全吻合,问卷效度良好。

表5.24 技术接受模型(TAM)分问卷旋转元件矩阵

	元件							
	1	2	3	4	5	6	7	8
C2	0.796							
C3	0.781							
C1	0.765							
C4	0.670							
EEA2		0.783						
EEA3		0.768						
EEA1		0.661						
EEA4		0.641						
AU1			0.719					
AU3			0.698					
AU2			0.692					
AU4			0.609					
PU2				0.745				
PU3				0.722				
PU1				0.668				
PU4				0.598				
PEOU2					0.860			
PEOU1					0.827			
PEOU3					0.690			
TS2						0.790		
TS3						0.781		
TS1						0.673		
RP2							0.812	
RP1							0.758	
RP3							0.626	
OTE2								0.811
OTE1								0.694
OTE3								0.576

表 5.25　自主学习(SRL)分问卷旋转元件矩阵

	元件			
	1	2	3	4
PSS10	0.723			
PSS9	0.691			
PSS6	0.686			
PSS12	0.651			
PSS11	0.631			
PSS7	0.614			
PSS1	0.613			
PSS2	0.567			
TAGS10		0.776		
TAGS9		0.754		
TAGS8		0.709		
TAGS4		0.565		
TAGS7		0.555		
TAGS5		0.499		
TAGS1		0.451		
SMB3			0.760	
SMB2			0.729	
SMB1			0.669	
SMB4			0.663	
SMB6			0.543	
SMB7			0.497	
SJR3				0.742
SJR4				0.728
SJR2				0.703
SJR1				0.557
SJR5				0.464

(二)结构方程模型拟合度检验

采用结构方程模型(Structural Equation Model,SEM)分析法,对技术支持的成人自主学习问卷调查数据进行分析,运用 AMOS 22.0 软件完成模型拟合、修正与参数估计,最终确定技术支持的自主学习的过程及因素,从而构建出社区媒介学习环境下技术支持的成人自主学习模型。

1. 模型探索

根据前面提出的模型假设,研究运用 AMOS 22.0 软件绘制出初始理论假设结构模型,如图 5.3 所示,模型中所包含变量分别为"责任感"(C)、"经验开放性"(OTE)、"风险倾向"(RP)、"技术支持可用性"(TS)、"外部设备可访问性"(EEA)、"自主学习计划阶段的任务分析"(TAGS)、"自主学习计划阶段的自我激励信念"(SMB)、"运用信息技术学习的感知易用性"(PEOU)、"运用信息技术学习的感知有用性"(PU)、"运用信息技术学习的态度"(AU)、"运用信息技术学习的形为表现"(PSS)"运用信息技术学习的自我反思"(SJR),共计 12 个潜在变量。考虑到自主学习计划阶段所包含的"自主学习计划阶段的任务分析"及"自主学习计划阶段的自我激励信念"的两个变量题项较多,根据研究需要,将两个变量求和平均后作为自主学习计划阶段变量的两个显变量进行下一步的模型验证分析。

2. 模型适配度检验和评价

将问卷调查采集的 670 份数据导入 AMOS 22.0 软件,采用基于协方差最大似然法(Maximum Likelihood Estimation)对参数进行估计,实现模型假设的检验与修正。

模型的适配(Fit)指的是假设的理论模型与实际数据的一致性程度,在模型估计的过程中,模型假设隐含的协方差矩阵与样本协方差矩阵越接近,表示模型的适配度越佳。采用协方差最大似然法对模型参数进行估计的过程中,对模型整体适配度进行评价需要综合考虑以下指标。

(1)卡方值(χ^2)

χ^2 的大小表示模型的因果路径图与实际数据的适配情况,当 χ^2 不显著($P>0.05$)时,表示模型因果路径图与实际数据不一致的可能性较小,当 $\chi^2=0$ 时,表示模型假设与数据十分适配;而 χ^2 显著时,则表示假设模型与数据矩阵不适配。同时,χ^2 对样本数量的影响非常敏感,χ^2 检验最理想的样本数量为 100~200,而本书问卷调查的样本数量远超 200,所以模型的整体适配情况还需要综合考虑其他评价指标。

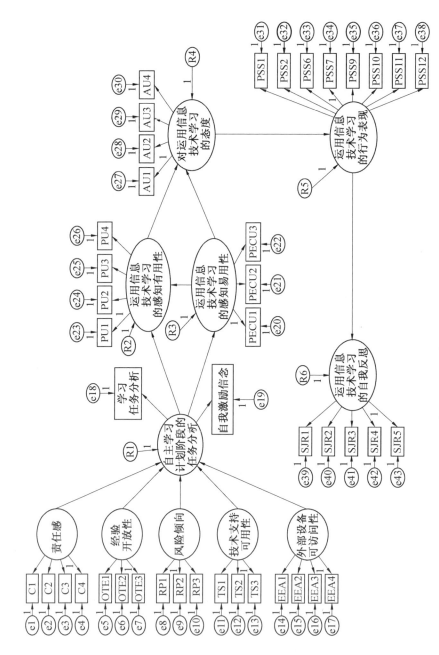

图 5.3 社区媒介学习环境下技术支持的成人自主学习结构模型

(2)卡方自由度比

卡方自由度比是卡方与自由度的比值(χ^2/df),是检验模型适配程度的重要指标,该数值越小,表示模型适配程度越好。一般认为卡方自由度比值介于 1~3 之间表示模型适配良好。

(3)RMR、SRMR 和 RMSEA

残差值是反映结构方程模型适配程度的另外一个参数指标,由于计算方式不同,基本上有四种残差值的差异形态。RMR 代表残差均方和平方根,RMR 值越小,表示模型的适配程度越高,同时为了避免残差值未标准化造成 RMR 值大小不一的现象,需要将残差值进行标准化计算,使其不受测量单位尺度的影响,从而产生标准化残差均方和平方根(SRMR),一般而言,RMR 与 SRMR 值在 0.05 以下表示模型适配良好。

RMSEA 为渐进残差均方和平方根,根据近似差异值的概念估算而来,其值越小,表示模型的适配度越高。当 RMSEA 的数值高于 0.10 以上时,表示模型适配度欠佳;数值在 0.08~0.10 之间,表示模型适配度尚可;数值在 0.05~0.08 之间,表示模型适配良好;数值小于 0.05,表示适配程度非常好。

(4)GFI 和 AGFI

GFI 为适配度指数,用来表示样本数据观察矩阵与理论建构复制矩阵之差的平方和与观察的方差的比值。该数值越大,表示模型的适配度越高,数值越小,表示适配度越低。AGFI 代表调整后适配度指数,可保证 GFI 值不受测量单位影响,通过调整 GFI 值计算得出,当 GFI、AGFI 的值大于 0.80 时,表示模型路径与实际数据适配程度良好。

(5)增值适配度统计量

增值适配度统计量是通过理论模型与基准线模型适配程度的比较来考察模型的适配度,主要包括 5 种适配度统计指标,分别为 NFI、RFI、IFI、TLI 和 CFI。上述统计量数值大多介于 0~1 之间,数值越接近 1,表示模型适配程度越好,一般而言,当数值大于 0.90 时,表示模型适配情况可以接受。本书对模型适配情况进行评价时,选取 IFI、TLI 和 CFI 作为该项统计量的判定指标。

(6)简约适配统计量

简约适配统计量表示模型的精简程度,主要包括 AIC、CAIC、PNFI、PGFI、CN 等多个评价指标,本书选取 PNFI、PGFI、CN 作为评价指标对模型假设的简约适配情况进行判断。PNFI 为简约调整后的规准适配指数(NFI),主要用于不同自由度模型间的比较,该值越高越好,一般认为 PNFI 值在 0.50 以上表示模型适配情况可以接受。PGFI 代表简约适配度指数,其值介于 0~1 之间,数值越大,表示模型适配程度越高,模型越简约,PGFI 值大于 0.50 以上表示理论模型可以接受。

CN 值表示临界样本数,是指要达到理论模型适配所需要的最小样本量值,当 CN 值大于 200 时,表示该理论模型能够适当反映实际样本的性质。

以上模型适配度检验评价指标所反映的是模型假设与样本数据的拟合程度,单一指标无法全面地判断模型假设的质量,需要先对上述指标进行综合分析再对模型进行评价,判断模型是否需要修正。所以,本书对模型假设采用基于协方差最大似然法对参数进行估计,评价结果见表5.26。卡方值(χ^2)、卡方自由度比(χ^2/df)、RMR、SRMR 值及增值适配度统计量(IFI、TLI 和 CFI)均略偏离适配标准或临界值,证明技术支持的成人自主学习模型适配情况不理想,需要利用 AMOS 软件对模型进行进一步修正。

表 5.26 模型适配情况评价结果

适配指标名称	模型分析结果	适配标准或临界值	模型适配判定
卡方值(χ^2)	$P=0.00$	显著性概率值 $P>0.05$	否
卡方自由度比(χ^2/df)	3.08	介于 1~3 之间	否
RMR	0.06	<0.05	否
SRMR	0.068 1	<0.05	否
RMSEA	0.06	<0.05(适配良好),<0.08(适配合理)	是
GFI	0.84	>0.80	是
AGFI	0.82	>0.80	是
IFI	0.89	>0.90	否
TLI	0.88	>0.90	否
CFI	0.89	>0.90	否
PNFI	0.79	>0.05	是
PGFI	0.74	>0.05	是
CN	235	>200	是

(三)模型修正

模型参数估计后,若适配度不理想,可以在一定的理论基础上,在不违反假设的前提下对模型进行调整。调整的具体原则:外衍潜变量与内衍潜变量的观察变量之间不能存在直接关系,内衍潜变量与外衍潜变量的观察变量之间不能存在直接关系,内衍潜变量的观察变量与外衍潜变量的观察变量之间不能存在直接关系,各测量模型观察变量的残差与模型中的潜变量不能存在相关关系,观察变量的残差之间可以存在相关关系,但不能建立因果关系。所以,在上述模型修正原则基础上,对 AMOS 22.0 软件输出的修正指标进行筛选,并根据指标对模型进行修正,见表 5.27。

表 5.27　筛选后修正指标

	修正指数	修正指标
e32↔e31	56.83	0.15
e23↔e24	43.83	0.08
e35↔e36	33.71	0.13
e25↔e26	28.22	0.08
e42↔e41	24.88	0.08
e4↔e3	24.14	0.09
e37↔e38	23.57	0.08
e2↔e1	23.44	0.06
e34↔e33	21.79	0.1
e9↔e8	21.08	0.12

每进行一次修正都会对模型适配情况进行重新评估,根据评估结果进行下一次修改,直至各适配指标均达到较为理想的评价结果,见表 5.28。修正后模型适配情况得到了较大的改善。

表 5.28　修正后模型适配情况评价结果

适配指标名称	模型分析结果	适配标准或临界值	模型适配判定
卡方值(χ^2)	$P=0.00$	显著性概率值 $P>0.05$	否
卡方自由度比(χ^2/df)	2.72	介于 1~3 之间	是
RMR	0.05	<0.05	是
SRMR	0.0617	<0.05	否
RMSEA	0.05	<0.05(适配良好) <0.08(适配合理)	是
GFI	0.86	>0.80	是
AGFI	0.84	>0.80	是
IFI	0.91	>0.90	是
TLI	0.90	>0.90	是

表5.28(续)

适配指标名称	模型分析结果	适配标准或临界值	模型适配判定
CFI	0.91	>0.90	是
PNFI	0.79	>0.05	是
PGFI	0.74	>0.05	是
CN	235	>200	是

如表5.28所示,卡方值(χ^2)显著性检验值$P=0.00$小于0.05,未达到适配标准。但卡方值对样本数量影响非常敏感,Rigdon认为,使用真实世界数据来评价理论模型时,卡方值统计通常的实质性帮助不大,因为卡方值受估计参数及样本数影响很大。① 吴明隆认为,卡方值最适用的样本数量为100~200,如果采用问卷调查法,通常样本数量在200以上,因而整体模型是否适配需再参考其他适配度指标。② 而本书样本数量为670,远超过样本量200的标准,所以卡方值对本书模型适配情况的评价参考意义不大,本书将综合其他指标来判断模型整体适配情况。

在残差值方面,RMR的值为0.05,SRMR的值为0.0617,分别等于和略大于指标的适配标准0.05,但由于模型的自由度($df=828$)较大,因此本书认为上述两项指标偏大可能受到自由度的影响,属于可以接受范围内的结果。③ 其余适配情况评价指标经过模型修正均达到适配标准或者临界值。其中卡方自由度比(χ^2/df)为2.72,介于1~3之间,已经达到标准;RMSEA调整为0.05,表示模型适配良好;增值适配度统计量(IFI、TLI和CFI)均达到0.90的标准;简约适配统计量中PNFI与PGFI分别为0.79、0.74,大于标准值0.50,CN值为235,大于标准值200,表示模型简约适配情况达到标准。达到适配标准的社区媒介学习环境下技术支持的成人自主学习模型如图5.4所示。

综上所述,假设模型经过修正后,模型中各项重要评价指标均已达标,证明修正后的模型与数据适配度良好,在此基础上,研究可以通过进一步的参数估计对模型假设进行检验,最终确定社区媒介学习环境下技术支持的成人自主学习过程以及相关因素的结构与定量关系。

---

① 刘媛媛,赵建丽. 管理层激励、投融资行为与公司风险[J]. 会计之友,2013(3):85-92.
② 吴明隆. 结构方程模型:AMOS的操作与应用[M]. 重庆:重庆大学出版社,2010.
③ 张哲. 职前教师的采纳技术教学行为影响因素研究[D]. 长春:东北师范大学,2016.

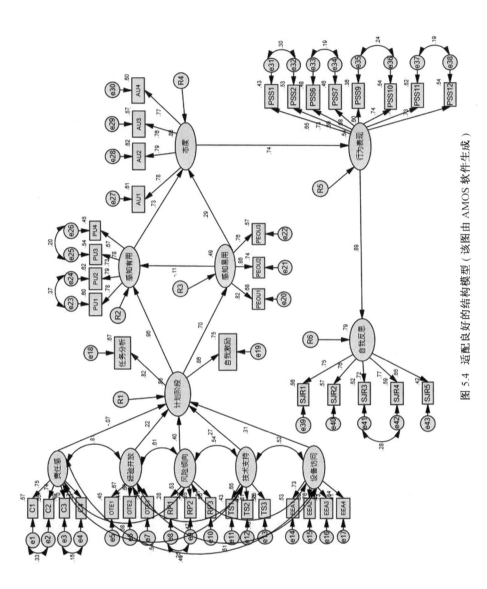

图 5.4 适配良好的结构模型（该图由 AMOS 软件生成）

(四)模型假设检验

本书在采用最大似然法对模型进行标准化回归系数与相关系数估计的同时,对系数显著性进行检验,探究模型中各潜变量的定量关系,进而对模型假设进行进一步的检验。模型潜在变量的标准化回归系数表见表5.29。本书根据模型假设提出潜变量因果关系的大部分假设均得以验证。但假设H1显著性检验 $P=0.34$,大于0.05,C.R.$=-0.95$,小于1.96,假设不成立;假设H6显著性检验,虽然 $P=0.02$,小于0.05,符合标准,但C.R.$=-2.26$,小于1.96,且感知有用性与感知易用性的路径系数为-0.1,所以该假设不成立。

表5.29 潜在变量的标准化回归系数表

	估计值	S.E.	C.R.	P
责任心→自主学习计划阶段的任务分析	-0.07	0.07	-0.95	0.34
经验开放性→自主学习计划阶段的任务分析	0.24	0.08	2.85	0
技术支持可用性→自主学习计划阶段的任务分析	0.23	0.04	6.15	***
风险倾向→自主学习计划阶段的任务分析	0.4	0.05	7.73	***
外部设备可访问性→自主学习计划阶段的任务分析	0.33	0.04	7.57	***
自主学习计划阶段的任务分析→运用信息技术学习的感知易用	0.96	0.05	16.67	***
自主学习计划阶段的任务分析→运用信息技术学习的感知有用	0.70	0.07	16.08	***
运用信息技术学习的感知易用→运用信息技术学习的感知有用	-0.1	0.04	-2.26	0.02
运用信息技术学习的感知易用→运用信息技术学习的态度	0.26	0.03	7.68	***
运用信息技术学习的感知有用→运用信息技术学习的态度	0.74	0.05	15.3	***

表 5.29(续)

	估计值	S.E.	C.R.	P
运用信息技术学习的态度→运用信息技术学习的行为表现	0.67	0.05	14.62	***
运用信息技术学习的行为表现→运用信息技术学习的自我反思	0.98	0.06	16.21	***

根据模型假设检验结果,将"责任心→自主学习计划阶段的任务分析""运用信息技术学习的感知易用→运用信息技术学习的感知有用"两条路径从模型假设中删除,此后运用 AMOS 22.0 软件采用基于协方差最大似然法对模型适配情况进行重新评估,修正后模型适配情况评价结果见表 5.30,模型潜在变量的标准化回归系数见表 5.31。

表 5.30　修正后模型适配情况评价结果

	估计值	S.E.	C.R.	P
经验开放性→自主学习计划阶段的任务分析	0.2	0.05	3.87	***
技术支持可用性→自主学习计划阶段的任务分析	0.22	0.04	6.27	***
风险倾向→自主学习计划阶段的任务分析	0.4	0.05	7.74	***
外部设备可访问性→自主学习计划阶段的任务分析	0.33	0.04	7.48	***
自主学习计划阶段的任务分析→运用信息技术学习的感知易用	0.89	0.05	20.27	***
自主学习计划阶段的任务分析→运用信息技术学习的感知有用	0.97	0.05	16.73	***
运用信息技术学习的感知易用→运用信息技术学习的态度	0.23	0.03	6.95	***
运用信息技术学习的感知有用→运用信息技术学习的态度	0.76	0.05	15.15	***
运用信息技术学习的态度→运用信息技术学习的行为表现	0.67	0.05	14.65	***

续表5.30

	估计值	S.E.	C.R.	P
运用信息技术学习的行为表现→运用信息技术学习的自我反思	0.98	0.06	16.24	***

表5.31 潜在变量标准化回归系数表

适配指标名称	模型分析结果	适配标准或临界值	模型适配判定
卡方值(χ^2)	$P=0.00$	显著性概率值 $P>0.05$	否
卡方自由度比(χ^2/df)	2.96	介于1~3之间	是
RMR	0.05	<0.05	是
SRMR	0.0639	<0.05	否
RMSEA	0.05	<0.05（适配良好）<0.08（适配合理）	是
GFI	0.86	>0.80	是
AGFI	0.84	>0.80	是
IFI	0.91	>0.90	是
TLI	0.90	>0.90	是
CFI	0.91	>0.90	是
PNFI	0.79	>0.05	是
PGFI	0.74	>0.05	是
CN	247	>200	是

由表5.31所示，模型中各项重要评价指标均已达标，模型适配度良好，除假设H1、H6不成立外，其余假设均得到验证。

综上所述，初始模型假设经检验与修正后，形成社区媒介学习环境下技术支持的成人自主学习模型，如图5.5所示。

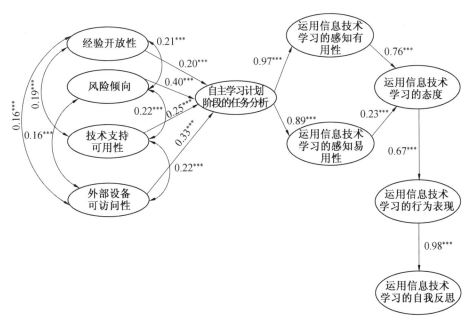

图 5.5　社区媒介学习环境下技术支持的成人自主学习结构模型

三、研究结论

本章选取参加公益学习的成人学习者为研究对象,在人格五因素理论、技术接受模型与自主学习模型的基础上,结合研究对象特点,构建了社区媒介学习环境下技术支持的成人自主学习模型,探究了社区媒介学习环境下技术支持的成人自主学习的过程与影响因素,从而确定了社区媒介学习环境下成人自主学习的因素与作用机制,具体结论如下。

(一)社区媒介学习环境下成人自主学习过程

通过对模型的整体分析可知,技术支持的成人自主学习行为起始于自主学习的计划阶段,成人的经验开放性与风险倾向两个内部因素,以及技术支持可用性与外部设备可访问性两个外部因素,通过对自主学习计划阶段的任务分析与自我激励信念的促进作用,产生成人对技术的感知易用性与感知有用性产生正向影响,提升学习者对运用信息技术学习的满意度与偏爱度,促使学习者对运用信息技术学习产生良好的态度,进而产生运用信息技术学习的行为表现,最后通过自我判断与自我反应,对学习过程进行反思,从而积累学习经验,促进学习者今后运用信息技术进行自主学习。

(二)社区媒介学习环境下成人自主学习因素与作用机制

本书通过社区媒介学习环境下成人自主学习过程的分析发现,社区媒介学习环境下成人自主学习的内、外部影响因素,以及支持自主学习的各个过程因素,均对技术支持的成人自主学习的形成与发展发挥了重要的作用,是社区媒介学习环境下成人自主学习的重要组成因素。因此,根据社区媒介学习环境下的成人学习者结构模型,本书将社区媒介学习环境下成人学习者因素划分为内部影响因素、外部影响因素及过程性因素三个维度,其中内部影响因素包括经验开放性与风险倾向两个因素;外部影响因素包括技术支持可用性与外部设备可访问性两个因素;过程性因素包括自主学习计划阶段的任务分析、运用信息技术学习的感知易用性、运用信息技术学习的感知有用性、运用信息技术学习的态度、运用信息技术学习的行为表现及运用信息技术学习的自我反思六个因素,各因素间的作用机制如下。

1. 内部影响因素

对于成人个人而言,经验开放性、风险倾向作为内部影响因素通过自主学习计划阶段的任务分析和自我激励信念对学习过程的各个阶段产生间接影响。通过定量分析可知,风险倾向对成人运用信息技术学习的影响远大于经验开放性。而责任感作为人格特征变量对成人运用信息技术自主学习产生正向影响的假设没有成立。

上述结论一方面说明成人自身的经验开放性、接受或规避风险的倾向能够对其运用信息技术自主学习行为产生影响,经验开放性、风险倾向高的学习者更易于接受信息技术,运用信息技术进行自主学习;另一方面,由于研究对象为利用业余时间参加公益学习的成人学习者是完全自愿的,学习者学习动机较强,所以学习者本身具有较高的责任感,导致模型中责任感对运用信息技术进行自主学习的影响不明显。

2. 外部影响因素

在外部影响因素方面,技术支持可用性和外部设备可访问性两个外部影响因素通过自主学习计划阶段的任务分析和自我激励信念对学习过程的各个阶段产生正向影响。通过定量分析可知,二者的影响程度基本相同。

上述结论一方面说明容易掌握、访问的必要技术和设备是学习者运用信息技术自主学习的重要前提条件,同时,在成人运用信息技术学习前以及学习过程中得到有力的技术支持也能够从一定程度上促进学习者自主学习行为的形成与保持。

3. 过程性因素

在成人运用信息技术自主学习的过程中，运用信息技术学习的感知易用性和感知有用性通过运用信息技术学习的态度，对学习表现产生正向影响，学习表现对自主学习的自我反思产生正向影响。从定量关系上看，成人对信息技术的感知有用性与感知易用性虽然均对学习态度产生正向影响，但感知有用性对学习态度的影响远强于感知易用性，并且运用信息技术学习的感知易用性与感知有用性正相关的假设没有成立。

上述结论，一方面由于大多数成人学习者对信息技术以及各类终端的使用有一定的基础，所以导致运用信息技术学习的感知易用性并未对感知有用性产生影响；另一方面，由于成人学习者的学习功利性较强，希望通过学习尽快解决工作、生活中的实际问题，所以运用信息技术学习的感知有用性是促使成人使用信息技术的主要因素，上述原因导致该假设没有得到验证。

本章小结

本章以社区成人学习者为研究对象，运用结构方程模型分析法对社区媒介学习环境下技术支持的成人技术支持自主学习模型假设中的内部因素、外部因素、过程性因素以及各因素间的结构关系进行检验，确定了社区媒介学习环境下技术支持成人自主学习影响因素与作用机制。技术支持的成人自主学习的内部影响因素包括经验开放性和风险倾向两个因素；外部影响因素包括技术支持可用性和外部设备可访问性两个因素；过程性因素包括自主学习计划阶段的任务分析、运用信息技术学习的感知易用性、运用信息技术学习的感知有用性、运用信息技术学习的态度、运用信息技术学习的行为表现及运用信息技术学习的自我反思六个因素。至此，本章完成了技术支持社区媒介学习环境设计中成人学习者要素的研究，如图 5.6 所示，在此基础上将在第六章进行资源工具与成人学习者关系要素的研究，进而完 TECMLE 实践模型的构建。

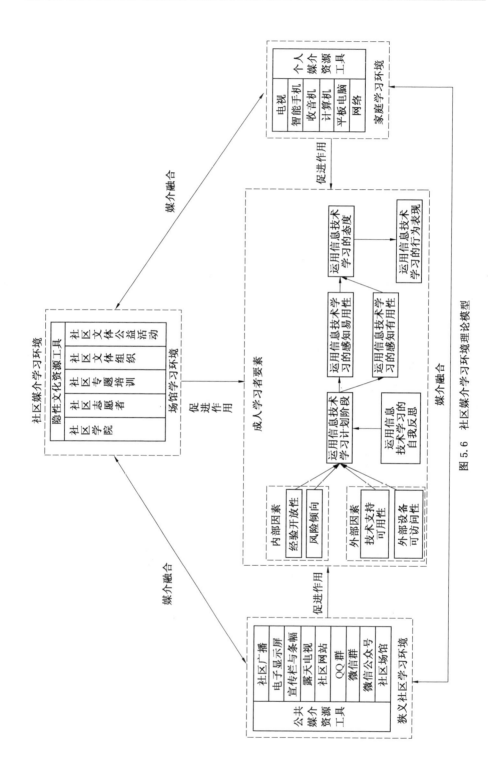

图 5.6 社区媒介学习环境理论模型

第六章 面向设计的社区媒介学习环境实践模型构建

第四章社区媒介学习环境资源工具构成与发展状况的明确,以及第五章社区媒介学习环境下成人自主学习因素与作用机制的确定,为技术支持的社区媒介学习环境(TECMLE)实践模型的构建奠定了基础。本章采用德尔菲法构建社区媒介资源工具与技术支持的成人自主学习因素对应矩阵,明确社区媒介学习环境与成人学习者的对应关系,并采用基于扎根理论的质性访谈法进行实证检验,将社区媒介学习环境框架中"资源工具"与"成人学习者"两个要素有机地整合,在理论模型的基础上,面向社区媒介学习环境的设计,提出 TECMLE 实践模型(图 6.1),完成社区媒介学习环境资源工具要素与成人学习者要素关系的研究,为 TECMLE 实践模型设计过程与设计策略的提出奠定基础。

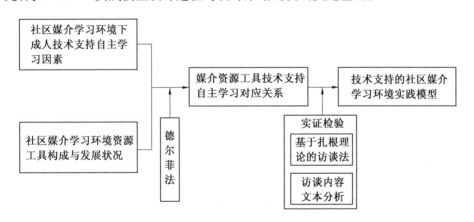

图 6.1 TECMLE 实践模型构建路径

一、社区媒介学习环境与自主学习对应关系分析

德尔菲法又称专家意见法或专家调查法,是根据某一特定问题,邀请相关领域的专家对问题进行预测并最终达成一致的预测结果的群体决策行为。德尔菲法具备资源利用充分性、最终结论的可靠性及统一性的特点,且简单易行,兼具科学性与实用性。本书基于德尔菲法的上述特点,结合本书的实际,在第三、四

章研究结论的基础上,采用德尔菲法建立社区媒介资源工具与技术支持的成人自主学习因素的对应关系。

(一)基于德尔菲法的对应关系建立

1. 研究对象

根据德尔菲法的要求,专家或管理人员数量可以根据研究项目的大小和涉及面的宽窄而定,一般在 8~20 人左右为宜。① 由于本书涉及传播学、教育技术学、社区教育等相关研究领域,共邀请 18 位相关领域的专家进行调查。其中男性女性专家各 9 人;传播学领域专家 2 人、教育技术学领域专家 14 人、社区教育专家 2 人;在学历构成方面,博士学历占比 11%,硕士学历占比 89%;在职称构成方面,教授职称占比 17%,副教授职称占比 56%,讲师职称占比 27%。此外,本次邀请的社区教育领域专家均就职于社区、公益教育机构,具有 10 余年的社区教育从业经验,掌握当前社区教育发展状况与存在的问题;传播学、教育技术学专家均在教学一线,一直从事相关领域的科研工作,经验丰富。专家具备专业性与权威性,能够满足本书的需要。

2. 咨询问卷的编制与发放

本书采用自编的问卷作为咨询工具,将技术支持的成人自主学习因素转换为通俗易懂的表达方式作为题干,社区内各类媒介资源工具作为选项,以多项选择题目的方式,形成具有 15 个题项的"社区媒介资源工具与技术支持的成人自主学习对应关系咨询问卷"对专家进行咨询(问卷详见附录三)。

为保证专家意见及观点的有效收集与反馈,本书决定使用问卷星工具发放专家咨询问卷,并收到了全部专家的反馈意见。绝大多数专家能够根据自己的研究与实践经验对咨询问卷提出修改意见,部分专家在问卷填写的过程中对个别题项提出异议或对题项的含义进行咨询,笔者针对相关问题进行耐心解答,保证了专家咨询意见的真实客观性。

3. 咨询过程与结果分析

专家咨询过程主要分为三个阶段。第一阶段向受邀专家发放"社区媒介资源工具与技术支持的成人自主学习对应关系咨询问卷",问卷回收后对调查结果进行统计,统计汇总出各题项中不同选项的选择次数分布情况。第二阶段向专家公布第一阶段数据分析结果,专家通过对统计数据的研判后进行第二轮问卷

---

① 孙晓娥.扎根理论在深度访谈研究中的实例探析[J].西安交通大学学报(社会科学版),2011,31(6):87-92.

咨询。第三阶段通过对两轮问卷咨询的结果分析,对数据各对应关系进行综合判断得出最终结论。

(1) 专家的积极系数

专家的积极系数代表咨询问卷的回收率,能够体现专家对调查研究的重视程度。本次调研所进行的两轮专家咨询调查问卷的回收率均为100%,表明所有专家均能认真对待本次咨询调研,参与的积极性非常高。

(2) 专家权威程度

专家的权威程度是德尔菲法的重要影响因素,对专家预测的准确度及咨询结果的有效性具有决定性影响。权威程度(Cr)由专家判断系数(Ca)与专家熟悉系数(Cs)决定,具体计算方式为 Cr=(Ca+Cs)/2,Cr 值在 0~1 之间,数值越大,说明专家的权威程度越高。

本书分别制定了判断依据与熟悉程度系数表,见表6.1和表6.2,经过计算 Ca=0.86,Cs=0.79,所以本次咨询中的专家权威程度值为 Cr=0.83,大于0.7,证明本书的专家权威程度符合要求。

表6.1 专家判断系数(Ca)

判断依据	对专家判断的影响程度		
	大	中	小
实践经验	0.5	0.4	0.3
理论分析	0.3	0.2	0.1
同行的了解	0.1	0.1	0.1
直觉	0.1	0.1	0.1

表6.2 专家熟悉系数(Cs)

熟悉程度	系数
很熟悉	1.00
熟悉	0.75
一般	0.50
不熟悉	0.25
很不熟悉	0.00

(3) 纳入原则的制定与数据分析

本书使用 SPSS 统计分析软件对调查数据进行统计分析,分别计算出两轮专家咨询认定的各社区媒介资源数量与百分比,对专家第二轮调查咨询各题项结果数据进行均值(集中度)计算,计算结果见表6.3。将均值计算结果作为筛选数据的标准,各题项中高于或等于均值的数据视为符合研究标准的数据,能够最大限度地反映各专家对相应题目中对应关系的看法,具体数据分析流程如下。

表6.3 各题项平均值分析

题目序号	N	最小值	最大值	平均数	标准偏差
题目1	21	1.00	16.00	5.7143	4.32600
题目2	21	0.00	12.00	4.6190	3.21677
题目3	21	1.00	14.00	5.4762	4.04499
题目4	21	1.00	16.00	5.7143	4.72380
题目5	21	0.00	16.00	5.7619	4.48224
题目6	21	1.00	15.00	5.4762	4.38884
题目7	21	0.00	15.00	5.2381	3.75373
题目8	21	0.00	14.00	4.8095	4.10632
题目9	21	0.00	15.00	5.1429	4.92225
题目10	21	1.00	14.00	5.3333	4.28174
题目11	21	0.00	14.00	4.6190	3.96833
题目12	21	0.00	13.00	4.1905	3.84212
题目13	21	0.00	13.00	4.7143	4.80773
题目14	21	0.00	14.00	4.2381	4.36926
题目15	21	0.00	16.00	5.1905	5.42788
有效的N值	21				

①内部影响因素:经验开放性。

社区媒介资源促进居民信息技术支持自主学习的经验开放性的对应关系数据分析见表6.4。通过计算,第二轮问卷咨询结果的均值为5.71,所以对提升居民经验开放性有促进作用的社区媒介资源有电子显示屏、宣传栏与条幅、QQ群、微信群、微信公众号、智能手机、计算机、平板电脑、有线网络及无线网络。

表6.4　内部影响因素:经验开放性

咨询轮次	社区广播	电子显示屏	宣传栏与条幅	露天电视	社区网站	QQ群	微信群	微信公众号	场馆资源	电视	智能手机	收音机	计算机	平板电脑	有线网络	无线网络	社区学院	社区志愿者	特色专题培训	社区各类文体组织	社区文体公益活动
第一轮	3(17)	6(33)	3(17)	5(28)	4(22)	8(44)	13(72)	15(83)	2(11)	8(44)	13(72)	5(27)	10(56)	8(44)	5(28)	6(33)	2(11)	2(11)	5(28)	1(6)	2(11)
第二轮	1(6)	6(33)	6(33)	2(11)	4(22)	8(44)	15(80)	10(56)	2(11)	4(22)	13(72)	3(17)	9(50)	9(50)	6(33)	9(50)	3(17)	3(17)	5(28)	1(6)	1(6)

②内部影响因素:风险倾向。

社区媒介资源促进居民信息技术支持自主学习的风险倾向的对应关系数据分析见表6.5。通过计算,第二轮问卷咨询结果的均值为4.62,所以对居民风险倾向提升有促进作用的社区媒介资源有QQ群、微信群、微信公众号、智能手机、计算机、平板电脑、无线网络及特色专题培训。

表6.5　内部影响因素:风险倾向

咨询轮次	社区广播	电子显示屏	宣传栏条幅	露天电视	社区网站	QQ群	微信群	微信公众号	场馆资源	电视	智能手机	收音机	计算机	平板电脑	有线网络	无线网络	社区学院	社区志愿者	特色专题培训	社区各类文体组织	社区文体公益活动
第一轮	4(22)	4(22)	4(22)	3(17)	4(22)	7(39)	8(44)	7(39)	4(22)	4(22)	7(39)	2(11)	5(28)	4(22)	4(22)	5(28)	4(22)	4(22)	5(28)	5(28)	3(17)
第二轮	3(17)	3(17)	3(17)	2(11)	3(17)	8(44)	11(61)	7(39)	0(0)	3(17)	12(67)	2(11)	8(44)	7(39)	4(22)	7(39)	3(17)	3(17)	5(28)	2(11)	2(11)

③外部影响因素:技术支持可用性。

社区媒介资源促进居民信息技术支持自主学习的技术支持可用性的对应关系数据分析见表6.6。通过计算,第二轮问卷咨询结果的均值为5.48,所以能够为社区居民提供必要技术支持的社区媒介资源有宣传栏与条幅、社区网站、QQ群、微信群、微信公众号、场馆资源、智能手机、计算机、平板电脑、无线网络、社区学院、社区志愿者及特色专题培训。

表6.6　外部影响因素：技术支持可用性

咨询轮次	社区广播	电子显示屏	宣传栏与条幅	露天电视	社区网站	QQ群	微信群	微信公众号	场馆资源	电视	智能手机	收音机	计算机	平板电脑	有线网络	无线网络	社区学院	社区志愿者	特色专题培训	社区文体组织	社区各类文体公益活动
第一轮	1(6)	3(17)	1(6)	1(6)	3(17)	10(6)	13(72)	11(61)	2(11)	6(33)	14(8)	4(22)	9(50)	10(6)	5(28)	9(50)	5(28)	3(28)	5(28)	4(22)	4(22)
第二轮	1(6)	2(11)	6(33)	2(11)	6(33)	9(50)	10(56)	8(44)	6(33)	2(11)	10(56)	1(6)	8(44)	9(50)	4(22)	7(39)	6(33)	6(33)	6(33)	3(17)	3(17)

④外部影响因素：外部设备可访问性。

社区媒介资源促进居民信息技术支持自主学习的外部设备可访问性的对应关系数据分析见表6.7。通过计算，第二轮问卷咨询结果的均值为5.71，所以能够对成人运用信息技术学习使用的各类终端、软件的操作与使用产生促进作用的社区媒介资源有宣传栏与条幅、QQ群、微信群、微信公众号、智能手机、计算机、平板电脑、无线网络、社区学院、社区志愿者及特色专题培训。

表6.7　外部影响因素：外部设备可访问性

咨询轮次	社区广播	电子显示屏	宣传栏与条幅	露天电视	社区网站	QQ群	微信群	微信公众号	场馆资源	电视	智能手机	收音机	计算机	平板电脑	有线网络	无线网络	社区学院	社区志愿者	特色专题培训	社区文体组织	社区各类文体公益活动
第一轮	3(17)	5(28)	4(22)	4(22)	13(72)	16(89)	11(61)	6(33)	7(39)	11(61)	7(39)	9(50)	9(50)	6(33)	3(16)	3(16)	4(22)	1(6)	1(6)		
第二轮	1(6)	2(11)	6(33)	1(6)	3(17)	9(50)	13(72)	10(56)	4(22)	4(22)	12(67)	1(6)	9(50)	10(56)	10(56)	6(33)	6(33)	1(6)	1(6)		

⑤自主学习计划阶段的任务分析：目标设置。

社区媒介资源促进居民信息技术支持自主学习的目标设置的对应关系数据分析见表6.8。通过计算，第二轮问卷咨询结果的均值为5.76，所以能够对成人运用信息技术学习的目标设置产生促进作用的社区媒介资源有QQ群、微信群、微信公众号、智能手机、计算机、平板电脑、有线网络、无线网络及特色专题培训。

表6.8 自主学习计划阶段的任务分析：目标设置

咨询轮次	社区广播	电子显示屏	宣传栏与条幅	露天电视	社区网站	QQ群	微信群	微信公众号	场馆资源	电视	智能手机	收音机	计算机	平板电脑	有线网络	无线网络	社区学院	社区志愿者	特色专题培训	社区文体组织	社区各类文体公益活动
第一轮	1(6)	4(22)	3(17)	2(11)	4(22)	12(68)	13(72)	11(61)	6(33)	5(28)	8(44)	3(17)	6(33)	5(28)	6(33)	6(33)	4(22)	2(11)	6(33)	4(22)	3(17)
第二轮	0(0)	5(28)	5(28)	1(6)	3(17)	10(56)	16(89)	10(56)	3(17)	5(28)	14(78)	2(11)	9(50)	10(56)	6(33)	9(50)	3(17)	1(6)	6(33)	1(6)	2(11)

⑥自主学习计划阶段的任务分析：策略计划。

社区媒介资源促进居民信息技术支持自主学习的策略计划的对应关系数据分析见表6.9。通过计算，第二轮问卷咨询结果的均值为5.48，所以能够对成人运用信息技术学习的策略、计划的制订有促进作用的社区媒介资源有QQ群、微信群、微信公众号、电视、智能手机、计算机、平板电脑、无线网络、特色专题培训、社区文体组织及社区各类文体公益活动。

表6.9 自主学习计划阶段的任务分析：策略计划

咨询轮次	社区广播	电子显示屏	宣传栏与条幅	露天电视	社区网站	QQ群	微信群	微信公众号	场馆资源	电视	智能手机	收音机	计算机	平板电脑	有线网络	无线网络	社区学院	社区志愿者	特色专题培训	社区文体组织	社区各类文体公益活动
第一轮	2(11)	3(17)	2(11)	1(6)	6(33)	11(61)	15(83)	10(56)	5(28)	5(28)	9(50)	3(17)	4(22)	5(28)	3(17)	5(28)	2(11)	2(11)	5(28)	0(0)	0(0)
第二轮	1(6)	2(11)	1(6)	1(6)	3(17)	8(44)	12(67)	12(67)	3(17)	6(33)	11(61)	1(6)	8(44)	8(44)	5(28)	7(39)	4(22)	4(22)	6(33)	6(33)	6(33)

⑦自主学习计划阶段的自我激励信念：自我效能。

社区媒介资源促进居民信息技术支持自主学习的自我效能的对应关系数据分析见表6.10。通过计算，第二轮问卷咨询结果的均值为5.24，所以能够提升成人运用信息技术学习自我效能的社区媒介资源有电子显示屏、宣传栏与条幅、QQ群、微信群、微信公众号、智能手机、计算机、平板电脑、无线网络、社区学院及特色专题培训。

表6.10　自主学习计划阶段的自我激励信念:自我效能

咨询轮次	社区广播	电子显示屏	宣传栏与条幅	露天电视	社区网站	QQ群	微信群	微信公众号	场馆资源	电视	智能手机	收音机	计算机	平板电脑	有线网络	无线网络	社区学院	社区志愿者	特色专题培训	社区文体组织	社区各类文体公益活动
第一轮	1(6)	2(11)	3(17)	2(11)	2(11)	12(67)	14(78)	9(50)	3(17)	5(28)	8(44)	2(11)	3(17)	5(28)	5(28)	4(22)	4(22)	6(33)	5(28)	4(22)	3(17)
第二轮	2(11)	6(33)	6(33)	4(22)	3(16)	8(44)	12(67)	10(56)	2(11)	3(17)	11(61)	0(0)	6(33)	7(39)	3(17)	7(39)	6(33)	3(17)	6(33)	2(11)	3(17)

⑧自主学习计划阶段的自我激励信念:结果预期。

社区媒介资源促进居民信息技术支持自主学习的结果预期的对应关系数据分析见表6.11。通过计算,第二轮问卷咨询结果的均值为4.81,所以能够促使成人对运用信息技术学习产生良好的结果预期的社区媒介资源有QQ群、微信群、微信公众号、电视、智能手机、计算机、平板电脑及无线网络。

表6.11　自主学习计划阶段的自我激励信念:结果预期

咨询轮次	社区广播	电子显示屏	宣传栏与条幅	露天电视	社区网站	QQ群	微信群	微信公众号	场馆资源	电视	智能手机	收音机	计算机	平板电脑	有线网络	无线网络	社区学院	社区志愿者	特色专题培训	社区文体组织	社区各类文体公益活动
第一轮	2(11)	3(17)	2(11)	1(6)	8(28)	15(83)	11(61)	3(17)	1(6)	10(6)	4(22)	7(39)	7(39)	5(28)	5(28)	3(17)	4(22)	3(17)	4(22)	2(11)	2(11)
第二轮	2(11)	2(11)	3(17)	1(6)	2(11)	11(61)	14(78)	7(39)	0(0)	6(33)	12(67)	1(6)	8(44)	9(50)	4(22)	8(44)	3(17)	3(17)	3(17)	1(6)	1(6)

⑨运用信息技术学习的感知易用性。

社区媒介资源促进居民信息技术支持自主学习的感知易用性的对应关系数据分析见表6.12。通过计算,第二轮问卷咨询结果的均值为5.14,所以能够提升成人对运用信息技术学习的感知易用性的社区媒介资源有电子显示屏、宣传栏与条幅、QQ群、微信群、微信公众号、智能手机、计算机、平板电脑及无线网络。

表6.12　运用信息技术学习的感知易用性

咨询轮次	社区广播	电子显示屏	宣传栏与条幅	露天电视	社区网站	QQ群	微信群	微信公众号	场馆资源	电视	智能手机	收音机	计算机	平板电脑	有线网络	无线网络	社区学院	社区志愿者	特色专题培训	社区文体组织	社区各类文体公益活动
第一轮	1(6)	3(17)	2(11)	2(11)	4(22)	10(56)	13(72)	10(56)	5(28)	1(6)	12(67)	1(6)	6(33)	8(44)	3(17)	6(33)	4(22)	2(11)	4(22)	0(0)	0(0)
第二轮	1(6)	6(33)	6(33)	0(0)	4(22)	10(56)	11(61)	10(56)	4(22)	5(27)	14(78)	0(0)	9(50)	10(55)	4(22)	10(56)	2(11)	0(0)	2(11)	0(0)	0(0)

⑩运用信息技术学习的感知有用性。

社区媒介资源促进居民信息技术支持自主学习的感知有用性的对应关系数据分析见表6.13。通过计算,第二轮问卷咨询结果的均值为5.33,所以能够提升成人运用信息技术学习的感知有用性的社区媒介资源有社区网站、QQ群、微信群、微信公众号、智能手机、计算机、平板电脑、有线网络与无线网络。

表6.13　运用信息技术学习的感知有用性

咨询轮次	社区广播	电子显示屏	宣传栏与条幅	露天电视	社区网站	QQ群	微信群	微信公众号	场馆资源	电视	智能手机	收音机	计算机	平板电脑	有线网络	无线网络	社区学院	社区志愿者	特色专题培训	社区文体组织	社区各类文体公益活动
第一轮	1(6)	2(11)	1(6)	2(11)	4(22)	11(61)	13(72)	11(61)	4(22)	1(6)	9(50)	1(6)	6(33)	6(3.)	4(22)	6(33)	2(11)	2(11)	5(28)	4(22)	4(22)
第二轮	2(11)	2(17)	2(11)	2(11)	6(33)	12(67)	14(78)	11(61)	3(17)	3(17)	13(72)	1(6)	9(50)	9(50)	6(33)	6(33)	3(17)	2(11)	3(17)	1(6)	1(6)

⑪运用信息技术学习的态度。

社区媒介资源促进居民信息技术支持自主学习的态度的对应关系数据分析见表6.14。通过计算,第二轮问卷咨询结果的均值为4.62,所以能够提升成人对运用信息技术学习的满意与偏爱程度的社区媒介资源有QQ群、微信群、微信公众号、智能手机、计算机、平板电脑、无线网络及特色专题培训。

技术支持的社区媒介学习环境设计研究

表6.14 运用信息技术学习的态度

咨询轮次	社区广播	电子显示屏	宣传栏与条幅	露天电视	社区网站	QQ群	微信群	微信公众号	场馆资源	电视	智能手机	收音机	计算机	平板电脑	有线网络	无线网络	社区学院	社区志愿者	特色专题培训	社区文体组织	社区各类文体公益活动
第一轮	2(11)	6(33)	4(22)	2(11)	4(22)	10(55)	12(67)	11(61)	4(22)	3(17)	13(72)	0(0)	5(28)	6(33)	3(17)	5(28)	2(11)	2(11)	1(6)	1(6)	1(6)
第二轮	0(0)	2(11)	3(17)	0(0)	3(17)	6(33)	10(55)	9(50)	4(22)	0(0)	14(78)	0(0)	8(44)	10(56)	4(22)	9(50)	3(17)	3(17)	5(28)	2(11)	2(11)

⑫运用信息技术学习的行为表现：自我控制。

社区媒介资源促进居民信息技术支持自主学习的自我控制的对应关系数据分析见表6.15。通过计算，第二轮问卷咨询结果均值为4.19，所以对成人运用信息技术学习的自我控制（学习时间、学习进度等）有促进作用的社区媒介资源有QQ群、微信群、微信公众号、智能手机、计算机、平板电脑及无线网络。

表6.15 运用信息技术学习的行为表现：自我控制

咨询轮次	社区广播	电子显示屏	宣传栏与条幅	露天电视	社区网站	QQ群	微信群	微信公众号	场馆资源	电视	智能手机	收音机	计算机	平板电脑	有线网络	无线网络	社区学院	社区志愿者	特色专题培训	社区文体组织	社区各类文体公益活动
第一轮	2(11)	0(0)	2(11)	1(6)	4(22)	6(33)	10(56)	7(39)	2(11)	2(11)	7(39)	1(6)	4(22)	6(33)	2(11)	5(27)	3(17)	1(6)	4(22)	2(11)	0(0)
第二轮	1(6)	0(0)	2(11)	2(11)	7(39)	10(56)	10(56)	1(6)	3(17)	13(72)	0(0)	8(44)	8(44)	3(17)	7(39)	4(22)	2(11)	4(22)	2(11)	1(6)	

⑬运用信息技术学习的行为表现：自我观察。

社区媒介资源促进居民信息技术支持自主学习的自我观察的对应关系数据分析见表6.16。通过计算，第二轮问卷咨询结果的均值为4.71，所以能够促进成人对运用信息技术学习过程的自我观察的社区媒介资源有QQ群、微信群、微信公众号、智能手机、计算机、平板电脑、有线网络与无线网络。

表 6.16　运用信息技术学习的行为表现：自我观察

咨询轮次	社区广播	电子显示屏	宣传栏与条幅	露天电视	社区网站	QQ群	微信群	微信公众号	场馆资源	电视	智能手机	收音机	计算机	平板电脑	有线网络	无线网络	社区学院	社区志愿者	特色专题培训	社区文体组织	社区各类文体公益活动
第一轮	1(6)	0(0)	1(6)	0(0)	2(11)	9(50)	12(67)	4(22)	3(16)	3(16)	12(66)	1(6)	6(33)	4(44)	4(22)	4(22)	2(11)	2(11)	2(11)	1(6)	0(0)
第二轮	0(0)	1(6)	1(6)	0(0)	1(6)	12(67)	13(72)	10(56)	3(17)	2(11)	13(72)	1(6)	8(44)	10(56)	5(28)	10(56)	1(6)	2(11)	3(17)	1(6)	1(6)

⑭运用信息技术学习的自我反思：自我判断。

社区媒介资源促进居民信息技术支持自主学习的自我判断的对应关系数据分析见表 6.17。通过计算，第二轮问卷咨询结果的均值为 4.24，所以能够促进成人对运用信息技术学习过程的自我判断的社区媒介资源有 QQ 群、微信群、微信公众号、智能手机、计算机、平板电脑及无线网络。

表 6.17　运用信息技术学习的自我反思：自我判断

咨询轮次	社区广播	电子显示屏	宣传栏与条幅	露天电视	社区网站	QQ群	微信群	微信公众号	场馆资源	电视	智能手机	收音机	计算机	平板电脑	有线网络	无线网络	社区学院	社区志愿者	特色专题培训	社区文体组织	社区各类文体公益活动
第一轮	2(11)	3(16)	2(11)	1(6)	4(22)	9(50)	13(72)	5(27)	3(17)	3(17)	9(50)	2(11)	(28)	4(22)	4(22)	5(28)	3(17)	1(6)	5(28)	1(6)	1(6)
第二轮	0(0)	1(6)	1(6)	0(0)	4(22)	10(56)	14(78)	11(61)	3(17)	3(17)	11(61)	0(0)	8(44)	7(39)	3(17)	7(39)	2(11)	0(0)	3(17)	0(0)	1(6)

⑮运用信息技术学习的自我反思：自我反应。

社区媒介资源促进居民信息技术支持自主学习的自我反应的对应关系数据分析见表 6.18。通过计算，第二轮问卷咨询结果的均值为 5.19，所以能够促进成人对运用信息技术学习过程进行总结与反思的社区媒介资源有 QQ 群、微信群、微信公众号、智能手机、计算机、平板电脑及无线网络。

表6.18 运用信息技术学习的自我反思：自我反应

咨询轮次	社区广播	电子显示屏	宣传栏与条幅	露天电视	社区网站	QQ群	微信群	微信公众号	场馆资源	电视	智能手机	收音机	计算机	平板电脑	有线网络	无线网络	社区学院	社区志愿者	特色专题培训	社区文体组织	社区各类文体公益活动
第一轮	0 (0)	0 (0)	0 (0)	0 (0)	5 (28)	9 (50)	14 (78)	9 (50)	1 (6)	4 (22)	7 (39)	1 (6)	8 (45)	8 (44)	6 (33)	6 (33)	2 (11)	1 (6)	5 (28)	0 (0)	0 (0)
第二轮	0 (0)	0 (0)	1 (6)	0 (0)	3 (17)	12 (67)	16 (89)	11 (61)	1 (6)	4 (22)	15 (83)	0 (0)	12 (67)	10 (56)	5 (28)	9 (50)	1 (6)	2 (11)	5 (28)	1 (6)	1 (6)

（二）对应矩阵构建

结合专家咨询验证的分析结果，现将技术支持的成人自主学习外部、内部影响因素及过程性因素与社区内各类媒介资源工具进行对应，形成对应矩阵，通过该矩阵直观呈现的对应关系，为TECMLE实践模型设计过程与设计策略的提出提供依据。社区媒介资源工具与技术支持自主学习因素对应矩阵见表6.19。

表6.19 社区媒介资源工具与技术支持自主学习因素对应矩阵

		显性硬件资源													隐性文化组织		
		公共媒介工具							个人媒介工具								
		社区广播	电子显示屏	宣传栏与条幅	露天电视	社区网站	QQ群	微信群	微信公众号	基地场馆资源	电视	智能手机	收音机	计算机	平板电脑	有线网络	无线网络	社区学院	社区志愿者	特色专题培训	社区文体组织	社区各类文体公益活动
占有率/%		19.5	35.4	69.3	10.7	15.9	41.5	67.6	31.2		79.3	99.4	20.1	82	43.5	92.7	80.1	30.5			
内部影响因素	经验开放性	★	★			★	★	★			★			★	★	★	★					
	风险倾向						★	★	★											★		
外部影响因素	技术支持可用性		★		★	★			★			★		★	★	★	★	★		★		
	外部设备可访问性		★		★	★	★		★			★		★	★	★	★	★				

表 6.19（续）

		显性硬件资源																隐性文化组织				
		公共媒介工具									个人媒介工具											
		社区广播	电子显示屏	宣传栏与条幅	露天电视	社区网站	QQ群	微信群	微信公众号	基地场馆资源	电视	智能手机	收音机	计算机	平板电脑	有线网络	无线网络	社区学院	社区志愿者	特色专题培训	社区文体组织	社区各类文体公益活动
自主学习计划阶段	任务分析 目标设置						★	★	★			★		★	★	★	★		★			
	策略计划						★	★	★		★	★		★	★	★			★	★	★	
	自我激励信念 自我效能	★	★			★	★	★				★		★	★			★	★			
	结果预期					★					★			★	★	★						
运用信息技术学习的感知有用性						★	★	★			★			★	★	★	★					
运用信息技术学习的感知易用性		★	★			★	★	★				★		★	★		★					
运用信息技术学习的态度						★	★	★			★		★	★		★			★			
运用信息技术学习的行为表现	自我控制						★	★				★		★	★		★					
	自我观察						★	★	★			★		★	★	★						
运用信息技术学习的自我反思	自我判断						★	★				★			★		★					
	自我反应						★	★	★			★		★		★						

(三) 对应关系分析

通过对社区媒介学习环境资源与技术支持的成人自主学习因素对应矩阵的分析,在 TECMLE 实践模型设计过程中应遵循以下对应关系。

1. 社区媒介资源工具与技术支持的成人自主学习内部影响因素的对应关系

在社区显性硬件媒介资源中,公共媒介资源工具中包括 QQ 群、微信群、微信公众号在内的新媒介资源对提升居民技术支持自主学习的经验开放性、风险倾向起到促进作用;包括电子显示屏、宣传栏与条幅在内的传统媒介资源对提升成人学习的经验开放性起到促进作用。个人媒介资源工具中的智能手机、计算机、平板电脑以及对应的网络环境对提升成人学习的经验开放性、风险倾向起到促进作用。社区隐性文化资源工具中的特色专题培训能够对提升成人学习的风险倾向起到促进作用。

2. 社区媒介资源工具与技术支持的成人自主学习外部影响因素的对应关系

在社区显性硬件资源工具中,公共媒介资源工具中包括社区网站、QQ 群、微信群、微信公众号、基地场馆资源在内的媒介资源对提升技术支持的成人自主学习技术支持可用性、外部设备可访问性起到促进作用;包括宣传栏与条幅在内的传统媒介资源工具对提升居民学习的技术支持可用性、外部设备可访问性起到促进作用。个人媒介工具中的智能手机、计算机、平板电脑以及对应的网络环境能够对提升成人学习的技术支持可用性、外部设备可访问性起到促进作用。社区隐性文化资源工具中的社区学院、社区志愿者及特色专题培训能够对提升成人学习的技术支持可用性、外部设备可访问性起到促进作用。

3. 社区媒介资源工具与技术支持的成人自主学习的任务分析的对应关系

在社区显性硬件资源工具中,公共媒介资源工具中包括 QQ 群、微信群、微信公众号在内的新媒介资源对提升技术支持的成人自主学习的目标设置、学习策略的制订起到促进作用。个人媒介资源工具中的电视、智能手机、计算机、平板电脑及其依托的网络环境能够对居民学习的目标设置、学习策略的制订起到促进作用。社区隐性文化资源工具中的特色专题培训、社区文体组织及其相关活动的开展能够促进成人学习者学习目标与策略计划的制订。

4. 社区媒介资源工具与技术支持的成人自主学习的自我激励信念的对应关系

在社区显性硬件资源工具中,公共媒介资源工具中包括 QQ 群、微信群、微信公众号在内的新媒介资源对提升技术支持的成人自主学习的自我效能与结果预期起到促进作用;传统媒介资源中的电子显示屏、宣传栏与条幅能够对提升成人学习的自我效能起到促进作用。个人媒介资源工具中的电视、智能手机、计算机、平板电脑以及其依托的网络环境能够对提升成人学习的自我效能与结果预期起到促进作用。社区隐性文化资源工具中的社区学院、特色专题培训能够对提升居民学习的自我效能起到促进作用。

5. 社区媒介资源工具与技术支持的成人自主学习的感知有用、感知易用性的对应关系

在社区显性硬件资源工具中，公共媒介资源工具中包括社区网站、QQ 群、微信群、微信公众号在内的新媒介资源对提升技术支持的成人自主学习的感知有用性、感知易用性起到促进作用；传统媒介资源工具中的电子显示屏、宣传栏与条幅对提升成人学习的感知易用性起到促进作用。个人媒介资源工具中的智能手机、计算机、平板电脑以及对应的网络环境能够对提升成人学习的感知有用与感知易用性起到促进作用。

6. 社区媒介资源工具与技术支持的成人自主学习态度的对应关系

在社区显性硬件资源工具中，公共媒介资源工具中包括 QQ 群、微信群、微信公众号在内的新媒介资源对促进成人对使用信息技术学习产生良好的态度。个人媒介资源工具中的智能手机、计算机、平板电脑以及对应的网络环境能够促进成人对使用信息技术学习产生良好的态度。社区隐性文化资源工具的特色专题培训能够改善居民对技术支持学习的态度。

7. 社区媒介资源工具与技术支持的成人自主学习行为表现、自我反思的对应关系

在社区显性硬件资源工具中，公共媒介资源工具中包括 QQ 群、微信群、微信公众号在内的新媒介资源工具对成人技术支持学习的行为表现及自我反思起到促进作用。个人媒介资源工具中的智能手机、计算机、平板电脑以及对应的网络环境能够促进技术支持的成人自主学习的行为表现与自我反思。

二、对应关系实证检验

社区媒介学习环境与技术支持自主学习对应关系的明确，为 TECMLE 实践模型设计提供了依据，社区工作人员可以根据对应关系有针对性地对媒介资源工具进行合理化配置与使用，从而促进社区成人运用信息技术进行自主学习。而社区媒介学习环境建设是一个复杂而系统的工程，在社区媒介学习环境设计过程以及相关策略制定之前，有必要对本书所提出的社区媒介资源工具与技术支持自主学习因素对应关系的有效性进行验证。

(一)基于扎根理论的访谈设计

扎根理论(Ground Theory)由格拉斯和斯特劳斯共同提出,是较为常见的质性研究方法,该方法在系统性收集资料的基础上寻找反映事物现象本质的核心概念,并通过概念之间的联系建构相关的社会理论。作为国内扎根理论研究的推广者,陈向明在《扎根理论的思路和方法》一书中将扎根理论划分为概念逐级录入、资料对比、建立概念联系、理论性抽样及构建理论五个步骤,在研究中具体细化为数据收集、三级编码、模型初步建立、饱和性检验、模型建立和阐释等重要环节。学者参照上述步骤,通过对研究问题相关资料的收集与整理建立联系,从而实现对问题深层次的理解与认识。

基于此,本部分采用扎根理论的质性访谈法来验证社区媒介与技术支持的成人自主学习因素的对应关系。现选择哈尔滨市南岗区某社区作为试点,与社区工作人员对接,根据研究的阶段性结论,结合该社区实际,为该社区的媒介学习环境建设提出建议,社区按照建议整合各类媒介资源,采取相应措施促进社区居民运用信息技术进行自主学习。一个月后,基于扎根理论,在社区工作人员的配合下,采用基于扎根理论的访谈法对9名社区居民进行访谈,对本书的阶段性结论进行验证。

(二)访谈实施

1.访谈提纲设计

综合考虑本书的实际情况,访谈的主要目的是验证社区媒介学习环境中技术支持的成人自主学习因素与各类媒介资源工具的对应关系,且受访对象为社区内普通居民,所以让居民在比较轻松、自由的气氛接受访谈,通过话题的灵活转换,变化提问方式和顺序,对重要的线索进行追问,往往能够获得真实可靠的深层次信息。基于上述考虑,采用开放式访谈法对社区居民进行访谈,根据实证检验需要,笔者编制了访谈提纲,见表6.20。由于访谈对象在年龄、文化程度等方面存在显著差异,所以在访谈提纲的设计中,尽量选择通俗易懂的语言,采用通用性词汇替代专业术语,围绕提纲对受访者进行访谈研究,探究居民对社区媒介学习环境建设的真实想法。

表 6.20 社区居民访谈问题设计

一级问题	次级问题	备注
你认为社区在促进居民运用信息技术学习方面有哪些改善及新举措?	传统媒介工具改善情况(条幅、宣传栏、露天电视等)?	
	社区网站、QQ 群、微信群、微信公众号宣传情况?	
	基地场馆环境是否得到改善?	
	社区学院建设情况如何?	
	是否组织与在线学习相关的培训?	
	社区内各类文体组织与活动情况如何?	
你认为社区在上述社区媒介学习环境建设中的新举措对您进行在线自主学习是否起到了促进作用?	是否促进了您对在线学习的理解与接受?	
	即使在线学习不成功,也愿意尝试这种学习方式吗?	
	是否促进了您在线学习目标的制定?	
	是否促进了您在线学习的策略、计划的制订?	
	是否提升您在线学习的自信心?	
	是否让您对在线学习产生良好的结果预期?	
	您是否认为在线学习是简单易用的?	
	是否认为在线学习会提高您的学习能力?	
	是否让您对在线学习产生良好的态度?	
	近期是否有在线学习行为?	
	在线学习过程中是否对学习时间、学习进度等进行自我控制?	
	您是否对在线学习的过程进行记录和观察?	
	您是否对在线学习的过程及效果进行总结与反思?	
	您是否有继续进行在线学习的意愿?	

2. 访谈对象与实施

本书对受访者的选择主要考虑以下几个因素:第一,由于研究对象是成人学习者,所以受访居民的年龄选择在 18~65 岁均匀分布,考虑到 65 岁以上的受访者由于年龄过高带来的生理与心理影响,以及对问题的理解能力都会对访谈的效果造成影响,所以访谈没有选择65岁以上的居民作为受访对象;第二,在受访者的学历、性别、职业的选择上也尽量做到异质性、多样化,避免同类型的人群对访谈的效度造成影响;第三,采用灵活机动的非随机抽样法,在社区内选择易于沟通交流、关心社区发展建设的9位居民作为访谈对象。受访居民的具体情况见表6.21。

表6.21 受访居民的基本情况

受访居民编号	性别	年龄/岁	学历	职业
居民01	男	46	大专	工人
居民02	女	43	中专	企业
居民03	男	36	初中	个体
居民04	男	63	初中	退休
居民05	男	20	高中	学生
居民06	女	26	高中	学生
居民07	男	50	小学	个体
居民08	女	56	大学	事业单位
居民09	男	64	小学	退休

本调查委托3名社区志愿者协助完成访谈,笔者在访谈前对志愿者进行访谈的相关培训,以确保志愿者在把握访谈主线的同时,用通俗易懂的语言表达出访谈的问题,使受访者以轻松的态度回答对应问题。在征得受访者同意的前提下,工作人员对访谈过程进行文字记录,并全程录音。

(三)访谈资料分析

1. 访谈文本节点编码分析

(1)文本录入

本书采用质性分析软件Nvivo 11对访谈文本进行分析。访谈结束后,根据现场记录与录音,将文稿录入软件,尽可能完整地保留原文,以及包含方言、俗语和语言习惯导致的词汇混用,以确保资料的完整性与原生态,最后对文本内容进行校对、复读,删除无意义字段,最终形成9个访谈记录。

(2)节点编码分类

编码(Coding)是访谈资料整理的初始阶段,是从访谈资料逐渐提炼观点和概念的过程。本书采用基于扎根理论的编码方式对访谈资料进行归纳总结。根据研究实际,选择施特劳斯(Strauss)的三级编码方式对访谈资料进行分类,编码流程为开放编码(Open Coding)→轴心编码(Axial Coding)→选择编码(Selective Coding)。考虑到本访谈的目的是验证社区媒介学习环境设计策略的效果,不必抽象出相关的理论结果,仅在轴心编码阶段通过对相关观点的统计分析,对策略效果进行验证即可,所以本书选择不进行最后的选择编码环节。

开放式编码是指对访谈资料的词句和片段进行概念化、抽象化的标示,其主要作用在于概念的提炼。在开放编码过程中,研究人员尽量悬置前设,保持思维开放,根据社区居民访谈语义与实际含义提炼其所能体现的概念和观点。例如受访者说:"近期社区宣传栏中张贴了关于智能手机使用的宣传画。"本句就可以标注为"传统媒介工具改善"。例如受访者说:"微信群发了些做菜的小视频,我照着做都成功了,挺容易的。"本句可以标注为"在线学习的简单易用性""在线学习的行为"。通过对受访居民 01 的访谈资料进行初步分析,共建立 62 个节点,如图 6.2 所示。

图 6.2　受访居民 01 访谈开放式编码节点

轴心编码是在开放编码的基础上,形成类属、属性和维度,发展并检验各类属之间的关系。① 本书对访谈资料的各个观点进行归类,并将观点分为正向态度与负向态度两个维度。正向态度是指受访者表达出认同、赞扬、接受、成功、关

---

① ANSELM S, JULIET C. Basics of qualitative research:grounded theory procedures and techniques[J]. Modern Language Journal,1990,77(2):138-139.

注、愿意等态度;负向态度则是表示反对、拒绝、不关注、失败、质疑等意向。[1] 例如,可以将访谈中居民提到的"在线学习挺方便的,随时都可以学""刷抖音的时候学了不少小知识""看过一些视频课程,都半途而废了,还是面授的效果好",以上话语可以标注为"对在线学习的态度",其中前两句表示正向态度,第三句表示负向态度。以此类推,对访谈资料中的所有基础节点进行归纳与分类,形成更具有概括性的节点,如图6.3所示,共计18个轴心编码。

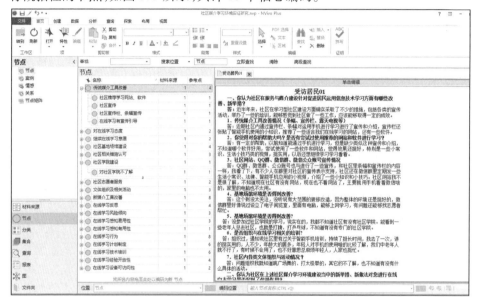

图6.3 受访居民01访谈轴心编码

(3)访谈编码分析

由于共计有9位居民接受了本研究的访谈,受文章篇幅限制,这里选取比较具有代表性的居民01与居民04的访谈记录结果,用以体现本研究对9个访谈记录的编码分析过程。

①居民01访谈编码分析。

从总体上看,居民01的编码可以分为两个部分:第一部分包括传统媒介工具改善、新媒介工具改善、社区基地场馆建设、社区学院建设、社区志愿者服务、文体组织及相关活动及社区相关措施认可,共计7个轴心节点,一方面反映了受访居民对社区在媒介学习环境建设中采取各项措施的认可度,另一方面也能够体现社区是否认真执行了本书提出的相关建议;第二部分包括在线学习经验开

---

[1] 李文.行动科学视角下教师 TPK 影响因素分析及发展策略研究[D].长春:东北师范大学,2019.

放性、在线学习风险倾向、在线学习技术支持、在线学习设备可访问性、在线学习计划制订、在线学习感知易用性、在线学习感知有用性、在线学习行为、在线学习态度、在线学习反思、继续在线学习意愿,共计11个轴心节点,覆盖了成人信息技术支持的自主学习的影响因素及过程,可以反映出社区媒介学习环境的相关措施应用是否真正促进了居民技术支持的自主学习。受访居民01访谈编码统计表见表6.22。

表6.22 受访居民01访谈编码统计表

维度	正向态度	负向态度	合计
传统媒介工具改善	4	0	4
新媒介工具改善	7	1	8
社区基地场馆建设	3	1	4
社区学院建设	0	1	1
社区志愿者服务	2	0	2
文体组织及相关活动	1	2	3
社区相关措施认可	3	0	3
在线学习经验开放性	4	0	4
在线学习风险倾向	3	0	3
在线学习技术支持	5	1	6
在线学习设备可访问性	2	0	2
在线学习计划制订	5	1	6
在线学习感知易用性	1	2	3
在线学习感知有用性	1	0	1
在线学习行为	8	0	8
在线学习态度	2	0	2
在线学习反思	4	0	4
继续在线学习意愿	2	0	2

以此类推,对该居民的访谈文本进行全文编码,形成两级节点树。如图6.2中"节点"窗口中所示,最底层为第一步开放编码的节点,参考点为此类观点出现的次数。将同属的节点进行归类,形成类节点。这样每个类节点包含不同数量的正向节点和负向节点。从整体上讲,某一类中节点数越多,说明受访者在谈话中对这一类别的内容提及的次数越多,对此关注度越高;节点数越少,表示对此内容关注很少。正向和负向态度数量说明目前该受访者对这一类别所持的态度倾向。图6.4所示为受访居民01访谈节点数量累计柱状图所示。据此,本书提

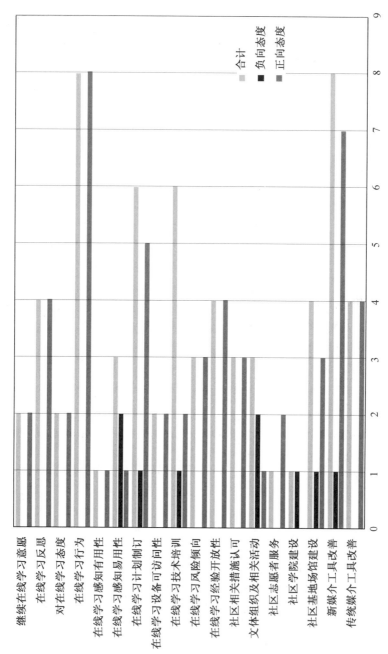

图 6.4 受访居民 01 访谈节点数量累计柱状图

出的社区媒介学习环境下的自主学习因素及其与社区媒介的对应关系得到了验证。

通过数据统计可以发现,该居民对社区媒介学习环境建设效果的反映主要集中在社区新媒介工具改善、在线学习行为、在线学习计划制订、在线学习技术培训等方面,其中对前两项反映最多,且两个轴心节点中正向态度均远超负向态度,一方面说明该社区在新媒介工具的应用及改善方面开展了大量工作,得到了该居民的认可;另一方面说明该居民在社区各项具体措施的促进下,产生了在线学习的行为。从各轴心节点整体情况考虑,社区媒介学习环境建设相关策略的实施在改善社区媒介学习环境的同时,促进了该居民技术支持的自主学习行为的产生与发展,同时也反映了该社区的社区学院建设、宣传工作有待改善与提升,从总体上看,社区媒介学习环境下自主学习因素及其与社区媒介资源的对应关系在该居民身上得到了验证。

②居民 04 访谈编码分析。

本书按照相同方法与流程对居民 04 的访谈资料进行开放编码与轴心编码,得到居民 04 访谈轴心编码,如图 6.5 所示。编码同样分为两部分:第一部分包括传统媒介工具改善、新媒介工具改善、社区基地场馆建设、社区学院建设、社区志愿者服务、文体组织及相关活动、社区相关措施认可共计 7 个节点,反映了受访居民对社区在媒介学习环境建设中采取各项措施的认可度;另一方面也反映出

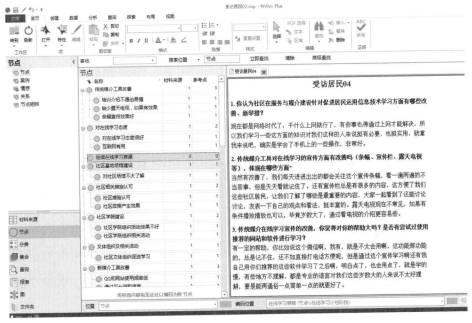

图 6.5　受访居民 04 访谈轴心编码

社区是否认真执行了本书提出的相关建设策略。第二部分包括在线学习经验开放性、在线学习风险倾向、在线学习技术培训、在线学习设备可访问性、在线学习计划制订、在线学习感知易用性、在线学习感知有用性、在线学习行为、对在线学习态度、在线学习反思,共计 10 个轴心节点。与受访居民 01 相比,虽然缺少继续在线学习意愿的轴心节点,但基本覆盖了成人信息技术支持自主学习的影响因素及过程,可以反映出媒介学习环境建设的应用是否真正促进了该居民技术支持的自主学习。

通过对轴心编码、编码正负向态度的统计分析,得出受访居民 04 访谈编码统计表及其访谈节点数量累计柱状图,如表 6.23 和图 6.6 所示。

表 6.23 受访居民 04 访谈编码统计表

维度	正向态度	负向态度	合计
传统媒介工具改善	2	1	3
新媒介工具改善	2	1	3
社区基地场馆建设	0	1	1
社区学院建设	1	1	2
社区志愿者服务	1	0	1
文体组织及相关活动	1	0	1
社区相关措施认可	2	0	2
在线学习经验开放性	1	0	1
在线学习风险倾向	1	0	1
在线学习技术培训	2	0	2
在线学习设备可访问性	0	1	1
在线学习计划制订	4	0	4
在线学习感知易用性	1	1	2
在线学习感知有用性	2	0	2
在线学习行为	3	0	3
对在线学习态度	2	0	2
在线学习反思	5	0	5

第六章 面向设计的社区媒介学习环境实践模型构建

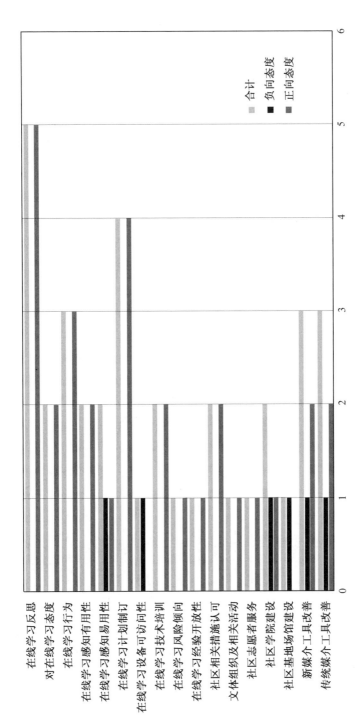

图 6.6 受访居民 04 访谈节点数量累计柱状图

通过对节点的数量统计可以发现,该居民对社区媒介学习环境建设效果的反映主要集中在在线学习反思、在线学习计划制订、在线学习行为、社区传统及新媒介工具改善等方面,对前两项反映最多,两个轴心节点态度全部为正向态度,证明该居民在社区相关政策的促进下,积极制订学习策略与计划,产生了在线学习行为,并通过对学习过程与结果的反思,认为自己在线学习成果显著。同时,该居民对社区使用媒介工具对在线学习的宣传工作非常认可,而社区基地场馆建设、社区学院建设两个编码存在负向态度超过正向态度或者持平的现象,证明社区在上述两个领域的建设或者宣传工作有待提高。从总体上看,所有轴心编码基本覆盖了相关策略验证的考察点,且正向态度均超过负向态度,所以本书的相关结论的有效性在该居民身上得到了验证。

通过对居民01与居民04访谈资料的编码及分析,对本书的相关结论的有效性进行了验证分析,以此类推,通过对所有受访居民编码以及正、负向态度的汇总与统计,即可从总体上反映出该社区居民对社区相关措施的认可程度,从而实现对社区媒介学习环境资源工具与技术支持的成人自主学习因素对应关系的验证。

2. 总体编码结果分析

按照上述分析方法,本书对9篇访谈文本逐一做节点编码和分类,此后对所有编码进行整合,列出9篇中出现的所有编码类别,并将所有相同类别的节点数量合计,得出最终的统计结果,如表6.24、图6.7所示。

表6.24 社区居民访谈编码统计汇总

维度	节点			负向态度比例	占总节点数比例
	正向态度	负向态度	合计		
传统媒介工具改善	26	5	31	16.1%	8.1%
新媒介工具改善	24	3	27	11.1%	7.1%
社区相关措施认可	21	4	25	16.0%	6.5%
社区基地场馆建设	10	9	19	47.4%	5.0%
社区学院建设	7	8	15	53.3%	3.9%
社区志愿者服务	7	0	7	0	1.8%
文体组织及相关活动	6	5	11	45.5%	2.9%
在线学习行为	52	0	52	0	13.6%
在线学习反思	29	2	31	6.5%	8.1%
在线学习经验开放性	25	0	25	0	6.5%

第六章 面向设计的社区媒介学习环境实践模型构建

表 6.24(续)

维度	节点			负向态度比例	占总节点数比例
	正向态度	负向态度	合计		
在线学习计划制订	23	1	24	4.2%	6.3%
在线学习技术培训	22	3	25	12.0%	6.5%
在线学习设备可访问性	17	3	20	15.0%	5.2%
在线学习感知易用性	16	3	19	15.8%	5.0%
在线学习感知有用性	16	0	16	0	4.2%
在线学习风险倾向	14	1	15	6.7%	3.9%
对在线学习态度	11	1	12	8.3%	3.1%
继续在线学习意愿	8	0	8	0	2.1%
合计	334	48	382	12.6%	100%

通过编码汇总分析,本书能够从总体上掌握受访居民对社区所开展相关工作的认可程度。在社区采取的相关政策与措施方面,受访居民对社区使用传统、新媒介工具对信息技术支持的学习宣传与学习资源推送工作,以及社区工作的认可程度三个方面关注度最高,且正向态度远超负向态度。证明社区在听取本书的相关意见后,采取了卓有成效的措施,通过社区内的各类媒介资源对线上学习进行宣传,推送学习资源,取得了良好的成效,得到了居民的认可。而在社区基地场馆建设、社区学院建设、社区志愿者服务及文体组织相关服务四个方面关注程度较低,其中社区基地场馆建设、社区学院建设、文体组织相关服务三个维度负向态度数量较高,甚至超越正向态度,证明社区在相关工作开展过程中存在不足。本书将针对具体受访者访谈内容进行分析,探究存在的具体问题。

在社区促进居民信息技术支持的自主学习措施方面,通过受访居民访谈记录分析所提取出的各轴心节点基本涵盖了本书所提出的成人信息技术支持的自主学习的各个环节,其中在线学习的行为正向态度节点数为52,负向态度节点数为0,远超其他各个节点的数量,证明社区所采取的相关措施有力地促进了社区居民运用信息技术自主学习行为,其他节点数正向节点也均远超负向节点,证明了本书所提出的相关建议在社区的实施过程中对居民信息技术支持的自主学习的各个过程节点均起到了促进作用。

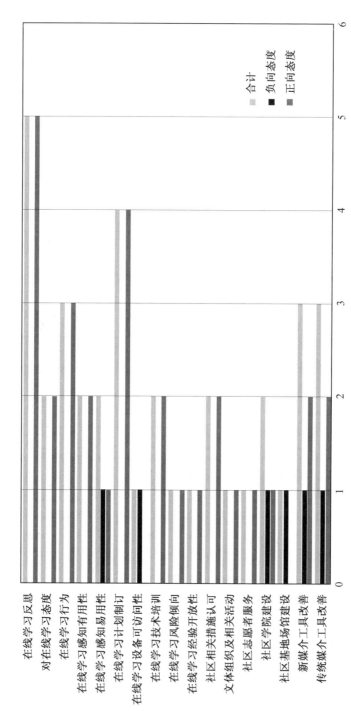

图 6.7 9 位受访居民访谈节点数量累计柱状图

3. 访谈内容分析

通过受访居民访谈资料的编码分析,虽然完成了对社区媒介学习环境资源工具与技术支持的成人自主学习影响因素对应关系的验证,但是通过对9篇访谈记录的研读发现,上述措施在实施过程中出现了一些具有代表性的问题,同样需要引起我们的关注,以便为社区媒介学习环境设计与建设提出更加有针对性的策略。为此,本书以问题探究为目的,对这些具有代表性的观点和现象进行汇总与分析,具体结论如下。

(1) 社区场馆资源、社区学院利用率及宣传力度有待提高

在访谈过程中发现,多名受访居民对社区场馆、社区学院的相关信息了解程度有限,例如:

①基地场馆环境(硬件设备、网络条件)是否得到改善?

受访居民04:这个我关注得不多,大多数还是在家里上网,用手机上网看新闻,如果硬件设施都齐全了那是好事,以后我们学习、交流、讨论就更方便了。

受访居民05:这个不是很了解,还没有去基地场馆,但是之前有在微信公众号里看到大致的环境还是不错的,但一直没有时间去实地了解,听说是有电子阅览室,还有在线学习培训等活动,来提高我们对互联网的认知,还有许多社区的志愿者,有问题可以随时找他们。

受访居民06:这个平时没有多关注,但是听说建立了学习小组并且有活动室,还设有计算机帮助大家学习,但是没去过,具体不太清楚。

受访居民07:这个目前不是很清楚,只是听说在这方面有改善,并没有亲身体验过,希望能扩大宣传,让每家每户都能体验到。

受访居民08:不太清楚,有一段时间没去社区了。

②社区学院是否组织过在线学习培训等相关活动?

受访居民03:社区学院了解得不多,经常见到退休老人去社区也是去棋牌室,所以不太了解。

受访居民04:组织过,就是人太多了,太吵了,听不清讲的是什么,大家的问题太多了,都解答不过来。

受访居民05:没有参加过社区学院的在线学习培训,但是之前好像在微信群或是QQ群里见到过社区发布的在线学习培训的通知,有机会的话可以去听一下,我觉得应该可以学到不少东西。

受访居民06:组织过但是一般都是中老年人去学习,年轻人一般手机玩得非常好,也没有空闲时间参与培训,但是居民们热情很高,会培训一些如何使用手机软件等知识。

受访居民07:本人没参加过社区学院的学习培训,但是平常可以看到很多老

年人在没事的时候都会去社区,社区确实是一个可以选择的好去处,现在不知道有没有专门的社区学院。

受访居民 08:没听说过社区学院,只是在社区会有一些公益课程供居民选择。

通过对上述居民访谈资料的分析,可以反映出该社区在社区基地场馆与社区学院建设的过程中存在以下亟须解决的问题。首先是该社区虽然建有可供居民学习的场馆资源及社区学院,在接受本研究的建议后,也对场馆学习环境进行了改善,但是缺乏配套的宣传措施,导致居民对上述资源的知晓率不高、使用率低,造成了资源的浪费。其次,社区学院虽然组织过智能手机使用、在线学习等相关培训,但没有开展常态化、系统化的培训活动,居民对社区场馆与学院的认识停留在中老年人文体活动场所层面,社区学院与社区场馆的知晓与利用率有待提高。最后,社区学院培训的效果不佳。访谈结果显示,大规模的集中面授,虽然覆盖面较为广泛,但由于受众以中老年居民为主,理解能力有限,并且参与人数较多,导致培训缺乏针对性,效果有限。

(2)关注居民媒介使用偏好

在访谈过程当中发现部分居民对媒介使用的偏好较为一致,从一定程度上反映了社区居民对媒介的使用习惯与偏好,可以为社区教育活动的开展提供参考与依据。例如:

受访居民 01:QQ 群、微信群、微信公众号也进行了一些宣传,与社区里条幅和宣传栏的内容一样,我看了下,有不少人在群里对社区的宣传表示支持,社区还定期在微信群里发一些生活小常识、法律、智能手机应用的小视频,介绍一些小知识和小技巧。社区网站我不是很了解,不知道现在社区有没有网站,现在也不看网站了,主要就用手机看看微信,家里的计算机也不太用。

受访居民 03:通过 QQ 群、微信群及公众号能更集中地了解一些生活小常识、法律信息等内容。对社区网站了解得不太多。计算机不常用,所有信息来源多依靠手机。

受访居民 04:有改善,社区网站、QQ 群用得少,用得最多的就是微信,有时候在群里或者公众号里发点小知识、小技巧、小新闻,我比较喜欢看,还有一些养生保健的知识,社区活动或者通知,我一看就知道了,有时候还在群里和大家伙讨论讨论。

受访居民 06:社区的海报上有网站地址但是不太会用计算机,就没看,平时一般不用 QQ,都是用微信交流,也关注了微信公众号,我们的微信群也经常有宣传的链接,还有一些实用的生活技巧介绍、新闻等,微信公众号也呼吁居民们在群里进行交流学习,总体来看效果很明显。

通过上述居民访谈的内容分析发现,社区居民对于媒介使用的偏好主要体现在家庭网络媒介使用上,无论是获取社区信息、知识,或是与其他居民交流,居民倾向于使用智能手机中的微信或者QQ来完成,社区网站的知晓率与访问率较低,家用计算机多处于闲置状态,使用频率非常低。上述结论表明,社区在进行信息发布、课程资源推送等相关工作时,在保证信息多渠道发布的同时,应将重点转移到以智能手机为代表的移动终端上。同时,在信息编辑与制作时要关注形式及内容的设计,采用适合微信以及QQ展示发布、便于操作、理解与分享的信息形式。

(3) 关注中老年群体

社区教育既是成年人接受继续教育的补充和延伸,也老年人老有所为和精神寄托的场所。社区教育的受众主体为中老年人群,这部分人群受年龄和身体机能的影响,虽然在社区相关政策的促进下产生了线上学习的动机或行为,但同样存在一些值得社区工作人员重视的问题,例如:

受访居民01:现在年龄大了,不像以前,什么事总愿意忘,虽然这些课程都能重复看,但还是喜欢用笔记一记学到的东西,有些课程还有答题环节,能看看自己到底学没学会,看看自己哪学得不够好,回去再看看视频。特别是做有些事情比较着急,像做个菜,都是一边看一边做,不会了再倒回去看看,这菜做出来了挺有成就感,下次还想做点别的菜。

受访居民04:每天规定自己学习两个小时或者三个小时,时间太长了眼睛也花了,还记不住,时间太短了也不行,学不到太多的东西,就规定一个时间,按着这个规定的时间要求自己掌握多少内容,时刻关注进度。

受访居民08:帮助还是比较大的,以前下载的软件有很多都不适合老年人使用,社区推荐的软件用法简单,里面的内容更适合我们学习。

通过对受访居民的访谈可以发现,中老年人对信息技术的排斥的重要原因是缺乏专业的指导与帮助,无法找到符合自身年龄特点和需求的学习软件与资源,因此社区工作人员的专业化学习支持服务就显得尤为重要。在为市民推荐课程资源时也要充分考虑中老年人群的特点,首先课程设置上应设置任务点,对应的任务点配合测试题目,加深居民对知识点的理解和掌握;其次,课程时长不宜过长,单次课程控制在15分钟以内;最后,学习资源应具备学习进度记录与提示功能,支持重复学习和使用。

(四) 实证检验结论

通过对受访居民总体编码结果与个别受访者访谈内容分析发现,社区在执行本研究的相关建议、活动开展的过程中存在一定的问题,如社区场馆资源、社区学院宣传不到位,学习支持服务针对性不强等。上述问题与第四章社区工作人员半结构化访谈结论基本一致,体现了社区媒介学习环境建设中存在的共性问题,需要在相关策略制定时予以充分考虑。

上述问题并没有影响到社区采取的措施对促进社区媒介学习环境建设的重要作用,总体的分析结果一方面证明了社区在媒介学习环境建设中开展了大量的工作,取得了良好的成效,得到居民的一致认可;另一方面,本书所提出的对应关系对社区居民信息技术支持下的自主学习的全过程都起到了促进作用,激发并保持了受访居民信息技术支持的自主学习。综上所述,本书提出的社区媒介学习环境与技术支持自主学习对应关系得到了验证。

三、实践模型构建

综上所述,社区内各场域学习环境中的媒介资源工具与技术支持的成人自主学习因素的对应关系已经明确,并且得到了实证研究的验证。据此,本书以第三章提出的社区媒介学习环境理论模型为基础,通过研究第四章和第五章的研究,分别明确了社区媒介学习环境资源工具要素的构成与发展状况、成人学习者要素的构成与作用机制,以本章提出的社区媒介学习环境与技术支持的成人自主学习内、外部以及过程因素对应关系为依据,构建面向社区媒介学习环境设计的 TECMLE 实践模型,如图 6.8 所示。

该模型呈现了社区媒介学习环境各构成要素以及要素之间的相互关系,明确了社区媒介学习环境促进技术支持的成人自主学习的路径。首先是包括家庭学习环境、狭义社区学习环境、社区场馆学习环境在内的三个学习场域及其对应的资源工具,各场域学习环境通过媒介资源工具的融合使用而成为一个有机整体;其次是社区媒介学习环境下的成人学习者模型,该模型概括了社区媒介学习环境下成人运用信息技术自主学习的过程、因素及各因素之间的作用机制;最后该模型明确了社区内各类媒介资源工具促进成人信息技术支持的自主学习的各个有效路径。同时,上述对应关系在社区媒介学习环境的设计过程中得到了验证,因此该模型可为社区媒介学习环境的设计、相关学习活动的有效开展与推广提供依据,为社区媒介学习环境设计过程及策略的提出奠定良好的基础。

第六章 面向设计的社区媒介学习环境实践模型构建

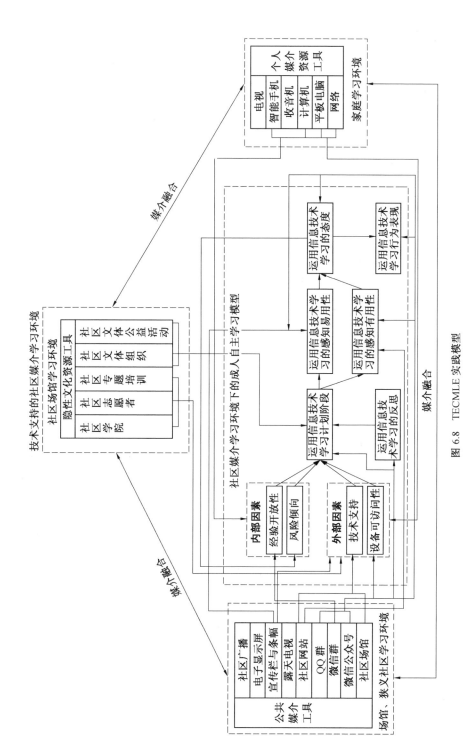

图 6.8 TECMLE 实践模型

本章小结

本章采用了以德尔菲法、基于扎根理论的访谈法为主的质性研究方法,构建社区媒介资源工具与技术支持的成人自主学习因素对应矩阵,明确社区媒介学习环境与技术支持的成人自主学习的对应关系。在此基础上,与社区对接,将上述研究成果提供给社区管理机构,与社区共同制定旨在提升居民自主学习的各项具体措施,并应用于社区建设与日常工作当中。研究结果表明,相关措施的实施从总体上促进了社区居民运用信息技术自主学习,在一定程度上推动了社区教育信息化,对应关系得到了验证。但上述措施在实际实施过程中同样存在一些问题与不足,例如,社区场馆资源、社区学院利用率及宣传力度有待提高;忽视居民媒介使用偏好;中老年人群体没有得到重视等,需要在相关策略制定时重点关注。最后,在实证研究结论的支撑下,提出面向社区媒介学习环境设计的TEC-MLE实践模型,本书将在此模型的基础上,在第七章提出TECMLE实践模型的设计过程与具体策略。

第七章 技术支持的社区媒介学习环境设计过程与设计策略

第六章技术支持社区媒介学习环境(TECMLE)实践模型的构建,为 TECMLE 实践模型设计过程与设计策略的提出奠定了基础。首先通过对各章结论的梳理,如图 7.1 所示,将社区媒介学习环境构成要素有机整合,基于 ADDIE 教学设计模型,从分析、设计、实施、评价四个阶段提出 TECMLE 实践模型的设计过程;其次,在设计过程与实践模型的基础上,结合第四章和第六章访谈研究相关结论,从促进社区媒介资源深度融合,打造融媒介学习环境、促进社区媒介资源与自主学习过程深度融合、促进数字学习环境到智慧学习环境的变革三个方面提出 TECMLE 实践模型的设计策略;最后,基于设计策略,制定 TECMLE 实践模型的构建方案,通过方案的实施,对策略的有效性进行检验,为 TECMLE 实践模型的设计提供系统化、科学化的方法与实施过程。

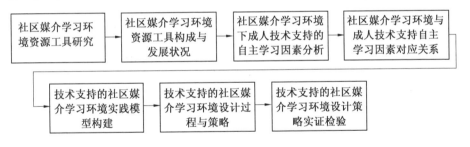

图 7.1 本书实施过程

一、设计过程

教学设计是指运用系统方法,将学习理论与教学理论的原理转换成对教学目标(或教学目的)、教学条件、教学方法、教学评价等教学环节进行具体计划的系统化过程。[①] 教学设计的方法较为多样,其中不乏面向信息技术学习环境的教

---

① 何克抗.也论"教学设计"与教学论——与李秉德先生商榷[J].电化教育研究,2001,96(4):3-10.

学设计的方法,ADDIE 教学设计模型是其中的代表。ADDIE 教学设计模型于 1975 年由美国佛罗里达州立大学教育技术研究中心开发并应用于培训实践,主要由 Analysis(分析)、Design(设计)、Development(开发)、Implementation(实施)及 Evaluation(评价)五个环节构成,随着模型的发展与完善,逐步从教学设计范本演变为教学思路和教学理念的创新,被广泛应用于信息技术环境下的教学设计当中[1][2][3]。该模型具备以下几个重要特征:第一,模型中的五个阶段既相互独立又相互渗透融合,是一个有机的整体,强调系统性与整体性;第二,每个阶段包括具体的实施步骤及与之对应的操作子步骤,能够为教学设计提供清晰、实用的过程与依据;第三,模型同时具有动态性与灵活性,可结合具体应用情境对子步骤进行调整。

具体到本书的 TECMLE 设计过程,首先体现的是设计过程的整体性,从媒介学习环境内涵与构成的界定,到媒介学习环境资源工具研究、成人学习者的研究,以及最后二者对应关系的最终确定,各阶段形成了一个有机整体,是系统性的设计过程;其次,上述设计过程中的各阶段均有具体的操作子步骤,通过步骤的整合能够为 TECMLE 实践模型提供具体的设计过程;最后,社区媒介学习环境的设计需要充分考虑不同社区的实际情况,因此,设计阶段与子步骤需要针对具体的应用情境进行动态调整。

综上,ADDIE 教学设计模型与本书 TECMLE 实践模型的设计在思路与特征上有较高的契合度,因此,本章旨在为未来的 TECMLE 实践模型设计提出规范化的过程,基于 ADDIE 教学设计模型,结合各章的阶段性结论,从 Analysis(分析)、Design(设计)、Implement(实施)、Evaluate(评价)四个阶段提出 TECMLE 实践模型设计过程,如图7.2所示。在各阶段设计过程的阐述中,本章首先介绍该阶段的实施步骤;其次对设计过程中的注意事项进行强调;最后,参照本书 TECMLE 实践模型在不同的设计过程中的结论,提出该步骤的预期成果,从而为设计者提供简单易用、操作性强的设计过程。

---

① 卜彩丽. ADDIE 模型在微课程设计中的应用模式研究[J]. 教学与管理,2014(24):90-93.

② 徐子雁,凡妙然. 基于 ADDIE 模型的翻转课堂教学设计研究[J]. 中国教育技术装备,2014(16):71-73.

③ 祁卉璇. 论 ADDIE 模型对翻转课堂教学设计的启示[J]. 中国成人教育,2016(17):107-109.

第七章 技术支持的社区媒介学习环境设计过程与设计策略

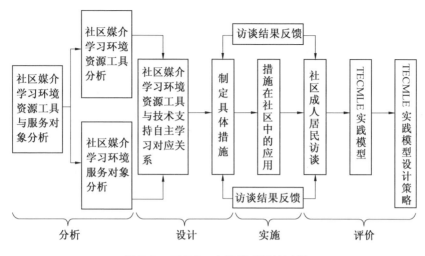

图 7.2 TECMLE 实践模型设计过程

(一)资源工具分析阶段

1. 实施过程

在 TECMLE 资源工具分析阶段,使用研究开发的"社区媒介学习环境资源工具调查问卷""社区媒介学习环境资源工具访谈提纲",采用问卷调查与半结构化访谈相结合的方式对社区媒介学习环境资源工具建设状况进行调查,通过数据分析总体掌握社区媒介学习环境资源工具构成、现状及存在的问题。

2. 注意事项

在社区媒介学习环境资源工具分析过程中,调查问卷的设计与发放、半结构化访谈设计与实施及调查结果分析三个重点环节实施过程中需要重点关注以下事项。

(1)调查问卷的设计与发放

首先在问卷调查前,要结合当地实际,对"社区媒介学习环境资源工具调查问卷"进行评估,可参照"社区媒介学习环境资源工具维度框架",在充分征求终身教育领域专家、授课教师、工作人员的意见后,对问卷题项进行调整;其次,问卷发放范围应尽量覆盖 TECMLE 设计所涉及全部社区,选择社区成人居民为调查对象;最后为保障问卷的回收率与填报质量,可采用发放纪念品的方式激励受访居民完成问卷调查。

(2)半结构化访谈设计与实施

在半结构化访谈过程中,首先注意在问卷调查覆盖社区中选择半结构化访谈对象,科学设计访谈提纲,以便与问卷调查结果相结合,得出更加全面的结论;

其次，调查前与社区提前沟通，选择工作经验丰富、掌握社区整体情况的工作人员作为访谈对象。在访谈进行的同时，可以在工作人员的配合下对社区媒介学习环境资源工具发展状况进行实地考察，并注意做好访谈记录以及影像资料的搜集、整理与保存工作。

（3）调查结果分析

调查结果分析要严格按照"社区媒介学习环境资源工具维度框架"中的维度划分与观测点设置执行，结合问卷调查与半结构化访谈数据分析结果，对社区居民学习体验、家庭学习环境、狭义社区学习环境、场馆学习环境、社区学习支持服务及隐性文化资源六个维度进行综合考察，对社区各场域学习环境资源工具发展状况进行横向对比分析，从而进一步掌握社区媒介学习环境资源工具构成与发展状态。

3. 预期结果

通过社区媒介学习环境资源工具分析，设计者能够总结出社区媒介学习环境资源工具的构成、社区媒介学习环境资源工具发展状态、社区媒介学习环境资源工具发展存在的问题三个预期结果，为后续设计工作的开展奠定基础。

（二）服务对象分析阶段

1. 实施过程

在 TECMLE 服务对象个体分析层面，首先要结合社区成人居民实际，综合考虑社区媒介学习环境资源工具分析结果，确定社区媒介学习环境下技术支持的成人自主学习因素。参照本书模型假设，构建成人学习者模型假设。利用本书开发的成人学习者技术支持的自主学习调查问卷，选取社区成人居民作为研究对象，采用问卷调查法搜集数据，采用 AMOS 结构方程模型统计分析工具对模型假设进行检验与修正，提出成人学习者模型，最终明确技术支持的成人自主学习因素与作用机制。

2. 注意事项

第一，明确问卷调查对象为社区成年居民，保证受访居民年龄、学历、职业分布均匀。

第二，考虑到接受调查的部分居民年龄偏大，问卷题项较多，对问卷题项理解有难度。因此在正式问卷发放的过程中，工作人员需对题项进行解读，现场指导居民填写问卷，并向问卷填写完整的市民发放礼品。本书的实践表明，上述措施能够有效提高问卷的回收率和质量。

3. 预期结果

通过社区媒介学习环境服务对象分析，设计者能够掌握社区媒介学习环下技术支持的成人自主学习的过程,在此基础上确定技术支持的成人自主学习的因素及作用机制,为资源工具与成人自主学习关系的确立奠定基础。

(三) 设计阶段

1. 实施过程

在 TECMLE 设计阶段,在综合考虑社区媒介学习环境建设现状与服务对象分析结果的基础上,聘请社区教育、终身教育、传播学领域相关专家,运用专家访谈法(德尔菲法),构建社区媒介资源工具与技术支持自主学习因素对应矩阵,确定社区媒介学习环境与技术支持自主学习的对应关系,根据上述对应关系,结合社区实际情况,实现对社区媒介学习环境的初步设计。

2. 注意事项

第一,在访谈专家选择过程中,确保人数在 8~20 人之间,专家性别、职称、研究领域分布合理,保证专家的专业性与权威性。

第二,专家调查前需对"社区媒介资源工具与技术支持的成人自主学习对应关系咨询问卷"进行评估,可参照社区媒介资源工具构成与发展状况、社区媒介学习环境服务对象分析结果进行调整与修改。

第三,专家访谈应分为两个阶段,第一轮访谈结束后,应向专家公布第一阶段数据分析结果,专家通过统计数据的研判后进行第二轮问卷咨询,此后通过对两轮问卷咨询的结果分析,并对数据体现的各对应关系进行综合判断后得出最终结论。

3. 预期成果

通过社区媒介学习环境设计阶段工作的开展,设计者能够完成"社区媒介资源工具与技术支持自主学习因素对应矩阵"的构建,确定社区媒介学习环境与技术支持的成人自主学习内部影响因素、外部影响因素、过程性因素的对应关系。

(四) 实施与评价阶段

1. 实施过程

在 TECMLE 实践模型的设计实施与评价阶段,设计者与社区工作人员对接,根据社区媒介学习环境与技术支持的成人自主学习的对应关系,制定并采取有效措施促进社区技术支持的成人自主学习。上述措施实施一段时间后,设计者会同社区工作人员采用基于扎根理论的访谈法,对社区成人进行开放式访谈,通过访谈内容的编码分析,对社区媒介学习环境设计措施的有效性进行逐条验证,根据验证结果对相关措施进行调整与改进,最终形成行之有效的实施策略,有效推进社区媒介学习环境的建设。

2. 注意事项

第一,在访谈提纲的设计过程中,尽量选择通俗易懂的语言,采用通用性词汇替代专业术语。

第二,在访谈对象层面,首先在居民的学历、年龄、性别、职业的选择上尽量做到异质性、多样化,避免同类型的人群对访谈的效度造成影响;其次,采用灵活机动的非随机抽样法,在社区内选择易于沟通交流、关心社区发展建设居民作为访谈对象。

第三,在着重考察文本内容编码分析结果的同时,注意对居民具有代表性的观点和现象进行汇总与分析,以便于进一步改进、完善实施过程。

3. 预期成果

在 TECMLE 实践模型的设计实施与评价阶段,社区工作人员可通过相关措施的实施与验证,构建符合社区实际的 TECMLE 实践模型,该模型所体现的社区媒介资源工具与技术支持的成人自主学习的对应关系,可以为未来社区媒介学习环境的设计及社区教育活动的开展提供指引。

二、设计策略

纵观本书各章的阶段性成果,无论是 TECMLE 实践模型的构建,还是设计过程的提出,均反映了社区媒介学习环境设计的重要构成要素,即资源工具、成人学习者,以及资源工具与成人学习者的相互关系,此部分也基于上述三个要素,结合第四章和第六章访谈研究结果反映出的媒介资源缺乏有效融合、缺少有效的学习支持服务、忽视居民媒介使用偏好、社区场馆资源利用率有待提高等共性问题,提出以下 TECMLE 实践模型的设计策略。

(一)促进社区媒介资源深度融合,打造融媒介学习环境

本书的相关研究结果表明,当前社区媒介资源工具之间以及媒介学习环境的构成要素之间,缺乏有效融合的现象较为普遍,而融媒介能够通过互联网等信息技术,将电视、报纸、广播和手机等各种媒介形式有机融合,从而实现内外部资源的整合,进而组建成一种新的媒体形态。与传统媒体相比,融媒介具有人员、技术等资源的融合优势。针对区域性媒介资源进行整合,有利于推动区域媒

的改革和发展,使传统媒介与新兴媒介有效融合①。因此,在社区教育活动的开展过程中,注意各类媒介资源工具的统筹使用,通过媒介资源的融合促进社区媒介学习环境构成要素的融合。

同时,通过研究相关结论可知,技术支持的成人自主学习有赖于社区显性硬件媒介资源与隐性文化资源的共同支持与促进,这其中不仅包括传统媒介、新媒介共同为成人居民营造的良好社区学习媒介宣传氛围,同时,社区志愿者与工作人员为成人提供的学习支持服务以及社区各类培训、各类文化组织及活动的开展对居民的学习所带来的潜移默化的影响也必不可少。因此,社区媒介融合只有回归到"以人为中心",才能真正实现深度融合②。

融媒介环境不仅限于新旧媒介的融合,同样是社区内部所有媒介资源的有序、富有针对性的融合,从而对社区居民的自主学习的内外部影响因素,以及过程性因素产生影响,强化成人持续自主学习的意识,促使社区成人形成具有感召力的学习共同体,建立社区持续发展的愿景。社区应该充分认识媒介融合对于社区教育信息化发展的重要意义,加强顶层设计,统筹、协调发展社区硬件资源与隐性文化资源,促进媒介的融合发展,打造融媒介学习环境。

(二)促进社区媒介资源与自主学习过程深度融合

相关结论表明,社区各类媒介资源工具能够有效促进技术支持的成人自主学习的激发与保持,因此,在 TECMLE 实践模型的设计过程中,应充分考虑媒介资源工具与技术支持的成人自主学习的内外部影响因素、过程性因素的对应关系,促进社区媒介资源与自主学习过程的深度融合。

1. 利用社区媒介资源工具,激发技术支持的成人自主学习行为

(1)内部影响因素层面

在内部影响因素层面,设计制作倡导成人居民运用信息技术学习的宣传视频、文字材料,通过社区微信群、QQ 群、微信公众号向居民推送,鼓励居民使用智能手机、计算机与平板电脑利用碎片化时间学习,促进居民对运用信息技术学习的理解、探索与尝试,提升经验开放性与风险倾向;同时,配合社区电子显示屏、宣传栏、条幅、社区学院全方位介绍运用信息技术学习的优势,使居民在潜移默

---

① 王彦琦,张海.融媒体环境下现场意识的培养路径[J].出版广角,2019(3):73-75.
② 王彦琦,张海.四位一体,融创合一:我国媒体融合正式迈入 3.0 时代[J].出版广角,2020(23):70-72.

化中对技术支持的自主学习产生良好的结果预期①,提升居民对运用信息技术学习的经验开放性。通过上述策略的实施从内部影响因素层面激发居民技术支持的自主学习行为。

(2)外部影响因素层面

在外部影响因素层面,一方面,搜集、制作关于智能手机、计算机等终端,以及各类软件操作与使用技巧的短视频、图文资料,通过社区网站、QQ群、微信群、微信公众号定期向社区居民推送。同时配合宣传栏与条幅宣传移动终端及软件使用小常识、小技巧,最大限度地降低居民的信息技术使用障碍。另一方面,充分利用社区场馆资源、社区志愿者,面向居民开展系统性的培训,介绍各类媒介终端及学习软件使用技巧,为居民提供线下学习支持服务。通过上述策略的实施,从外部影响因素层面激发技术支持的成人自主学习行为。

2. 利用社区媒介资源工具,促进技术支持的成人自主学习行为的保持

(1)成人居民技术支持自主学习计划阶段

在成人居民技术支持自主学习计划阶段层面,在充分考虑居民各类学习需求的基础上,科学制订社区教育教学计划,合理分配线上学习与线下面授时间,根据不同课程的实际情况,科学设置学习目标,设定任务点,为社区居民量身打造系统化的学习方案。一方面,利用微信群、微信公众号、QQ群定期推送课程资源,向完成学习任务点的居民提供学分或实物奖励,提升居民学习的自我效能,促进居民对运用信息技术学习产生良好的结果预期;另一方面,针对操作性较强的课程,配合线上学习资源,依托社区学院开展线下面授及公益活动,打造线上、线下混合式"金课";最后,注意合理使用社区电子显示屏与条幅对近期课程安排、教学计划、任务点设置进行宣传。通过上述策略的实施,促进社区成人有计划地开展自主学习活动。

(2)感知有用性与感知易用性

在居民对信息技术的感知有用性与感知易用性提升层面,首先征集居民优秀线上学习案例、成果、作品,通过社区网站、QQ群、微信群、微信公众号、电子显示屏、宣传栏与条幅进行宣传,提升社区居民对运用信息技术学习的感知有用性;其次,提升居民技术支持可用性与外部设备可访问性的相关策略,同时可以促进居民对运用信息技术学习的感知易用性的提升。通过上策略的统筹实施,有效提升社区居民信息技术自主学习的感知有用性与感知易用性,促进居民对运用信息技术学习产生良好的态度。

---

① 杨现民,赵鑫硕,刘雅馨,等.网络学习空间的发展:内涵、阶段与建议[J].中国电化教育,2016(4):30-36.

(3) 成人居民对技术支持自主学习的态度

在成人居民对技术支持自主学习的态度层面,一方面,借助 QQ 群、微信群、微信公众号对社区各类教学活动的开展情况以及学习成果进行宣传,提升居民对社区教育活动的满意度,促使居民对运用信息技术学习产生偏爱;另一方面,通过社区学院媒介终端、学习软件使用技巧等系统化培训的开展,提升居民对社区学习支持服务的满意程度。综合采取上述措施,提升居民对信息技术支持自主学习的满意与偏爱度,进而使居民产生良好态度,产生自主学习行为。

(4) 成人居民技术支持自主学习的表现与反思

在成人居民技术支持自主学习的表现与反思层面,根据社区教育教学计划与课程安排,定期通过 QQ 群、微信群、微信公众号向社区居民推送课程完成进度、质量,采取适当的手段对居民的学习表现进行评价,促进居民对学习的反思,同时配合学习成果的宣传展示,对居民进行正向激励,促进技术支持自主学习行为的保持。

综上,社区成人居民技术支持的自主学习是复杂、动态的过程,上述策略也相互交融、影响,因此,在策略的实施过程中,要根据工作实际统筹规划、动态调整,最大限度地确保策略的有效性。

(三) 促进数字学习环境到智慧学习环境的变革

当前以人工智能技术、大数据、云计算、虚拟现实为代表的新一代信息技术蓬勃发展,不断地改变着传统教育教学的样态与内涵[1],推动正式学习与非正式学习的融合,为构建泛在学习环境、实现全民终身学习提供了有力支撑[2],促进智慧学习环境与学习的深度融合成为终身学习的重要发展方向。所以,在社区媒介学习环境建设过程中,应做到与时俱进,重视新兴信息技术在媒介资源建设中的应用,促进社区数字学习环境到智慧学习环境的变革,强化社区媒介资源的统筹应用。

在微观层面,为成人学习者打造智慧化学习空间。在各类学习 App、网站、平台设计过程中注重将人工智能技术、大数据等新兴技术合理、有效地融入自主学习各个阶段,促进学习者运用信息技术自主学习。首先运用自适应学习系统对学习者进行深入细致的分析,精准绘制成人学习者画像。针对成人学习者的特点与学习需求,向学习者精准推送教学内容与学习资源,量身定制学习路径,设

---

[1] 李宏堡,袁明远,王海英."人工智能+教育"的驱动力与新指南——UNESCO《教育中的人工智能》报告的解析与思考[J]. 远程教育杂志,2019(7):3-12.

[2] 潘云鹤. 人工智能 2.0 技术初露端倪[J]. 中小学信息技术教育,2018(5):6.

定目标、制定学习策略,协助学习者对学习活动做出计划。采用机器学习方法对学习者数据特征进行分析和归类,预测辍学行为,分析辍学原因,同时对学习过程中可能存在的困难进行预警,提升学习者的自我效能感。① 其次,利用眼动技术提取、分析教学视频显示对学习者学习影响的规律②,不断改进视频教学内容与呈现方式,根据不同学习者特点推送个性化课程内容呈现方式,配合虚拟现实技术提升个性化学习体验与课程交互性,使教学资源更加符合成人的特点,给学习者带来更好的学习体验。最后对成人学习者的学习全过程行为数据进行记录与分析,利用数据挖掘、分析结果预测未来学习趋势,帮助学习者对学习过程进行全面的了解和把握,一方面为教学组织者对学习者的形成性评价与总结性评价提供参考,另一方面为学习者对学习过程的自我判断、自我反应提供依据,从而形成对学习的有效反思,促进自主学习的开展。

在宏观层面,构建社区教育云学习平台。当前虽然部分社区及社区教育机构建立了数字化学习平台,取得了一定的成效,而通过访谈与实地考察发现,各社区独立建设学习平台,无论在资金还是在技术上都存在一定的困难,且平台的重复性建设也会造成资源的浪费、服务模式和标准规范不统一、支持服务与管理能力不足、技术支撑服务不够、资源共享复用较差等一系列问题。③

云计算作为一种新型的信息技术,为社区教育信息化云服务架构提供了技术基础,实现了信息资源的组织架构和服务新模式。社区教育云服务可以整合各个层次社区教育服务中心的教育资源与信息化基础设施,统一部署资源,避免重复浪费,真正实现社区教育资源"人人可学、处处可学、时时可学"。④ 因此,政府及相关部门应综合考虑上述因素,在已有"三通两平台"的基础上,建立社区教育数字化云学习平台,搭建区域教育数据汇聚中心和管理决策中心,实现区域内所有教育资源的"互联互通",上传、汇聚区域教育大数据,有效地管理、组织、监控教育教学。同时,提供互联网模式下全新的学习环境,通过区域平台及资源共建共享,提供公平的学习平台与工具,促进区域教育公平,更好地为社区居民提供各类学习资源与学习支持服务,提高区域教育质量。⑤

---

① 王彦琦,张海,吴立刚,等.人工智能视域下终身教育网络"金课"建设研究[J].现代远距离教育,2020(5):74-80.

② 尤洋,王以宁,张海.智慧课堂环境下教学视频复杂度与学习者认知负荷关系研究[J].现代远距离教育,2020(2):91-96.

③ 胡水星.面向服务架构的社区教育信息化平台设计与应用研究[J].中国成人教育,2016(2):148-152.

④ 胡水星.社区教育信息化云服务架构与应用研究[J].继续教育研究,2017(5):59-61.

⑤ 孙曙辉,刘邦奇.区域智慧教育的整体规划与设计[J].数字教育,2016,2(6):14-20.

三、建设方案的制定、实施与检验

社区媒介学习环境的建设是一个漫长的过程,上述策略在实施过程中需要统筹安排、综合运用才能发挥最大的效果。因此,为进一步验证研究所提出的 TECMLE 设计策略的有效性,本书制定了 TECMLE 实践模型的建设实施方案,并将方案应用于第四章半结构化访谈涉及的六个社区,通过对社区工作人员的问卷调查,对方案实施效果进行检验,实现对本书策略验证的同时,使策略真正落地,实现社区媒介学习环境系统、科学的设计,进一步推进社区教育信息化的进程。

(一)建设方案的制定

1. 指导思想

全面贯彻党的十九大报告提出的"办好继续教育,加快建设学习型社会,大力提高国民素质"的战略方针,通过社区终身教育资源的利用与整合,为居民创造终身学习机会,提供精准化的个性服务,扩大社区教育参与,推进社区教育信息化,加速学习型社区建设。

2. 建设目标

基于系统视角,通过社区媒介学习环境的研究与分析,进一步系统、科学地优化社区教育资源要素,推进社区教育信息化进程。

目标一:促进教育资源的合理配置,让优质教育资源更加广泛地惠及社区居民。

目标二:畅通社区学习路径,实现居民学习自主化,形成提高社区人文素质和社会感召力的学习共同体,进而推动学习型社区的创建。

3. 基本原则

(1)整体性原则

在对社区媒介学习环境的建设过程中,将社区内的家庭学习场域、狭义社区学习场域、社区场馆学习场域作为整体置于社区的大环境下进行统筹考虑,通过媒介工具的合理调配与使用,提升媒介学习环境建设的整体化推进,促使各学习场域形成合力,促进社区居民的自主学习。

(2)融合性原则

在社区各类媒介工具的使用与调配过程中,在考虑新媒介资源工具优势的同时,注重传统媒介资源工具以及各类文体组织、培训活动对社区居民潜移默化的影响作用,促进传统媒介与新媒介资源工具的深度融合。

(3) 适应性原则

在社区教育活动开展、学习资源推送等工作规划过程中,要充分考虑社区各类媒介工具与成人自主学习行为的内外部影响因素及过程性因素的对应关系,同时要掌握社区居民的媒介工具的使用偏好、信息呈现方式偏好,以此为依据制定相关措施,使各类媒介工具真正适用居民的需求,有效促进社区居民的自主学习。

(4) 发展性原则

顺应媒介技术的发展趋势,充分重视以大数据、云计算、人工智能技术为代表的新一代信息技术对社区教育的重要支撑作用,利用上述技术更加合理地配置社区各类媒介资源,为居民提供简单易用、更具个性化的学习方式,优化居民的学习过程,促进社区居民对信息技术支持的各类学习方式的接受与使用。

4. 具体措施

本书结合 TECMLE 实践模型、TECMLE 设计策略,以及第四章媒介资源工具要素问卷调查与半结构化访谈中反映出的社区在媒介资源工具配置与使用、学习支持服务、场馆利用等方面存在的共性问题,与社区工作人员对接,在方案指导思想、建设目标、基本原则的基础上,从加强领导,明确职责,协调联动;加强学习支持服务团队建设,为居民学习提供技术支持;促进社区媒介资源工具深度融合;采取有效手段,激发成人居民技术支持的自主学习行为;多举并措,促进技术支持成人自主学习行为的保持与发展五个方面,为社区的媒介学习环境的建设提出具有针对性的具体措施。

(二) 建设方案的实施与检验

1. 方案实施对象选择

在建设方案实施对象选择的过程中,本书结合实际,选择第四章社区媒介学习环境资源工具要素研究中半结构化访谈涉及的六个社区作为建设方案实施对象,主要包括以下几个方面的原因。

首先,通过第四章半结构化访谈的开展,研究团队与六个社区的工作人员形成了良好的合作关系,工作人员对本研究的较为熟悉,便于方案具体措施的制定与实施。

其次,本次选择的六个社区包括南岗区保健路街道保健社区、道外区黎华街道华北社区、香坊区新成街道建成社区、依兰镇五国城社区、方正镇兴商社区及宾县宾州镇迎宾社区,既覆盖了哈尔滨市主要城区,也包括三个具有代表性的外县,且上述区域社区教育发展情况具有一定的差异性,在一定程度上保证了方案实施效果的代表性。

最后,通过第四章资源工具要素问卷调查、半结构化访谈数据分析,明确了上述六个社区在媒介学习环境建设过程中,在媒介资源工具使用与融合、场馆信息化环境建设与使用、学习支持服务及文化活动统筹规划与形式四个方面还存在亟待解决的问题。而本书的 TECMLE 实践模型的设计策略正是旨在解决上述问题而提出,通过策略在社区实施效果的检验,明确社区媒介学习环境建设中存在的问题是否得到了有效解决,能够进一步验证本书相关策略的有效性。

2. 方案实施

研究团队根据社区媒介学习环境建设方案的指导思想、目标以及原则,在哈尔滨市南岗区保健路街道保健社区、道外区黎华街道华北社区、香坊区新成街道建成社区、依兰镇五国城社区、方正镇兴商社区及宾县宾州镇迎宾社区六个社区中进行了为期六周的社区媒介学习环境建设工作,并取得了较为显著的成效,具体实施过程如下,如图7.3所示。

(1)前期准备阶段:加强领导,明确职责,协调联动

在方案实施的前期准备阶段,研究团队利用一周时间,在与各社区深入沟通、交流的基础上,成立社区媒介学习环境建设领导小组,社区主任任组长,各部门负责人为成员,明确职责与分工,与本书团队形成联动机制,合作开展社区媒介学习环境建设工作。

(2)前期准备阶段:加强学习支持服务团队建设,为居民学习提供技术支持

充分挖掘社区内部人力资源,吸纳熟悉信息技术的社区居民加入社区志愿者队伍,成立学习支持服务团队,利用社区媒介资源工具进行宣传,在社区办公地点设立学习支持服务窗口及热线电话,提供上门服务,解决居民在信息技术使用过程中的各类问题。

(3)实施阶段一:促进社区媒介资源工具深度融合

在社区教育活动的设计、实施以及宣传工作开展过程中,确立并不断强化促进媒介资源工具深度融合的理念。注意社区内传统媒介资源工具、新媒介资源工具、隐性文化资源工具的统筹使用,促进社区媒介资源工具的融合,实现效果最大化。

首先,在社区各类面授培训开展的同时,配合线上直播,并将培训分门别类制作为视频课程,通过社区网站、微信群、微信公众号、QQ 群向社区居民推送。

其次,在新媒介信息平台推送各类课程与小常识的同时,配合条幅、电子显示屏、宣传栏等传统媒介对推送内容进行宣传与介绍。

最后,成立课程学习小组,打造学习共同体,通过小组活动的开展,促进居民对学习内容的理解与接受。

综上,通过社区各类媒介资源的深度融合,有效促进技术支持的成人居民自

图 7.3 社区媒介学习环境建设实施方案

主学习。

(4)实施阶段二:采取有效手段,激发成人居民技术支持的自主学习行为

在方案实施的第二阶段,利用两周时间,制定、实施以下具体措施,以激发居

民技术支持的自主学习行为,吸引居民参与学习活动。

首先,研究团队与社区工作人员联合设计、制作倡导成人居民利用信息技术自主学习的宣传视频、图文材料,设立线上、线下混合公益课程。利用一周时间(第二周),通过社区微信群、QQ 群、微信公众号,配合社区电子显示屏、宣传栏、条幅等传统媒介对社区居民进行宣传与推介。

其次,搜集、制作智能手机及各类 App 操作与使用技巧短视频、图文资料。利用一周时间(第三周),通过社区微信群、QQ 群、微信公众号,配合社区电子显示屏、宣传栏、条幅等传统媒介向社区居民进行推送。

最后,配合上述活动的开展,动员社区学习支持服务团队,为社区成人居民提供线上、线下学习支持服务,帮助居民解决智能终端使用过程中的各类问题,接受各类公益课程的现场报名。多措并举,激发成人居民技术支持的自主学习行为,有效提升社区内运用信息技术学习居民的数量。

(5)实施阶段三:多措并举,促进技术支持成人自主学习行为的保持与发展

在促进技术支持成人自主学习行为保持与发展相关措施开展过程中,研究团队配合社区工作人员,利用线上、线下课程的开展、学习成果展示、学习评价与奖励等多项措施,促进上一阶段实施方案中参与到学习活动中来的居民技术支持自主学习行为的保持与发展,从而推进社区教育信息化的进程。

首先,利用两周时间(第四周和第五周),在社区内开设智能手机操作、国学、绘画、太极养生、声乐演唱、宝玉石鉴赏、瑜伽健身、手风琴演奏等线上、线下混合课程。结合各社区居民实际,制订教学计划,设置任务点,合理分配线上授课与面授时间。

线上课程部分,聘请哈尔滨老年大学、哈尔滨市民学习中相关课程教师通过腾讯会议、钉钉等软件进行线上直播授课,同时对课程进行录制与剪辑,与黑龙江省广播电视有限公司合作,打造出形式丰富、居民喜爱的"市民空中课堂"系列课程,社区居民可通过龙江网络电视直播或点播方式观看,如图 7.4 所示。

线下面授环节邀请上述教师深入社区,配合社区技术支持服务团队,针对成人居民课程学习过程中存在的问题进行现场指导,并设置任务点,对完成任务的居民发放礼品。同时,合理利用社区内各类媒介资源工具,对上述活动的开展进行立体化的宣传,吸引更多的社区居民参加到学习活动中来。

其次,在公益课程开展过程中,一方面,征集居民优秀学习案例,制作视频、文字、图片材料,通过社区网站、QQ 群、微信群、微信公众号、电子显示屏、宣传栏与条幅进行宣传;另一方面,利用社区媒介资源工具,对社区学习支持服务团队进行宣传与介绍,通过上述措施提升社区居民对技术支持自主学习的感知有用与感知易用性,产生良好的态度。

最后,利用一周时间(第六周),对社区媒介学习环境建设工作进行总结。一

图7.4 "市民空中课堂"电视点播界面

方面,对参加学习活动的居民进行评价,评选出"学习型家庭""社区学习之星",发放证书与奖品,促进居民对学习活动的反思;另一方面,制作学习成果展示、"学习型家庭""社区学习之星"事迹等系列宣传材料,利用社区媒介资源工具进行宣传,促进社区居民对学习活动的了解,以及对学习过程的反思,进而为未来的学习活动奠定良好的基础,促进技术支持的自主学习行为的保持与发展。

3. 方案检验

本书希望通过社区媒介学习环境建设实施方案有效性的检验,进一步验证 TECMLE 实践模型以及据此提出的设计策略。因此,在社区媒介学习环境建设实施方案在六个社区顺利实施后,在实施方案具体措施的基础上,结合上述社区在媒介资源工具要素研究中发现的问题,设计社区媒介学习环境建设调查问卷,每个社区选取 10 名工作人员作为调查对象,通过问卷调查结果的数据分析,对方案的实施效果进行检验。

(1)调查问卷设计

在调查问卷的设计过程中,根据社区媒介学习环境建设具体措施,从资源工具要素、技术支持的成人居民自主学习及总体评价三个维度设计题项,对 TECMLE 实践模型的设计策略的有效性进行验证。

第一,资源工具要素层面。研究结合 TECMLE 实践模型的设计策略与实施方案,根据媒介资源工具要素的构成,从传统媒介资源工具、新媒介资源工具、隐性文化资源工具、媒介资源工具融合、社区基地场馆及学习支持服务六个维度设计了题项,用以考察设计策略的实施是否改善了社区媒介资源工具要素的建设与应用。

第二,技术支持的成人居民自主学习层面。结合 TECMLE 实践模型的设计策略与实施方案,根据社区媒介学习环境下技术支持成人居民自主学习因素及机制,从外部影响因素、内部影响因素、过程性因素三个维度设计了 10 个题项,用以考察根据设计策略所制定的相关措施是否有效促进了居民技术支持的自主学习。

第三,总体评价层面。从方案实施的总体效果层面设计了一个题项,用以考察实施方案的总体效果。初步形成包括 17 个题项的社区媒介学习环境建设效果调查问卷。

(2)问卷检验

在问卷检验过程中,针对量表式问卷,一般认为可以通过项目分析与因素分析来验证问卷的信度和效度,本书所开发的问卷虽然为非量表式问卷,但同样需要结合研究实际,采用科学的方法进行信效度检验,以保证问卷调查的科学性。

首先,本书针对问卷题项开展专家评定。邀请社区教育领域专家、社区工作人员、授课教师,对问卷的维度划分、题项设置、表述方式等方面进行分析,并提出具体修改意见,针对意见,再对部分题项的表述进行了调整与优化。

其次,开展问卷预调查。为保证问卷调查的质量,以及考察问卷各题项是否能够被社区工作人员所理解,对问卷进行了小范围的预调查。本书在 6 个社区各选择一名工作人员作为研究对象,发放问卷,问卷回收后征求受访者对问卷题项的建议。预调查结果表明,受访者普遍能够理解问卷题项的含义,并能够在合理的时间内完成问卷。此外,部分社区工作人员对问卷调查的目的、社区媒介学习环境的概念等问题存在疑问,针对上述问题,在问卷开头增加了问卷调查目的以及相关概念的解释与说明,以便让受访者了解问卷的意图。

综上,通过专家评定及预调查,问卷的信度与效度得到了保证,本书在此基础上对问卷进行调整与修改,最终形成包括 17 个题项的社区媒介学习环境资源工具正式调查问卷(详见附录六)。

(3)问卷调查实施与数据分析

在社区媒介学习环境建设方案在 6 个社区顺利实施后,研究团队深入社区,在每个社区选取参与方案实施的 10 名社区工作人员发放调查问卷。为保证问卷调查的质量,研究团队全程指导了问卷的填写,有效地保证了问卷回收率与质量,共计发放问卷 60 份,回收有效问卷 58 份,有效率为 96.7%。本书对回收问卷数据进行汇总与统计,具体结果见表7.1。

表7.1　问卷调查结果

维度	序号	题 项	是	否	一般
媒介资源工具要素	1	传统媒介资源工具配置与使用是否得到了改善?	50	2	6
	2	新媒介资源工具配置与使用是否得到了改善?	58	0	0
	3	媒介资源工具是否得到了有效融合?	54	0	4
	4	社区基地场馆使用率是否有效提升?	56	0	2
	5	社区学习支持服务团队建设情况是否得到了改善?	50	0	8
	6	文体组织及相关活动的开展是否有效促进了技术支持的自主学习?	56	0	2
技术支持的成人居民自主学习	1	实施方案是否促进了居民对技术支持自主学习的理解与接受?	56	0	2
	2	实施方案是否促进了居民有计划地开展技术支持的自主学习?	56	0	2
	3	实施方案是否提升了居民技术支持自主学习的信心?	55	0	3
	4	实施方案是否促使居民对技术支持自主学习产生了良好的结果预期?	56	0	2
	5	实施方案是否提升了居民对技术支持自主学习的感知有用性与易用性?	54	0	4
	6	实施方案是否使居民对技术支持自主学习产生了良好的态度?	56	0	2
	7	实施方案是否吸引了更多的居民尝试运用信息技术自主学习?	57	0	1
	8	实施方案是否促进了居民对学习时间、学习进度等进行自我控制?	56	0	2
	9	实施方案是否促进了居民对学习过程的观察与记录?	49	0	9
	10	实施方案是否促进了居民对学习过程及效果进行总结与反思?	50	0	8
总体评价	11	实施方案是否有效促进了社区媒介资源的合理配置?推进了社区教育信息化进程?	54	0	1
		总计	923	2	58

4. 检验结果与启示

（1）检验结果

本书通过社区媒介学习环境建设问卷调查结果的分析，得到以下结论。

第一，社区媒介资源工具得到了系统、科学的配置与使用。

问卷调查结果表明，通过社区媒介学习环境建设方案的实施，社区传统与新媒介资源工具的配置与使用得到了改善，第四章对上述社区半结构化访谈所反映出的"社区媒介学习环境资源工具建设亟待加强""社区媒介资源工具缺乏有效融合""居民技术支持自主学习缺乏有效支持"三个问题得到了有效的解决。

第二，社区成人居民技术支持自主学习得到了有效的促进。

问卷调查结果表明，建设实施方案中的相关措施，从技术支持的成人自主学习的内部影响因素与外部影响因素、计划阶段、感知有用性与感知易用性、态度、行为表现及自我反思的各个环节均起到了有效的促进作用，参与学习的成人居民数量显著提升。据黑龙江省广播电视有限公司不完全统计，在方案实施过程中，超过3万余人通过电视和网络观看、学习"市民空中课堂"公益课程。

最后，社区媒介学习环境设计策略的有效性得到了验证。

通过社区媒介学习环境建设方案的设计、实施与检验，6个社区的媒介学习环境得到了系统、科学的设计，媒介资源工具的配置与使用有效的促进的技术支持的成人居民自主学习，推动了社区教育信息化的发展。

综上，本书基于TECMLE实践模型所提出的TECMLE设计过程与计划策略得到了验证。

（2）启示

通过对问卷调查结果的统计分析，虽然大多数社区工作人员对方案实施效果持肯定的态度，但仍在传统媒介资源工具配置与使用、学习支持服务团队建设及技术支持自主学习行为表现与自我反思四个方面暴露出问题。本书在问卷调查后对相关题项选择中持否定或一般态度的社区工作人员逐一了解情况，为今后社区媒介学习环境的设计与建设提供了经验与启示。

首先，传统媒介资源工具配置与使用。社区工作人员认为，社区媒介学习环境建设方案的实施，对社区内部传统媒介资源工具的科学配置与使用起到了一定的促进作用，但部分社区传统媒介资源工具的建设工作仍较为滞后，需要引起政府相关部门的重视，加快社区内宣传栏、电子显示屏、露天电视等媒介资源工具的升级与改造，使其更好地促进社区居民自主学习活动的开展。

其次，社区学习支持服务团队建设。社区工作人员认为，建设方案的实施虽然在一定程度上推进了学习支持服务团队的建设，但团队成员由社区工作人员与志愿者构成，一方面，社区工作人员日常工作较为繁忙，无法更好地兼顾学习支持服务工作；另一方面，社区志愿者人员缺乏稳定性，且具备专业知识与技能的志愿者较少。综上可见，社区学习支持服务顺利开展，必须有人员稳定、专业化的团队作为支撑，在社区媒介学习环境建设工作开展中，应强化学习支持服务团队建设，通过社区内部挖潜、加强管理与培训等手段，保证学习支持服务的顺利开展。

最后，技术支持自主学习行为表现与自我反思。社区工作人员指出，建设方案的实施虽然吸引社区居民广泛参与到了线上、线下学习中，但居民对学习行为的记录与反思不足，学习行为的持续性还有待进一步提高。因此，在社区公益学习活动的组织与开展过程中，还应进一步提升课程设计的系统性，同时加强宣传与奖励的力度，促进居民技术支持自主学习行为的保持，营造良好的社区学习氛围。

本章小结

本章在前面各章研究结论的基础上，通过对社区媒介学习环境设计过程的梳理，从分析、设计、实施、评价四个阶段明确了 TECMLE 实践模型的设计实施过程；并从促进社区媒介资源深度融合，打造融媒介学习环境、促进社区媒介资源与自主学习过程深度融合、促进数字学习环境到智慧学习环境的变革三个方面提出了 TECMLE 实践模型的设计策略，与社区对接，制定 TECMLE 实践模型的建设实施方案，通过对方案的实施与检验，为 TECMLE 实践模型的设计提供了系统化、科学化的方法与实施过程。

第八章 研究结果与展望

本书在明确社区媒介学习环境概念、内涵与构成要素的基础上,通过社区媒介学习环境资源工具的研究,总体掌握当前社区媒介学习环境资源工具的构成与发展状况。并以此为基础,运用质化与量化相结合的混合研究方法,探究技术支持的成人自主学习因素与作用机制,明确社区媒介学习环境与技术支持的成人自主学习对应关系,构建了技术支持的社区媒介学习环境(TECMLE)实践模型。基于此,本书提出了 TECMLE 实践模型的设计实施过程,最终从促进社区媒介资源深度融合,打造融媒介学习环境、促进社区媒介资源与自主学习过程深度融合、促进数字学习环境到智慧学习环境的变革三个方面提出了 TECMLE 实践模型的设计策略,并基于策略设计、实施社区媒介学习环境建设方案,通过对实施效果的检验,对策略的有效性进行了验证。至此,本书的主要研究任务均已完成,本章将对其进行总结,并对研究的创新点、局限与展望进行阐述。

一、研究结果

本书回答了五个重要的问题:第一是社区媒介学习环境的内涵与理论模型如何界定;第二是社区媒介学习环境下的资源工具构成与发展状况如何;第三是社区媒介学习环境下成人学习者要素构成与作用机制如何;第四是资源工具要素与成人学习者要素的相互关系如何;第五是如何根据要素的相互关系,基于系统视角进行社区媒介学习环境的设计。

1. 界定了社区媒介学习环境的内涵、理论模型与构成要素

首先,本书在学习环境的理论基础上,将社区媒介学习环境定义为:在以促进居民终身学习、自主学习为目标的社区内,各种网络媒介、电子媒介、传统媒介资源工具,以及各类隐性文化资源构成的各类场域学习环境共同组成的系统化、环境化学习空间。

其次,本书将社区媒介学习环境划分为三个研究维度,其中媒介环境维度体现学习场域、资源工具的构成与发展状态;成人学习者个体维度侧重于学习者分析;媒介学习环境与技术支持的成人自主学习对应关系维度体现资源工具与学习者的有效互动,并据此构建了社区媒介学习环境理论模型。

最后,本书在社区媒介学习框架的基础上,进一步明确了社区媒介学习环境由"资源工具""成人学习者"两大要素以及二者的相互关系构成。

2. 掌握了社区媒介学习环境资源工具构成与发展状况

在资源工具构成方面,本书通过社区媒介学习环境资源工具研究发现,当前社区媒介学习环境可以划分为家庭学习环境、狭义社区学习环境以社区场馆学习环境三个场域,各场域的媒介资源划分为显性硬件资源和隐性文化资源两个部分。显性硬件资源包括公共媒介资源与个人媒介资源两个方面,公共媒介资源主要包括图书阅览室、电子阅览室、教室、文体活动室、宣传栏、条幅、露天电视等;个人媒介资源包括智能手机、计算机、收音机、计算机、平板电脑、有线、无线网络等。隐性文化资源包括社区学院、社区志愿者、特色专题培训、社区文体组织、社区公益活动等。

在资源工具发展状况方面,笔者发现当前社区媒介环境资源工具发展还存在社区媒介学习环境资源工具建设亟待加强、社区媒介资源缺乏有效融合、居民技术支持的自主学习缺乏有效支持等亟待解决的问题。

3. 明确了社区媒介学习环境下技术支持的成人自主学习因素及作用机制

首先,本书通过对社区媒介学习环境下技术支持的成人自主学习模型的检验与修正,确定了社区媒介学习环境下技术支持的成人自主学习因素。因素分为内部影响因素、外部影响因素及过程性因素三个维度。其中内部影响因素包括经验开放与风险倾向两个因素;外部影响因素包括技术支持可用性与外部设备可访问性两个因素;过程性因素包括运用信息技术学习计划阶段、运用信息技术学习的感知易用性、运用信息技术学习的感知有用性、运用信息技术学习的态度、运用信息技术学习的行为表现及运用信息技术学习的自我反思六个因素。

其次,本书通过模型路径的分析,明确了要素间的作用机制。

第一,在内部影响因素层面,经验开放性、风险倾向两个人格特征变量,作为内部影响因素通过自主学习计划阶段的任务分析和自我激励信念对学习过程的各个阶段产生间接影响。通过定量分析可知,风险倾向对成人运用信息技术学习的影响远大于经验开放性。

第二,在外部影响因素层面,技术支持可用性、外部设备可访问性两个外部影响因素通过自主学习计划阶段的任务分析和自我激励信念对学习过程的各个阶段产生正向影响,二者的影响程度基本相同。

第三,在过程性因素层面,成人运用信息技术学习的感知易用性和感知有用性通过运用信息技术学习的态度,对学习表现产生正向影响,学习表现对自主学习的反思产生正向影响。从定量关系上看,感知有用性对态度的影响远强于感知易用性。

第八章 研究结果与展望

4. 构建了面向社区媒介学习环境设计的 TECMLE 实践模型

本书运用德尔菲法构建社区媒介学习环境资源工具与技术支持的成人自主学习因素对应矩阵,分别确定了社区媒介资源工具与技术支持的成人自主学习内部影响因素、技术支持的成人自主学习外部影响因素、技术支持的成人自主学习的任务分析、技术支持的成人自主学习的自我激励信念、技术支持的成人自主学习的感知有用性与感知易用性、技术支持的成人自主学习的态度、技术支持的成人自主学习行为表现、自我反思的对应关系。

此后,本书基于扎根理论,采用访谈法对社区居民进行访谈,对上述对应关系进行验证。上述关系在社区教育实践中得到了验证,有效地促进了社区技术支持的成人自主学习。在此基础上,本书构建了面向社区媒介学习环境设计的 TECMLE 实践模型。

5. 提出了 TECMLE 实践模型的设计过程

通过对论文各阶段性研究结论的梳理,本书从社区媒介学习环境资源工具分析、社区媒介学习环境服务对象分析、TECMLE 设计、TECMLE 建设实施与评价四个阶段提出 TECMLE 实践模型的设计过程,为 TECMLE 实践模型的设计提供了完整的方法与过程。

6. 提出了 TECMLE 实践模型的设计策略

本书基于"资源工具""成人学习者"两大社区媒介学习环境构成要素及相互关系,结合第四章和第六章研究结论反映出的媒介资源缺乏有效融合、缺少有效的学习支持服务、忽视居民媒介使用偏好、社区场馆资源利用率有待提高等共性问题,从促进社区媒介资源深度融合、打造融媒介学习环境、促进社区媒介资源与自主学习过程深度融合、促进数字学习环境到智慧学习环境的变革四个方面提出了 TECMLE 实践模型的设计策略。

7. 对 TECMLE 实践模型的设计策略的有效性进行了验证

最后,本书基于设计策略,制定 TECMLE 实践模型的建设实施方案,通过方案的实施,对策略的有效性进行了检验。结果表明,社区的媒介学习环境得到了系统、科学的设计,媒介资源工具的配置与使用有效地促进了技术支持的成人居民自主学习,推动了社区教育信息化的发展。本书基于 TECMLE 实践模型所提出的 TECMLE 设计过程与设计策略得到了验证。

二、研究创新点

社区教育信息化学习环境研究作为社区教育与教育技术领域的交叉问题,

在当前的教育研究当中既是热点又是薄弱点。如何为社区信息化学习环境的设计提供科学、有效的过程与策略，系统、科学地优化社区教育资源要素，促进社区教育信息化的发展，是本书的重点和难点。

现有的社区信息化学习环境研究以数字化学习平台构建，以及社区内部资源、需求、人际关系的梳理与整合较为常见，且多为作者主观论述，缺乏系统的研究方法和实证研究，而基于系统观，以媒介学习环境为切入点的研究则更为匮乏。

本书从系统科学的视角出发，将媒介环境理论与学习环境理论有机融合，提出了社区媒介学习环境概念。采用问卷调查与访谈相结合的方法，掌握了社区媒介资源工具及发展状况；使用结构方程模型和扎根理论等研究方法，探索了技术支持的成人自主学习因素和媒介资源工具的对应矩阵，为社区媒介学习环境提供了系统化、科学化的设计策略。本书的主要创新点在于：在理论层面，社区媒介学习环境研究在一定程度上丰富了学习环境理论；在实践层面，设计策略创新性解决了社区教育信息化发展过程中亟待解决的问题。因此，本书在理论与实践层面均具有一定的创新性。

三、研究局限与展望

本书虽然按照既定的计划与步骤圆满完成了各项研究目标，但在实际研究过程中难免与预想产生一定的偏差，导致本书存在一定的不足与局限，笔者也对研究中的不足进行了细致的总结与分析，以期在未来的研究中修正与完善。

（一）研究局限

首先，受研究条件的限制，本书的问卷调查、实地考察、半结构化访谈的样本的广度与深度都有待提升。

其次，在社区媒介学习环境建设策略实证研究部分，由于条件所限，仅选取部分社区进行策略的对接、实施、验证的工作，还需要进一步开展系统的、广泛的、长周期的实践探索。

（二）研究展望

在未来的研究中，笔者将在本书已有结论的基础上，针对存在的不足与问题，力争在以下两个方面取得突破。

（1）进一步扩大研究范围

在未来的研究中，希望进一步扩大研究范围。首先在城市中分区、分片增加试点社区数量，在此基础上进一步扩大问卷调查与访谈对象范围，将设计过程与策略广泛应用于试点社区,更广泛地惠及社区居民;其次扩大研究范围至东三省乃至全国,以教育部15年以来6批次评选出的240个国家级社区教育试验区为研究对象,通过不同城市社区媒介学习环境具体设计过程与策略的对比分析,总结出适用性更加广泛的对策与建议,指导全国的社区媒介学习环境的科学建设与发展。

(2)进一步探索人工智能等新兴技术在社区媒介学习环境设计中的应用

一方面,要着力打造基于人工智能技术的终身教育平台。探索设计终身教育平台,整合人工智能、大数据等新一代信息技术,为社区各类教育场景应用提供"智能技术"的集成与调用,提供功能服务的集中输出和平台化支撑。

另一方面,要探索运用人工智能技术重塑个性化学习方式。尝试将人工智能、大数据等新兴技术融入成人自主学习过程的各重要阶段,探索利用人工智能技术的计算智能实现教学精准化、感知智能提升教学互动性、认知智能服务教学个性化,以及环境智能提升社区媒介学习环境与学习资源效能,从而全面促进技术支持的成人自主学习,加快社区教育信息化的建设步伐。

附录一　社区媒介学习环境资源工具调查问卷

尊敬的市民：

　　您好！感谢您在百忙之中抽出时间完成这次问卷调查，本调研旨在掌握哈尔滨市当前社区媒介学习环境资源工具发展状况，调查的结果为我院运用信息技术手段更好地开展市民教育培训提供重要依据，对您的积极配合深表感谢。恳请您认真作答，不要遗漏，答案没有对错之分，请在代表您情况的等级上划"√"。

　　社区媒介学习环境：在以促进居民终身学习、自主学习为目标的社区内，各种网络媒介、电子媒介、传统媒介资源工具，以及各类隐性文化资源构成的各类场域学习环境共同组成的系统化、环境化学习空间。

　　此致
敬礼

1. 个人基本情况

1.1 您的性别：
　　①男　②女
1.2 您的年龄：
　　①18～30岁　②31～40岁　③41～50岁
　　④51～60岁　⑤61岁以上
1.3 您现有的文化程度：
　　①小学　②初中　③高中(职高)　④大专　⑤本科　⑥研究生及以上
1.4 您的职业(退休前)：
　　①党政机关、事业单位　②军队　③国有企业　④民营企业　⑤个体企业　⑥三资企业　⑦社区　⑧下岗　⑨无业　⑩其他
　　(请填写)_____
　　您居住的小区名称：
　　隶属社区名称：_____

2. 基于社区媒介环境的居民学习体验

2.1 如果您有闲暇时间，你还有继续学习或接受技能培训的想法吗？

附录一 社区媒介学习环境资源工具调查问卷

①想 ②不太想 ③不想

2.2 近一年时间里您有没有参加过文化或技术方面的学习与培训?
　　①有 ②没有

2.3 当前您主要通过什么学习途径来提高自己的综合素质和生存技能?
　　①自己出资参加社会上技能培训学校,接受正规技能培训
　　②运用信息技术手段进行自学
　　③接受政府的免费技能培训或市民学习中心的培训

2.4 您对当前社区学习环境的态度是?
　　①非常满意 ②比较满意 ③一般 ④不满意

3. 家庭学习环境

3.1 您是否使用智能手机:
　　是(　　) 否(　　)

3.2 家里有哪些媒体设备(可多选):
　　计算机(　　) 平板电脑(　　) 收音机(　　)
　　数字电视(　　) Wi-Fi(　　)

3.3 家里是否安装有线网络:
　　是(　　) 否(　　)

3.4 家里是否安装无线网络(WIFI):
　　是(　　) 否(　　)

3.5 您对家庭学习环境满意情况:
　　满意(　　) 一般(　　) 不满意(　　)

4. 狭义社区学习环境

4.1 您居住的社区有哪些(可多选):
　　电子文字显示屏(　　) 宣传栏(　　) 露天电视(　　)
　　条幅(　　) 社区广播(　　)

4.2 您居住的社区有哪些社区居民交流平台(可多选):
　　微信群(　　) QQ群(　　) 微信公众号(　　)
　　社区网站(　　) 目前没有(　　)

4.3 您居住的社区是否设立社区学院,定期组织公益课程:
　　是(　　) 否(　　)

5. 社区场馆学习环境

5.1 您居住社区中可以进行学习活动的场馆数量为(　　)个(例如:图书室、文

体室、教室）

5.2 您一年内去上述场馆学习的次数为（   ）

5.3 您对上述场馆信息化建设程度的满意情况：

比较满意(   ) 不满意(   )

6. 社区学习支持服务

6.1 您居住社区内是否有学习支持服务团队？

　　是(   ) 否(   )

6.2 学习支持服务团队是否建议或引导您运用信息技术学习？

　　是(   ) 否(   )

6.2 您对社区提供的学习支持服务是否满意？

　　比较满意(   ) 不满意(   )

附录二 技术支持的成人自主学习调查问卷

尊敬的市民学员：

您好！感谢您在百忙之中抽出时间完成这次问卷调查，本调研旨在探究成人技术支持的有效自主学习过程，以及内在、外在影响因素。调查的结果能够为我院运用信息技术手段更好地开展市民教育培训提供重要依据，对您的积极配合深表感谢。恳请您认真作答，不要遗漏，答案没有对错之分，请在代表您情况的等级上划"√"。

技术支持的自主学习，即学习者运用计算机或移动终端（移动电话、平板电脑等）的硬件和软件，借助网络和通信技术积极主动地参与学习活动，并控制、调节自己学习的过程。

此致

敬礼

一、个人基本情况

1. 您的性别：
   ①男 ②女
2. 您的年龄：
   ①18~30岁 ③31~40岁 ④41~50岁
   ⑤51~60岁 ⑥61岁以上
3. 您现有的文化程度：
   ①小学 ②初中 ③高中（职高） ④大专 ⑤本科 ⑥研究生及以上
4. 您的职业（退休前）：
   ①党政机关、事业单位 ②军队 ③国有企业 ④民营企业 ⑤个体企业 ⑥三资企业 ⑦社区 ⑧下岗 ⑨无业 ⑩其他
   （请填写）_____

二、技术支持的成人自主学习调查

附表 2.1

编码	请在代表您情况的等级上划"√"	不同意	不太同意	一般	比较同意	完全同意
C1	运用信息技术学习的过程中,我的态度认真、谨慎					
C2	运用信息技术学习时,我尽力执行一切分派给我的学习任务					
C3	运用信息技术学习时,我善于计划、安排学习时间,保证按时完成学习任务					
C4	运用信息技术学习时,我有明确的学习目标,并能有条不紊地实现目标					
OE1	在学习过程中,我的想象力非常丰富					
OE2	在学习过程中,我对理论和抽象的观点很感兴趣					
OE3	我愿意尝试运用信息技术学习					
OE4	我觉得运用信息技术学习是很有趣的					
RP1	我喜欢运用信息技术学习的不确定性带来的刺激					
RP2	运用信息技术学习时,为达到预期学习目标,我乐于在学习过程中去主动承担各种不确定性					
RP3	我喜欢接受运用信息技术学习带来的挑战					
TS1	信息技术的使用教程、热线电话等可以帮我解决学习时遇到的技术问题					
TS2	学习伙伴可以帮我解决运用信息技术学习时遇到的技术问题					
TS3	朋友、同事或家庭成员可以帮我解决运用信息技术学习时遇到的技术问题					
EEA1	我拥有可以满足学习需要的计算机或者移动终端(如智能手机、平板电脑)					

附表2.1(续)

编码	请在代表您情况的等级上划"√"	不同意	不太同意	一般	比较同意	完全同意
EEA2	我的计算机与手机均已安装支持学习的应用程序(如网络浏览器、媒体播放软件、移动App等)					
EEA3	我的住所拥有有线或无线网络,保证计算机、手机可以接入互联网进行学习					
EEA4	我可以使用手机随时随地进行学习					
GS1	运用信息技术学习时,我会设定短期(每日或每周)目标及长期目标(每月或每年)					
GS2	我会通过设定学习目标来帮我管理运用信息技术的学习时间					
GS3	我不会因为是运用信息技术学习而降低学习质量					
GS4	我会运用信息技术来支持学习目标					
GS5	我不断搜索、评估和重新选择不同的信息技术来适应我的学习目标					
SP1	运用信息技术学习某门课程前,我制订大致的学习计划					
SP2	当确定了学习需要,我会设定学习期限					
SP3	我会利用合适的信息技术来加强学习效果					
SP4	学习不同类型的知识时,我会选择不同的信息技术					
SP5	发现计划和现实不协调时,我会调整学习计划					
S1	我对运用信息技术学习很有信心					
S2	我掌握运用信息技术学习的必要技能					

附表2.1(续)

编码	请在代表您情况的等级上划"√"	不同意	不太同意	一般	比较同意	完全同意
S3	我相信自己解决运用信息技术学习过程中遇到问题的能力					
S4	我拥有强大的动力支持我运用信息技术学习					
OE1	我能够有效地运用信息技术完成学习任务和达成学习目标					
OE2	我总能解决运用信息技术学习过程中出现的问题					
OE3	运用信息技术学习的过程中,我经常能够获得乐趣和满足感					
PU1	信息技术可以提高我的学习效率					
PU2	信息技术可以提升我的学习效果					
PU3	信息技术使我有机会学习更多的知识					
PU4	总体而言,信息技术对我的学习是有用的					
PEOU1	对我来说,运用信息技术学习很容易					
PEOU2	对我来说,熟练的运用信息技术学习很容易					
PEOU3	信息技术使我的学习更加容易					
AU1	我认为运用信息技术学习是一种很棒的学习方式					
AU2	信息技术对我的学习有很大的帮助					
AU3	我愿意运用信息技术进行学习					
AU4	我会经常运用信息技术进行学习					
SC1	我定期使用电子学档案、自我测试工具来指导我的学习					
SC2	在运用信息技术学习过程中,我经常对学习方法进行反思					

附表2.1(续)

编码	请在代表您情况的等级上划"√"	不同意	不太同意	一般	比较同意	完全同意
SC3	如果发现自己使用的学习方法效果不明显,我会改进自己的方法					
SC4	我大声朗读运用信息技术获得的学习材料以避免外界干扰					
SC5	在运用信息技术学习时遇到问题难以解决时,我会求助					
SC6	我会每天或每周安排固定时间来学习在线课程,并能够遵守时间					
SC7	我使用信息技术学习的频率明显提高					
SC8	我能够利用已有的知识和信息技术顺利完成学习任务和课后作业					
SO1	运用信息技术学习过程中,我尝试为在线课程做更全面的笔记,因为在线学习的笔记比传统课堂更重要					
SO2	运用信息技术学习过程中,我能及时、准确、经常地对学习进展情况进行记录					
SO3	运用信息技术学习过程中,我能及时调整学习进度保证制订计划和目标的完成					
SO4	我能够定期检查自己学习计划的完成情况					
SJ1	运用信息技术学习的任务结束后,我能对自己的表现做出评价					
SJ2	每次学习结束后,我都会重新评估所使用的信息技术和终端					
SJ3	我能意识到运用信息技术学习过程中存在的问题并找出原因					

附表2.1(续)

编码	请在代表您情况的等级上划"√"	不同意	不太同意	一般	比较同意	完全同意
SJ4	我能对运用信息技术学习成功或失败的原因进行反思并吸取经验教训					
SR1	我会思考,并理解信息技术如何促进我的学习					
SR2	我对运用信息技术学习的方式很适应					
SR3	我对自己运用信息技术学习的表现很满意					

附录三　社区媒介资源工具与技术支持成人自主学习对应关系咨询问卷

大家好,首先祝大家新春快乐,感谢大家抽出宝贵时间协助我完成以下问卷调查,下面对问卷调查进行简要的介绍,以便大家更好地理解问卷的内容。

在开展本次问卷调查前,本人已采用量化研究方法对成人在线自主学习的内、外部影响因素、过程性因素进行分析,归纳出成人在线自主学习的因素。本问卷调查的目的是将上述因素与社区内部的各类媒介资源工具进行对应,考察哪些媒介可以对成人在线自主学习产生促进作用,从而建立社区媒介资源工具与成人在线自主学习对应矩阵,为技术支持的社区媒介学习环境建设提出有针对性的建议。

所有题项均为多项选择,在你认同的媒介资源下划"√",每题请至少选择一项。

再次感谢大家的支持与配合!

此致

敬礼

您的姓名:＿＿＿＿＿＿

1. 哪些媒介资源能够促进成人对在线学习的理解、容忍与探索?

社区广播	电子显示屏	宣传栏与条幅	露天电视	社区网站	QQ群	微信群	微信公众号	场馆资源	电视	智能手机	收音机	计算机	平板电脑	有线网络	无线网络	社区学院	社区志愿者	特色专题培训	社区文体组织	社区各类文体公益活动

2. 哪些媒介资源能够促进成人学习者承担在线学习失败的风险？

社区广播	电子显示屏	宣传栏与条幅	露天电视	社区网站	QQ群	微信公众号	场馆资源	电视	智能手机	收音机	计算机	平板电脑	有线网络	无线网络	社区学院	社区志愿者	特色专题培训	社区文体组织	社区各类文体公益活动

3. 哪些媒介资源能够为成人在线学习提供必要的技术支持？

社区广播	电子显示屏	宣传栏与条幅	露天电视	社区网站	QQ群	微信公众号	场馆资源	电视	智能手机	收音机	计算机	平板电脑	有线网络	无线网络	社区学院	社区志愿者	特色专题培训	社区文体组织	社区各类文体公益活动

4. 哪些媒介资源能够对成人在线学习使用的各类终端、软件的了解、操作与使用产生促进作用？

社区广播	电子显示屏	宣传栏与条幅	露天电视	社区网站	QQ群	微信公众号	场馆资源	电视	智能手机	收音机	计算机	平板电脑	有线网络	无线网络	社区学院	社区志愿者	特色专题培训	社区文体组织	社区各类文体公益活动

5. 哪些媒介资源对成人在线学习的目标的设定有促进作用？

社区广播	电子显示屏	宣传栏与条幅	露天电视	社区网站	QQ群	微信公众号	场馆资源	电视	智能手机	收音机	计算机	平板电脑	有线网络	无线网络	社区学院	社区志愿者	特色专题培训	社区文体组织	社区各类文体公益活动

附录三 社区媒介资源工具与技术支持成人自主学习对应关系咨询问卷

6. 哪些媒介资源对成人在线学习的策略、计划的制订有促进作用？

社区广播	电子显示屏	宣传栏与条幅	露天电视	社区网站	QQ群	微信群	微信公众号	场馆资源	电视	智能手机	收音机	计算机	平板电脑	有线网络	无线网络	社区学院	社区志愿者	特色专题培训	社区文体组织	社区各类文体公益活动

7. 哪些媒介资源对提升成人在线学习的自信心会起到促进作用？

社区广播	电子显示屏	宣传栏与条幅	露天电视	社区网站	QQ群	微信群	微信公众号	场馆资源	电视	智能手机	收音机	计算机	平板电脑	有线网络	无线网络	社区学院	社区志愿者	特色专题培训	社区文体组织	社区各类文体公益活动

8. 哪些媒介资源会促使成人对在线学习产生良好的结果预期？

社区广播	电子显示屏	宣传栏与条幅	露天电视	社区网站	QQ群	微信群	微信公众号	场馆资源	电视	智能手机	收音机	计算机	平板电脑	有线网络	无线网络	社区学院	社区志愿者	特色专题培训	社区文体组织	社区各类文体公益活动

9. 哪些媒介资源会促使成人认为在线学习是简单易用的？

社区广播	电子显示屏	宣传栏与条幅	露天电视	社区网站	QQ群	微信群	微信公众号	场馆资源	电视	智能手机	收音机	计算机	平板电脑	有线网络	无线网络	社区学院	社区志愿者	特色专题培训	社区文体组织	社区各类文体公益活动

10. 哪些媒介资源会促使成人学习者认为在线学习会提高其学习能力?

社区广播	电子显示屏	宣传栏与条幅	露天电视	社区网站	QQ群	微信群	微信公众号	场馆资源	电视	智能手机	收音机	计算机	平板电脑	有线网络	无线网络	社区学院	社区志愿者	特色专题培训	社区文体组织	社区各类文体公益活动

11. 哪些媒介资源会提升成人对在线学习的满意与偏爱程度?

社区广播	电子显示屏	宣传栏与条幅	露天电视	社区网站	QQ群	微信群	微信公众号	场馆资源	电视	智能手机	收音机	计算机	平板电脑	有线网络	无线网络	社区学院	社区志愿者	特色专题培训	社区文体组织	社区各类文体公益活动

12. 哪些媒介资源对成人在线学习的自我控制(学习时间、学习进度等)有促进作用?

社区广播	电子显示屏	宣传栏与条幅	露天电视	社区网站	QQ群	微信群	微信公众号	场馆资源	电视	智能手机	收音机	计算机	平板电脑	有线网络	无线网络	社区学院	社区志愿者	特色专题培训	社区文体组织	社区各类文体公益活动

13. 哪些媒介资源能够促进成人对在线学习的过程进行自我观察?

社区广播	电子显示屏	宣传栏与条幅	露天电视	社区网站	QQ群	微信群	微信公众号	场馆资源	电视	智能手机	收音机	计算机	平板电脑	有线网络	无线网络	社区学院	社区志愿者	特色专题培训	社区文体组织	社区各类文体公益活动

14. 哪些媒介资源会促使成人在对线学习的过程与结果进行自我判断？

社区广播	电子显示屏	宣传栏与条幅	露天电视	社区网站	QQ群	微信群	微信公众号	场馆资源	电视	智能手机	收音机	计算机	平板电脑	有线网络	无线网络	社区学院	社区志愿者	特色专题培训	社区文体组织	社区各类文体公益活动

15. 哪些媒介资源会促进成人对在线学习的过程与效果进行总结与反思？

社区广播	电子显示屏	宣传栏与条幅	露天电视	社区网站	QQ群	微信群	微信公众号	场馆资源	电视	智能手机	收音机	计算机	平板电脑	有线网络	无线网络	社区学院	社区志愿者	特色专题培训	社区文体组织	社区各类文体公益活动

附录四　社区媒介学习环境与技术支持自主学习对应关系实证访谈方案

访谈目的:验证本书提出的各项建议和对策在社区中实际应用的效果

访谈对象:社区居民

样本数量:9

题目设置:非结构化,开放式。直接从核心问题入手,由被访者自述,根据具体观点和陈述内容,采取追问方式,进一步深入。

问题表述:

附表4.1

一级问题	次级问题	备注
你认为社区在促进居民运用信息技术学习方面有哪些改善、新举措?	传统媒介工具改善情况(条幅、宣传栏、露天电视等)	
	社区网站、QQ群、微信群、微信公众号宣传情况	
	基地场馆环境是否得到改善?	
	社区学院建设情况如何?	
	是否组织与在线学习相关的培训?	
	社区内各类文体组织与活动情况?	
你认为社区在上述社区媒介学习环境建设中的新举措、新做法对您进行在线自主学习是否起到了促进作用?	是否促进了您对在线学习的理解与接受?	
	即使在线学习不成功也愿意尝试这种学习方式吗?	
	是否促进了您在线学习目标的制订?	
	是否促进了您在线学习的策略、计划的制订?	
	是否提升您在线学习的自信心?	
	是否让您对在线学习产生良好的结果预期?	
	您是否认为在线学习是简单易用的?	
	是否认为在线学习会提高您学习能力?	
	是否让您产生了对在线学习产生良好的态度?	
	近期是否有在线学习行为?	

附表4.1(续)

一级问题	次级问题	备注
你认为社区在上述社区媒介学习环境建设中的新举措、新做法对您进行在线自主学习是否起到了促进作用?	在线学习过程中是否对学习时间、学习进度等进行自我控制?	
	您是否对在线学习的过程进行记录和观察?	
	您是否对在线学习的过程与效果进行总结与反思?	
	您是否有继续进行在线学习的意愿?	

预设关键词汇:媒介环境、媒介资源工具、在线学习、信息技术、自主学习。

分析方法如下:

定量分析:用编码统计软件对访谈内容的词频、态度类型进行分析。

定性分析:分析访谈者的对话语义,居民对社区媒介学习环境建设的相关看法与感受。

附录五 居民访谈编码统计与汇总

附表 5.1 受访居民 01

维度	正向态度	负向态度	合计
传统媒介工具改善	4	0	4
新媒介工具改善	7	1	8
社区基地场馆建设	3	1	4
社区学院建设	0	1	1
社区志愿者服务	2	0	2
文体组织及相关活动	1	2	3
社区相关措施认可	3	0	3
在线学习经验开放性	4	0	4
在线学习风险倾向	3	0	3
在线学习技术培训	5	1	6
在线学习设备可访问性	2	0	2
在线学习计划制订	5	1	6
在线学习感知易用性	1	2	3
在线学习感知有用性	1	0	1
在线学习行为	8	0	8
对在线学习态度	2	0	2
在线学习反思	4	0	4
继续在线学习意愿	2	0	2

附表 5.2 受访居民 02

维度	正向态度	负向态度	合计
传统媒介工具改善	2	2	4
新媒介工具改善	1	0	1
社区基地场馆建设	1	0	1
文体组织及相关活动	0	1	1

附录五 居民访谈编码统计与汇总

附表5.2(续)

维度	正向态度	负向态度	合计
社区相关措施认可	0	3	3
在线学习经验开放性	1	0	1
在线学习风险倾向	1	0	1
在线学习技术培训	0	1	1
在线学习感知易用性	1	0	1
在线学习感知有用性	1	0	1
在线学习行为	1	0	1
对在线学习态度	0	1	1
在线学习反思	3	1	4
继续在线学习意愿	2	0	2

附表5.3 受访居民03

维度	正向态度	负向态度	合计
传统媒介工具改善	1	1	2
新媒介工具改善	2	0	2
社区基地场馆建设	1	0	1
社区学院建设	1	1	2
社区志愿者服务	1	0	1
文体组织及相关活动	0	1	1
社区相关措施认可	3	0	3
在线学习经验开放性	2	0	2
在线学习风险倾向	1	0	1
在线学习技术培训	1	0	1
在线学习设备可访问性	3	0	3
在线学习计划制订	2	0	2
在线学习感知易用性	1	0	1
在线学习感知有用性	2	0	2
在线学习行为	4	0	4
对在线学习态度	2	0	2

附表5.3(续)

维度	正向态度	负向态度	合计
在线学习反思	2	0	2
继续在线学习意愿	1	0	1

附表5.4 受访居民04

维度	正向态度	负向态度	合计
传统媒介工具改善	2	1	3
新媒介工具改善	2	1	3
社区基地场馆建设	0	1	1
社区学院建设	1	1	2
社区志愿者服务	1	0	1
文体组织及相关活动	1	0	1
社区相关措施认可	2	0	2
在线学习经验开放性	1	0	1
在线学习风险倾向	1	0	1
在线学习技术培训	2	0	2
在线学习设备可访问性	0	1	1
在线学习计划制订	4	0	4
在线学习感知易用性	1	1	2
在线学习感知有用性	2	0	2
在线学习行为	3	0	3
对在线学习态度	2	0	2
在线学习反思	5	0	5

附表5.5 受访居民05

维度	正向态度	负向态度	合计
传统媒介工具改善	2	0	2
新媒介工具改善	4	0	4
社区基地场馆建设	2	1	3
社区学院建设	1	1	2

附表5.5（续）

维度	正向态度	负向态度	合计
社区志愿者服务	2	0	2
文体组织及相关活动	1	0	1
社区相关措施认可	3	0	3
在线学习经验开放性	5	0	5
在线学习风险倾向	3	0	3
在线学习技术培训	5	0	5
在线学习设备可访问性	2	1	3
在线学习计划制订	3	0	3
在线学习感知易用性	2	0	2
在线学习感知有用性	3	0	3
在线学习行为	8	0	8
对在线学习态度	1	0	1
在线学习反思	6	0	6
继续在线学习意愿	1	0	1

附表5.6 受访居民06

维度	正向态度	负向态度	合计
传统媒介工具改善	5	0	5
新媒介工具改善	1	1	2
社区基地场馆建设	1	1	2
社区学院建设	2	0	2
社区志愿者服务	1	0	1
文体组织及相关活动	0	1	1
社区相关措施认可	1	0	1
在线学习经验开放性	3	0	3
在线学习风险倾向	1	0	1
在线学习技术培训	3	0	3
在线学习设备可访问性	3	0	3
在线学习计划制订	2	0	2

附表5.6(续)

维度	正向态度	负向态度	合计
在线学习感知易用性	1	0	1
在线学习感知有用性	1	0	1
在线学习行为	7	0	7
对在线学习态度	1	0	1
在线学习反思	2	0	2

附表5.7 受访居民07

维度	正向态度	负向态度	合计
传统媒介工具改善	3	0	3
新媒介工具改善	2	0	2
社区基地场馆建设	2	2	4
社区学院建设	1	1	2
文体组织及相关活动	1	0	1
社区相关措施认可	3	0	3
在线学习经验开放性	4	0	4
在线学习风险倾向	1	1	2
在线学习技术培训	1	1	2
在线学习设备可访问性	1	0	1
在线学习计划制订	3	0	3
在线学习感知易用性	2	0	2
在线学习感知有用性	1	0	1
在线学习行为	8	0	8
对在线学习态度	1	0	1
在线学习反思	3	0	3
继续在线学习意愿	2	0	2

附录五 居民访谈编码统计与汇总

附表 5.8 受访居民 08

维度	正向态度	负向态度	合计
传统媒介工具改善	4	0	4
新媒介工具改善	1	0	1
社区基地场馆建设	0	1	1
社区学院建设	0	1	1
文体组织及相关活动	1	0	1
社区相关措施认可	1	0	1
在线学习经验开放性	3	0	3
在线学习风险倾向	1	0	1
在线学习技术培训	3	0	3
在线学习设备可访问性	4	0	4
在线学习计划制订	2	0	2
在线学习感知易用性	4	0	4
在线学习感知有用性	2	0	2
在线学习行为	4	0	4
对在线学习态度	1	0	1
在线学习反思	3	1	4

附表 5.9 受访居民 09

维度	正向态度	负向态度	合计
传统媒介工具改善	3	1	4
新媒介工具改善	4	0	4
社区基地场馆建设	0	2	2
社区学院建设	1	2	3
文体组织及相关活动	1	0	1
社区相关措施认可	5	1	6
在线学习经验开放性	2	0	2
在线学习风险倾向	2	0	2
在线学习技术培训	2	0	2
在线学习设备可访问性	2	0	2
在线学习计划制订	2	0	2

253

附表5.9(续)

维度	正向态度	负向态度	合计
在线学习感知易用性	3	0	3
在线学习感知有用性	3	0	3
在线学习行为	9	0	9
对在线学习态度	1	0	1
在线学习反思	3	0	3

附表5.10 居民访谈编码统计汇总

维度	节点				占总节点数比例
	正向态度	负向态度	合计	负向态度比例	
传统媒介工具改善	26	5	31	16.1%	8.1%
新媒介工具改善	24	3	27	11.1%	7.1%
社区相关措施认可	21	4	25	16%	6.5%
社区基地场馆建设	10	9	19	47.4%	5.0%
社区学院建设	7	8	15	53.3%	3.9%
社区志愿者服务	7	0	7	0.0%	1.8%
文体组织及相关活动	6	5	11	45.5%	2.9%
在线学习行为	52	0	52	0	13.60%
在线学习反思	29	2	31	6.50%	8.10%
在线学习经验开放性	25	0	25	0	6.50%
在线学习计划制定	23	1	24	4.20%	6.30%
在线学习技术培训	22	3	25	12%	6.50%
在线学习设备可访问性	17	3	20	15%	5.20%
在线学习感知易用性	16	3	19	15.80%	5.00%
在线学习感知有用性	16	0	16	0	4.20%
在线学习风险倾向	14	1	15	6.70%	3.90%
对在线学习态度	11	1	12	8.30%	3.10%
继续在线学习意愿	8	0	8	0.00%	2.10%
合计	334	48	382	12.6%	100%

附录六　社区媒介学习环境建设效果调查问卷

尊敬的社区工作人员：

　　您好！

　　感谢您在百忙之中抽出时间完成这次问卷调查，本调研旨在通过对社区媒介学习环境建设方案实施效果的考察，进一步验证研究所提出的技术支持的社区媒介学习环境设计策略的有效性，对您的积极配合深表感谢，恳请您认真作答，不要遗漏，答案没有对错之分，请在您同意的选项前划"√"。

　　社区媒介学习环境：在以促进居民终身学习、自主学习为目标的社区内，各种网络媒介、电子媒介、传统媒介资源工具，以及各类隐性文化资源构成的各类场域学习环境共同组成的系统化、环境化学习空间。

　　此致

敬礼

1. 媒介资源工具建设

1.1 传统媒介资源工具配置与使用是否得到了改善？
　　①是　　②否　　③一般
1.2 新媒介资源工具配置与使用是否得到了改善？
　　①是　　②否　　③一般
1.3 媒介资源工具是否得到了有效融合？
　　①是　　②否　　③一般
1.4 社区基地场馆使用率是否有效提升？
　　①是　　②否　　③一般
1.5 社区学习支持服务团队建设情况是否得到了改善？
　　①是　　②否　　③一般
1.6 文体组织及相关活动的开展是否有效促进了技术支持的自主学习？
　　①是　　②否　　③一般

2. 社区居民技术支持自主学习

2.1 实施方案是否促进了居民对技术支持自主学习的理解与接受？
　　①是　　②否　　③一般

2.2 实施方案是否促进了居民有计划地开展技术支持的自主学习？
    ①是　　②否　　③一般
2.3 实施方案是否提升了居民技术支持自主学习的信心？
    ①是　　②否　　③一般
2.4 实施方案是否促使居民对技术支持自主学习产生了良好的结果预期？
    ①是　　②否　　③一般
2.5 实施方案是否提升了居民对技术支持自主学习的感知有用性与易用性？
    ①是　　②否　　③一般
2.6 实施方案是否使居民对技术支持自主学习产生了良好的态度？
    ①是　　②否　　③一般
2.7 实施方案是否吸引了更多的居民尝试运用信息技术自主学习？
    ①是　　②否　　③一般
2.8 实施方案是否促进了居民对学习时间、学习进度等进行自我控制？
    ①是　　②否　　③一般
2.9 实施方案是否促进了居民对学习过程的观察与记录？
    ①是　　②否　　③一般
2.10 实施方案是否促进了居民对学习过程与效果进行总结与反思？
    ①是　　②否　　③一般
2.11 实施方案是否有效促进了社区媒介资源的合理配置？推进了社区教育信息化进程？
    ①是　　②否　　③一般

您所在的社区：_____

参考文献

一、著作类

[1]联合国教科文组织国际教育发展委员会.学会生存——教育世界的今天和明天[M].北京:教育科学出版社.1972.

[2]陈丽.远程教育学基础[M].北京:高等教育出版社,2011.

[3]陈向明.质的研究方法与社会科学研究[M].北京:教育科学出版社,2000.

[4]乔森纳.学习环境的理论基础[M].上海:华东师范大学出版社,2002.

[5]丁兴富.远程教育学[M].2版.北京:北京师范大学出版社,2009.

[6]何克抗,李文光.教育技术学[M].北京:北京师范大学出版社,2002.

[7]黄荣怀,任友群.信息化促进优质教育资源共享的理论与实践[M].北京:高等教育出版社,2017.

[8]教育部社区教育培训中心.中国社区教育发展报告(2015—2017年)[M].北京:国家开放大学出版社,2017.

[9]荆其诚.简明心理学百科全书[M].长沙:湖南教育出版社,1991.

[10]李明伟.知媒者生存[M].北京:北京大学出版社,2010.

[11]历以贤.社区教育原理[M].成都:四川教育出版社,2003.

[12]联合国教科文组绢国际教育发展委员会.学会生存:教育世界的今天和明天[M].北京:教育学出版社,1996.

[13]联合国教科文组织总部中文科.教育——财富蕴藏其中[M].北京:教育科学出版社,2014.

[14]吕达,周满生.当代外国教育改革著名文献:日本、澳大利亚卷[M].北京:人民教育出版社,2004.

[15]庞维国.自主学习:学与教的原理和策略[M].上海:华东师范大学出版社,2003.

[16]彭人哲.回眸与超越:社区教育的理论与实践之探究[M].北京:中国发展出版社,2017.

[17]萨哈金.社会心理学的历史与体系[M].贵阳:贵州人民出版社,1991.

[18]苟费尔,布林克曼.质性研究访谈[M].北京:世界图书出版公司,

2013.

[19]吴慧涵.社区教育的理论与实践研究[M].北京:电子工业出版社,2015.

[20]吴明隆.结构方程模型:AMOS的操作与应用[M].重庆:重庆大学出版社,2010.

[21]潇潇.现代媒介环境发展与城市文化演变[M].长春:东北师范大学出版社,2017.

[22]小林文人,末本诚,吴遵民.当代社区教育新视野:社区教育理论与实践的国际比较[M].上海:上海教育出版社,2003.

[23]叶忠海.社区教育学研究[M].上海:同济大学出版社,2001.

[24]钟志贤.深呼吸:素质教育进行时[M]北京:教育科学出版社,2003.

[25]朱智贤.心理学大词典[M].北京:北京大学出版社,1989

二、论文类

[1]卜彩丽.ADDIE模型在微课程设计中的应用模式研究[J].教学与管理,2014(24):90-93.

[2]柴阳丽.Web 2.0环境下大学生非正式学习现状调查与对策研究[J].电化教育研究,2011(12):63-68.

[3]陈丽.远程教学中交互规律的研究现状述评[J].中国远程教育,2004(1):13-20,78.

[4]陈敏,孟彩云,周驰.有效学习视角下的泛在学习环境评价研究[J].开放学习研究,2018,23(4):11-19.

[5]陈乃林.进一步推进社区教育发展为基本形成学习型社会夯实基础[J].职教论坛,2016(21):74-77.

[6]陈琦,张建伟.信息时代的整合性学习模型——信息技术整合于教学的生态观诠释[J].北京大学教育评论,2003(3):90-96.

[7]程晓堂.论自主学习[J].学科教育,1999(9):32-35,39.

[8]程秀丽,戴心来.社区教育信息化过程中的问题及对策分析[J].现代远程教育研究,2008(1):22-24,70.

[9]戴妍.远程教育中自我调节学习的困境与出路——基于远程教育信息交互模式的思考[J].现代远距离教育,2013(2):33-38.

[10]邓国民,韩锡斌,杨娟.基于OERs的自我调节学习行为对学习成效的影响[J].电化教育研究,2016,37(3):42-49+58.

[11]邓国民,周楠芳.国际自我调节学习研究知识图谱:起源、现状和未来趋

势[J].中国远程教育,2018(7):33-42,60.

[12]邓晖,徐梅林.个性化网络学习环境建设状况调查与启示[J].现代远程教育研究,2003(1):31-34,63.

[13]丁兴富.远程教育系统的分析及其主流模式的特征——论远程教育系统(一)[J].广播电视大学学报(哲学社会科学版),2001(1):95-99.

[14]董廷玉,王彦琦,郎益夫.社区教育在市民文化素质提升中的功能定位及实现路径——以黑龙江省哈尔滨市为例[J].现代远距离教育,2015(4):70-75.

[15]傅松涛.全国社区教育研讨会综述[J].教育研究,1994(1):29-31.

[16]高志敏,朱敏,傅蕾,等.中国学习型社会与终身教育体系建设:"知"与"行"的重温与再探[J].开放教育研究,2017,23(4):50-64.

[17]高志敏.关于终身教育、终身学习与学习化社会理念的思考[J].教育研究,2003(1):79-85.

[18]高志敏.浅议学习型社区建设需要认识与处理好的若干关系[J].河北师范大学学报(教育科学版),2013(9):53-56.

[19]顾明远,石中英.学习型社会:以学习求发展[J].北京师范大学学报(社会科学版),2006(1):5-14.

[20]郭桂英.职教师资能力提升的学习型社区媒介环境建设研究[J].天津职业技术师范大学学报,2014,24(3):43-47.

[21]郭红霞.新媒介环境对大学生非正式学习的影响及对策研究[J].中国电化教育,2016(3):27-32.

[22]何克抗.也论"教学设计"与教学论——与李秉德先生商榷[J].电化教育研究,2001,96(4):3-10.

[23]贺平,武法提.论学习环境设计的理论基础[J].现代教育技术,2006(6):36-39.

[24]侯春雨.信息技术环境下自主学习模型构建与实证研究[J].数学的实践与认识,2016(22):286-291.

[25]胡海明,祝智庭.个人学习环境的概念框架:活动理论取向[J].开放教育研究,2014(4):84-91.

[26]胡水星.社区教育信息化服务质量评价指标体系研究——基于SERVQUAL评价模型的视角[J].教育发展研究,2015(23):77-84.

[27]胡水星.面向服务架构的社区教育信息化平台设计与应用研究[J].中国成人教育,2016(2):148-152.

[28]胡水星.社区教育信息化云服务架构与应用研究[J].继续教育研究,2017(5):59-61.

[29]胡小军,郝绍华.推进网络时代社区教育信息化的对策建议[J].中国教育信息化,2012(1):15-18.

[30]黄萍.Web Quest 学习环境设计的调查与分析[J].开放教育研究,2005(3):90-92.

[31]KIRSCHNER P.旨在获得学习能力和专业能力的学习环境设计[J].盛群力沈敏,编译.远程教育杂志,2004(4):17-23.

[32]康和平,车向清.成人学员自我导向学习策略探究——基于终身学习的视角[J].中国成人教育,2011(13):26-28.

[33]李桂霞.信息技术支持下的"寓教于乐"[J].光明日报.2019-07-03.

[34]李宏堡,袁明远,王海英."人工智能+教育"的驱动力与新指南——UNESCO《教育中的人工智能》报告的解析与思考[J].远程教育杂志,2019(7):3-12.

[35]李惠康.上海社区教育信息化建设之研究[J].开放教育研究,2009,15(5):45-51.

[36]李克东,谢幼如.构筑数字化教育社区的理论与实践研究——教育技术研究的新领域[J].电化教育研究,2003(3):3-6.

[37]李卢一,郑燕林.泛在学习环境的概念模型[J].中国电化教育,2006(12):9-12.

[38]李明伟.媒介环境学派的理论分析框架[J].北京理工大学学报(社会科学版),2008(3):3-6,10.

[39]李青,张翠翠,于亦峰,等.个人学习环境,网络媒介和自主学习的相互关系探究[J].科技创新导报,2015,12(9):124-125.

[40]李彤彤,武法提,杨士卿.网络学习环境生态化设计方法研究——基于给养的"一主体、两匹配"3M 设计模型[J].远程教育杂志,2018,36(2):76-86.

[41]李亚红,郭桂英.学习型社区媒介环境案例探析[J].软件导刊:教育技术,2015(6):65-67.

[42]李延莉,王可钰,李积鹏."互联网+"背景下成人学习者的学习策略选择——基于自我调节学习的视角[J].中国成人教育,2018(12):9-12.

[43]李永智.媒介环境学视域下的教育信息化2.0[J].新闻爱好者,2018(9):46-50.

[44]厉以贤.社区教育的理念[J].教育研究,1999(3):20-24.

[45]厉以贤.论社区教育的视角与体制[J].教育研究,1995(8):41-47+78.

[46]厉以贤.社区教育社区发展教育体制改革[J].教育研究,1994(1):13-16.

[47]厉以贤.终身教育的理念及在我国实施的政策措施[J].北京大学教育

论,2004(2):58-62.

[48]梁春涛.社区教育面面观[J].天津教育,1990(9):20-22.

[49]刘春志.社区教育中学习资源信息化探究[J].中国教育信息化,2009(4):26-28.

[50]刘德建,唐斯斯,庄榕霞,焦艳丽,谢春荣,黄荣怀.城市智慧学习环境指数研究[J].开放教育研究,2016,22(5):22-33.

[51]刘建明.媒介环境学理论范式:局限与突破[J].武汉大学学报(人文科学版),2009,62(3):376-380.

[52]刘媛媛,赵建丽.管理层激励、投融资行为与公司风险[J].会计之友,2013(3):85-92.

[53]卢兴文,刘国暖.开放大学推进社区教育信息化的对策[J].继续教育研究,2017(6):73-76.

[54]鲁耀斌,徐红梅.技术接受模型及其相关理论的比较研究[J].科技进步与对策,2005(10):178-180.

[55]罗恒,杨婷婷.自主在线案例学习体验的构念模型研究——基于结构方程模型的探索[J].现代远距离教育,2018(3):83-91.

[56]罗杰,戴晓阳.中文形容词大五人格量表的初步编制:理论框架与测验信度[J].中国临床心理学杂志,2015,23(3):381-385.

[57]马东明,郑勤华,陈丽.国际"终身学习素养"研究综述[J].现代远距离教育,2012(1):3-11.

[58]毛羽,李冬玲.基于UTAUT模型的智慧养老用户使用行为影响因素研究——以武汉市"一键通"为例[J].电子政务,2015(11):99-106.

[59]潘卫东,白崇琦.网络学习环境质量评价的问卷调查与初步分析[J].现代远距离教育,2002(3):40-43.

[60]潘云鹤.人工智能2.0技术初露端倪[J].中小学信息技术教育,2018(5):6.

[61]庞维国.自主学习的测评方法[J].心理科学,2003,26(5):882-884.

[62]庞维国.90年代以来国外自主学习研究的若干进展[J].心理学动态,2000(4):12-16.

[63]祁卉璇.论ADDIE模型对翻转课堂教学设计的启示[J].中国成人教育,2016(17):107-109.

[64]邵培仁.媒介生态学研究的新视野——媒介作为绿色生态的研究[J].江苏师范大学学报(哲学社会科学版),2008,34(1):135-144.

[65]邵晓枫,罗志强.我国社区教育中居民参与的几个主要问题[J].现代远程教育研究,2017(2):67-76.

[66]沈光辉."互联网+"背景下推进社区教育信息化的思考与探索[J].高等继续教育学报,2018,31(1):34-38.

[67]沈光辉.创新福建省学习型社会建设途径和方式[J].福建广播电视大学学报,2014(3):1-4.

[68]宋伟,张学和,胡海洋.远程自主学习者个人学习因素研究[J].中国电化教育,2010(1):47-53.

[69]宋亦芳.社区教育现代化的若干政策背景分析与反思[J].职教论坛,2020(3):88-96.

[70]宋亦芳.社区数字化学习环境建设的策略[J].继续教育研究,2012(8):92-94.

[71]孙纪磊,何爱霞."不让任何一个人掉队"的承诺实现还有多远?——基于《成人学习和教育全球报告》各国参与情况的分析[J].现代远距离教育,2020(5):26-32.

[72]孙曙辉,刘邦奇.区域智慧教育的整体规划与设计[J].数字教育,2016,2(6):14-20.

[73]孙晓娥.扎根理论在深度访谈研究中的实例探析[J].西安交通大学学报(社会科学版),2011,31(6):87-92.

[74]谭秀森,刘昕.大学生就读环境研究——基于山东省的调查[J].教育发展研究,2008(20):82-85

[75]唐燕儿,庞志坚.社区移动学习——促进教育机会均等的新途径[J].中国电化教育,2015(4):41-46.

[76]陶曙红,龙成志,郭丽冰,等.成就动机、自我效能感与自主学习绩效的关系:一个有中介的调节模型[J].心理研究,2019,12(2):171-178.

[77]汪学均,熊才平,刘清杰,等.媒介变迁引发学习方式变革研究[J].中国电化教育,2015(3):49-55.

[78]王涛.网络学习平台生态指数开放评价模型研究[J].开放教育研究,2015,21(3):81-89.

[79]王彦琦,张海,吴立刚,等.人工智能视域下终身教育网络"金课"建设研究[J].现代远距离教育,2020(5):74-80.

[80]王彦琦,张海.融媒体环境下现场意识的培养路径[J].出版广角,2019(3):73-75.

[81]王彦琦,张海.四位一体,融创合一:我国媒体融合正式迈入3.0时代[J].出版广角,2020(23):70-72.

[82]王祯,龚少英,曹阳,等.混合学习环境下自我调节学习的机制研究[J].教育研究与实验,2019(6):92-96.

[83]魏源.NEO与学业成绩的相关性研究[J].湖北民族学院学报(哲学社会科学版),2003(3):90-93.

[84]吴国.远程教育拓展社区教育的路径选择与实践探索——基于福建电大的实证研究[J].中国远程教育,2010,2010(13):46-50.

[85]吴明烈.学校培育终身学习者的策略之探究[J].教育与心理研究,32(6),113-145.

[86]吴南中,夏海鹰,张沛东.成人智慧学习空间:意涵、特征与构建[J].现代远程教育研究,2020,32(5):70-76,85.

[87]吴遵民,赵华.我国社区教育"三无"困境问题研究[J].中国远程教育,2018(10):63-69,80.

[88]吴遵民.服务全民终身学习教育体系构建的若干思考——基于服务与融合的视角[J].中国远程教育,2020,41(7):16-22,68.

[89]吴遵民.终身教育发展的中国经验——改革开放37年终身教育的历史回顾与展望[J].江苏开放大学学报,2016,27(1):10-18.

[90]武法提.基于Web的学习环境设计[J].电化教育研究,2000(4):33-38,52.

[91]项国雄,赖晓云.活动理论及其对学习环境设计的影响[J].电化教育研究,2005(6):9-14.

[92]徐瑾劼,朱雁.信息技术支持学生自主学习的实证研究——基于TALIS 2018上海数据结果的二次分析[J].开放教育研究,2019(4):75-81.

[93]徐晶晶,黄荣怀,杨澜,等.智慧学习环境下学校、家庭、场馆协同教育联动机制研究[J].电化教育研究,2018,39(8):27-33.

[94]徐亚东.社区教育环境设计的要素构成分析[J].城市建筑,2020,17(17):123-124.

[95]徐子雁,凡妙然.基于ADDIE模型的翻转课堂教学设计研究[J].中国教育技术装备,2014(16):71-73.

[96]许加生,别同玉.论终身学习与终身学习能力的培养[J].成人教育,2003(10):14-15.

[97]杨东,韩雯,张华亮,杨玉明,韩保磊.上海社区教育面向现代化的关键问题探析[J].职教论坛,2020(3):105-111.

[98]杨帆,穆肃.终身学习能力构成及能力项关系的研究[J].开放教育研究,2011,17(3):81-88.

[99]杨俊锋.技术促进学习的课堂环境评测与优化[J].电化教育研究,2016,37(12):99-105.

[100]杨梦佳,詹青龙,郭桂英.移动性学习社区环境构建与活动设计[J].天

津职业技术师范大学学报,2015,25(2):54-57,62.

[101]杨现民,赵鑫硕,刘雅馨,等.网络学习空间的发展:内涵、阶段与建议[J].中国电化教育,2016(4):30-36.

[102]叶忠海,张永,马丽华,等.新型城镇化与社区教育发展研究[J].开放教育研究,2014,20(4):100-110.

[103]叶忠海.学校和社区的沟通——上海城市社区教育研究[J].教育发展研究,1999(3):55-58.

[104]叶忠海.社区教育实验工作20年:成就、特色和展望[J].河北师范大学学报(教育科学版),2020,22(4):38-41.

[105]尤洋,王以宁,张海.智慧课堂环境下教学视频复杂度与学习者认知负荷关系研究[J].现代远距离教育,2020(2):91-96.

[106]于莎,李盛聪.成人终身学习能力建构的逻辑起点[J].现代远程教育研究,2013(6):77-84.

[107]余胜泉,杨现民,程罡.泛在学习环境中的学习资源设计与共享——"学习元"的理念与结构[J].开放教育研究,2009,15(1):47-53.

[108]余胜泉.从知识传递到认知建构、再到情境认知——三代移动学习的发展与展望[J].中国电化教育,2007(6):7-18.

[109]詹海宝,张立国.理解大学生对网络教学平台的采纳——基于TAM的实证研究[J].现代远距离教育,2015(3):53-59.

[110]詹青龙,李亚红,郭桂英.学习型社区媒介环境的要素特质与学习方式[J].中国电化教育,2015(6):47-50,58.

[111]张成龙,李丽娇,李建凤.基于MOOCs的混合式学习适应性影响因素研究——以Y高校的实践为例[J].中国电化教育,2017(4):60-66.

[112]张海,肖瑞雪,王以宁,等.基于技术接受模型的师范生TPACK发展研究[J].中国电化教育,2015(5):111-117.

[113]张豪锋,赵耀远.有意义学习视角下的泛在学习环境评价[J].中国远程教育,2013(10):90-94.

[114]张吉先.基于数字化学习环境的社区教育模式与机制研究[J].职教论坛,2012(36):40-43.

[115]张伟远.网上学习环境评价模型、指标体系及测评量表的设计与开发[J].中国电化教育,2004(7):29-33.

[116]张文锐.学习型城市视野下社区教育现实问题分析[J].中国成人育,2017(4):152-154.

[117]张秀梅,丁新.迈克尔·穆尔研究[J].中国电化教育,2004(3):71-75.

[118]赵宏,陈丽,郑勤华,等.成人远程学习者自主学习能力培养的教学模

式探究[J].中国电化教育,2014(6):37-41,48.

[119]赵蔚,李士平.基于学习分析的自我调节学习路径挖掘与反馈研究[J].中国电化教育,2018(10):15-21.

[120]赵小云,郭成.中学生的学业自我与人格特质的关系[J].教育测量与评价(理论版),2013(1):48-52.

[121]赵艳,多召军,赵蔚,等.移动网络学习社区构建新范式:大学生自我调节学习效能感培养视角[J].现代远距离教育,2019(1):10-17.

[122]郑勤华,马东明,陈丽,等.北京市成人"终身学习素养"现状及特征分析——基于2012年大规模抽样调查数据的探讨[J].现代远距离教育,2014(1):3-15.

[123]支富华.人格五因素模型研究述评[J].社会心理科学,2002(2):12-15.

[124]钟志贤,王水平,邱婷.终身学习能力:关联主义视角[J].中国远程教育:综合版,2009(4):34-38.

[125]钟志贤,谢云.基于信息技术的自主学习[J].中国电化教育,2004(11):16-18.

[126]钟志贤.论学习环境设计[J].电化教育研究,2005(7):35-41.

[127]钟周,韩双淼.Citespace Ⅱ支持的终身学习研究分析[J].中国远程教育,2015(2):32-37,79.

[128]周晶晶.社区教育信息化教学资源建设若干问题的探讨[J].中国远程教育,2009(10):53-56.

[129]朱冠华.社区教育数字化学习资源生态化建设研究[J].成人教育,2018,38(7):52-57.

[130]朱敏,高志敏.终身教育、终身学习与学习型社会的全球发展回溯与未来思考[J].开放教育研究,2014,20(1):50-66.

[131]朱祖德,王静琼,张卫,等.大学生自主学习量表的编制[J].心理发展与教育,2005(3):60-65.

[132]祝智庭,余平.智慧城市教育公共服务评价指标体系研制[J].开放教育研究,2017,23(6):49-59.

[133]庄榕霞,方海光,张颖,等.城市典型场域学习环境的发展特征分析[J].电化教育研究,2017,38(2):82-90.

三、学位论文

[1]宫晓东.老年人科技生活环境设计研究[D].北京:北京理工大学,2014.

[2]黄美华.自我导向科学学习倾向量表之发展[D].台北:台湾高雄师范大学,2003.

[3]李佳萍.我国社区教育管理的问题与对策研究[D].长春:东北师范大学,2014.

[4]李文.行动科学视角下教师TPK影响因素分析及发展策略研究[D].长春:东北师范大学,2019.

[5]李西坤.北京体育大学体育教育专业学生自主学习能力量表编制与测评研究[D].北京:北京体育大学,2017.

[6]李晓飞.信息化社区教育研究[D].上海:华东师范大学,2002.

[7]李雅筝.在线教育平台用户持续使用意向及课程付费意愿影响因素研究[D].北京:中国科学技术大学,2016.

[8]蒲春阳.大学生创业意向影响因素实证研究[D].成都:西南交通大学,2011.

[9]强薇.社区教育与远程教育衔接的可行性研究[D].上海:华东师范大学,2011.

[10]沈明霞.社区居民环境教育需求调查研究[D].上海:华东师范大学,2015.

[11]帅琳.电视节目中榜样行为对儿童助人行为影响的实证研究[D].上海:华东师范大学,2015.

[12]孙立会.数字化学习情境下终身学习力的构建研究[D].长春:东北师范大学,2010.

[13]田美.大学生元认知与网络自我调节学习的结构模型构建研究[D].长春:东北师范大学,2017.

[14]王琳.影响中国、韩国和美国的老年人接受信息科技的因素[D].北京:清华大学,2010.

[15]于莎.成人终身学习能力建构研究[D].成都:四川师范大学,2014.

[16]郁晓华.个人学习环境设计视角下自主学习的建模与实现[D].上海:华东师范大学,2013.

[17]张生.混合式学习环境下基于学习活动的形成性评价的理论与实践[D].长春:东北师范大学,2008.

[18]张哲.职前教师的采纳技术教学行为影响因素研究[D].长春:东北师范大学,2016.

四、外文类

[1] AKANDE J O. The practice of community education in Nigeria[J]. Educational Research and Review, 2007, 2(10): 264-270.

[2] AKIVA T, KEHOE S, SCHUNN C D. Are we ready for citywide learning? examining the nature of within-and between-program pathways in a community-wide learning initiative[J]. Journal of Community Psychology, 2017, 45(3): 413-425.

[3] AKTARUZZAMAN M, PLUNKETT M. Institutional and community perceptions of distance education in bangladesh: preparing for the 21st century[J]. Turkish Online Journal of Distance Education, 2017, 18(4): 20-34.

[4] AL-HAWARI M A, MOUAKKET S. The influence of technology acceptance model (TAM) factors on students' e-satisfaction and e-retention within the context of UAE e-learning[J]. Education Business & Society Contemporary Middle Eastern Issues, 2010, 3(4):299-314.

[5] ANSELM S, JULIET C. Basics of qualitative research: grounded theory procedures and techniques[J]. Modern Language Journal, 1990, 77(2):138-239.

[6] ARAKA E, MAINA E, GITONGA R, et al. Research trends in measurement and intervention tools for self-regulated learning for e-learning environments—systematic review(2008—2018)[J]. Research and Practice in Technology Enhanced Learning, 2020, 15: 1-21.

[7] ARBAUGH J B. How classroom environment and student engagement affect learning in internet-based MBA courses. [J]. Business Communication Quarterly, 2000, 63(4):9-26.

[8] BANDURA A. Social foundations of thought and action: a social cognitive theory[M]. Upper Saddle River:Prentice-Hall, 1986.

[9] BANK W, WASHINGTON, NETWORK D H D. Lifelong learning in the global knowledge economy: challenges for developing countries. directions in development series[J]. World Bank Publications, 2003(1):161.

[10] BELON A P, NIEUWENDYK L M, VALLIANATOS H, et al. How community environment shapes physical activity: Perceptions revealed through the Photo-Voice method[J]. Social Science & Medicine, 2014, 116: 10-21.

[11] BEN-PORATH Y S, WALLER N G. Five big issues in clinical personality assessment: a rejoinder to Costa and McCrae[J]. Psychological Assessment, 1992, 4(1):23-25.

[12] BOEKAERTS M, PINTRICH P R, ZEIDER M. Handbook of self-regulation[M]// Handbook of self-regulation. New York:Academic Press, 1999.

[13] BOEKAERTS M. Self-regulated learning: where we are today[J]. International Journal of Educational Research, 1999,31(6), 445-457.

[14] BREY R. U. S. postsecondary distance learning programs in the 1990s: a decade of growth[C]. The Instructional Telecommunications Consortium, American Association of Community and Junior Colleges, One Dupont Circle N. W. Suite 410, Washington, DC 20036-1176, 1991.

[15] BROADBENT J, FULLER-TYSZKIEWICZ M . Profiles in self-regulated learning and their correlates for online and blended learning students[J]. Educational Technology Research & Development, 2018(1):1-21.

[16] WEINSTEIN C E, PALMER D, SCHULTE A C. Learning and study strategies inventory (LASSI)[J]. Clearwater, FL: H & H Publishing, 1987:146-149.

[17] CALLAN G L, RUBENSTEIN L D V, RIDGLEY L M, et al. Measuring self-regulated learning during creative problem-solving with SRL microanalysis[J]. Psychology of Aesthetics, Creativity, and the Arts, 2021, 15(1): 136.

[18] CÁRDENAS-ROBLEDO L A, PEÑA-AYALA A. A holistic self-regulated learning model: a proposal and application inubiquitous-learning[J]. Expert Systems with Applications, 2019, 123: 299-314.

[19] CHANG C C. The study on the quantitative analysis of the development and implementation for electronic performance support systems[J]. International Journal of Instructional Media, 2007, 34:569-570.

[20] CHEN C C, HUANG T C. Learning in a u-museum: developing a context-aware ubiquitous learning environment[J]. Computers & Education, 2012, 59(3): 873-883.

[21] CLOSSON R B. The learning society: how shall community colleges respond? [J]. Community College Review, 1996, 24(1): 3-18.

[22] Commission of the European Communities. A memorandum on lifelong learning[R]. SEC (2000), 2000.

[23] COMPEAU D, HIGGINS C A, HUFF S. Social cognitive theory and individual reactions to computing technology: a longitudinal study[J]. Mis Quarterly, 1999, 23(2):145-158.

[24] COSNEFROY L, FENOUILLET F, MAZÉ C, et al. On the relationship between the forethought phase of self-regulated learning and self-regulation failure[J]. Issues in Educational Research, 2018,28(2):329-348.

[25] LEE D, WATSON S L, WATSON W R. Systematic literature review on self-regulated learning in massive open online courses[J]. Australasian Journal of Educational Technology, 2018, 35(1):28-41.

[26] DABBAGH N, KITSANTAS A. Personal learning environments, social media, and self-regulated learning: a natural formula for connecting formal and informal learning[J]. Internet and Higher Education, 2012, 15(1):3-8.

[27] DAS T K, TENG B S. The risk-based view of trust: a conceptual framework[J]. Journal of Business & Psychology, 2004, 19(1):85-116.

[28] DAUMILLER M, DRESEL M. Supporting self-regulated learning with digital media using motivational regulation and metacognitive prompts[J]. Journal of Experimental Education, 2019,87(1):161-176.

[29] DAVIS F D, BAGOZZI R P, WARSHAW P R. User acceptance of computer technology: a comparison of two theoretical models[J]. Management Science, 1989, 35(8):982-1003.

[30] DEDE C. The technologies driving the national information infrastructure: policy implications for distance education[J]. Paper Commissioned by the Southwest Regional Laboratory (SWRL) in Connection with the US Department of Education's evaluation of Star Schools, 1994,12(11):1-32.

[31] DIGMAN J M. Personality structure: emergence of the five-factor model[J]. Annual Review of Psychology, 1990, 50(1):417-440.

[32] DILLION C L. The relationship between delivery system and student success intechnology-based distance education[C]//Proceedings of the Eighteenth ICDE World Conference: The New Learning Environment. University Park: Pennsylvania State University,1997.

[33] TABAK F, NGUYEN N T. Technology acceptance and performance in online learning environments: Impact of self-regulation[J]. Technology, 2013, 9(1): 116-130.

[34] FARKAS B, BLICKLE T, ULBERT Z, et al. Characterization of mixing of-suspension in a mechanically stirred precipitation system [J]. Journal of Crystal Growth, 1996, 166(166):1064-1067.

[35] FONTANA R P, FELLOW C M, DIRECTOR A L, et al. Measuring self-regulated learning in the workplace[J]. International Journal of Training & Development, 2015, 19(1):32-52.

[36] GEFEN D, WARKENTIN M, PAVLOU P A, et al. Egovernment adoption[J]. AMCIS 2002 Proceedings, 2002: 83.

[37] GERHARDT M W, RODE J C, PETERSON S J. Exploring mechanisms in the personality-performance relationship: mediatingroles of self-management and situational constraints [J]. Personality & Individual Differences, 2007, 43(6): 1344-1355.

[38] GRISWOID W. Community education and green jobs[J]. Adult Learning, 2013; 24(1): 30-36.

[39] GUGLIELMINO P J. Self directed learning readiness and performancein the workplace: implications for business, industry, and higher education. [J]. Higher Education, 1987, 16(3): 303-317.

[40] HANDOKO E, GRONSETH S L, MCNEIL S G, et al. Goal setting and MOOC completion: a study on the role of self-regulated learning in studentperformance in massive open online courses[J]. International Review of Research in Open and Distributed Learning, 2019, 20(3): 40-58.

[41] HARGREAVES D. Learning takes place in many and varied contexts throughout the individual's life[R]// RANSON S, TOMLINSON J. The Government of Education. London: George Allen & Unwin Ltd.

[42] HUSEN T, POSTLETHWAITE T N. International encyclopedia of education [M]. Oxford: Pergamon Press, 1985.

[43] MARTIN J. Community education: towards a theoretical analysis[R]// ALLENETAL G. Community Education Milton Keynes. London: Open University Press, 1987.

[44] JOHN O P, ROBINS R W. Traits and types, dynamics and development: no doors should be closed in the study of personality[J]. Psychological Inquiry, 1994, 5(2): 137-142.

[45] JONASSEN D H, ROHRER-MURPHY L. Activity theory as a framework for designing constructivist learning environments[J]. Educational Technology Research & Development, 1999, 47(1): 61-79.

[46] JOSEPH C, SAID R. Community-based education: a participatory approach to achieve the sustainable development goal[J]. Quality Education, 2020, 21(1): 101-111.

[47] KIZILCEC R F, PÉREZ-SANAGUSTÍN M, MALDONADO J J. Recommending self-regulated learning strategies does notimprove performance in a MOOC [R]. Proceedings of the Third(2016) ACM Conference on Learning, 2016.

[48] KLEIN H J, LEE S. The effects of personality on learning: the mediating role of goal setting[J]. Human Performance, 2006, 19(1): 43-66.

[49] LACKNEY J A. Thirty-three educational design principles for schoolsand community learning centers[J]. Educational Facilities Design, 2000,20(8):36.

[50] LEE S, KLEIN H J. Relationships between conscientiousness, self-efficacy, self-deception, and learning over time[J]. Journal of Applied Psychology, 2002, 87(6):1175.

[51] LEE Y C. The role of perceived resources in online learning adoption[J]. Computers & Education, 2008, 50(4):1423-1438.

[52] LEH A S C, KOUBA B, DAVIS D. Twenty-first century learning: communities, interaction and ubiquitous computing[J]. Educational Media International, 2005, 42(3): 237-250.

[53] PAUL L. An introduction to lifelong education [M]. Paris:ERIC,1970.

[54] LEWIN K. Principles of topological psychology[M]. New York:McGraw-Hill, 1936.

[55] LIAW S S, HUANG H M. Perceived satisfaction, perceived usefulness and interactive learning environments as predictors to self-regulation in e-learningenvironments[J]. Computers & Education, 2013, 60(1):14-24.

[56] MOOS D C, AZEVEDO R. Learning with computer-based learning environments: a literature review of computer self-efficacy[J]. Review of Educational Research, 2009, 79(2):576-600.

[57] MARTINS L L, KELLERMANNS F W. A model of business school students' acceptance of a web-based course management system[J]. Academy of Management Learning & Education, 2004, 3(1):7-26

[58] CAROL M. Online education for a community college on montserrat? are we there yet? [J]. Distance Learning, 2019,16(3):35-43.

[59] MILLIGAN C, FONTANA R P, LITTLEJOHN A, et al. Self-regulated learning behaviour in the finance industry[J]. Applied Spectroscopy,2015, 27(5): 387-402.

[60] ZALLI M M M, NORDIN H, HASHIM R A. Online self-regulated learning strategies in MOOCs: a measurement model[J]. International Journal of Emerging Technologiesin Learning, 2020,15(8):255-263.

[61] MOOS D C, AZEVEDO R. Learning with computer-based learning environments: a literature review of computer self-efficacy[J]. Review of Educational Research, 2009, 79(2):576-600.

[62] MORRIS M G, VENKATESH V. Age differences in technology adoption decisions: implications for a changing work force[J]. Personnel Psychology, 2010,

53(2):375-403.

[63] MUIS K R, WINNE P H, JAMIESONNOEL D. Using a multitrait-multimethod analysis to examine conceptual similarities of three self-regulated learning inventories[J]. British Journal of Educational Psychology, 2007, 77(1):177-195.

[64] NING H K, DOWNING K. The reciprocal relationship between motivation and self-regulation: A longitudinal study on academic performance[J]. Learning & Individual Differences, 2010, 20(6):682-686.

[65] OLANIRAN S O. Balancing africanisation with community education: implicationfor achieving the sdg 11: sustainable cities and communities[J]. Gender Issues, 2018, 16(3):12143-12151.

[66] PARK S Y. An analysis of the technology acceptance model in understanding university students' behavioral intention to use e-learning[J]. Educational Technology & Society, 2009,12(3), 150-162.

[67] COUNCIL E. Recommendation of the European Parliament and the Council of 18 December 2006 on key competencies for lifelong learning[J]. Official Journal of the European Union, 2006, 30(12): 2006.

[68] Winne P H, Hadwin A F. Studying as self-regulated learning[M]//Metacognition in Educational Theory and Practice. New York:Routledge,1998:277-304.

[69] PINTRICH P R, SMITH D A, GARCIA T, et al. Reliability and predictive validity of the Motivated Strategies for Learning Questionnaire (MSLQ)[J]. Educational & Psychological Measurement, 1993, 53(3):801-813.

[70] POPOVIC K, MAKSIMOVIC M. Local community as context for functional basic education of adults-an example[J]. Journal of Educational Sciences/Revista de Stiintele Educatiei, 2010, 12(2)39-46.

[71] PRINS L, PAUCHULO A L, BROOKE A, et al. Learning at the center: A proposal for dynamic assessment in a combined university and community adult learningcenter course[J]. Adult Learning, 2015, 26(2): 59-65.

[72] PUGLIESE R R. Telecourse persistence and psychological variables[J]. American Journal of Distance Education, 1994, 8(3): 22-39.

[73] RAHO L E, BELOHLAV J A, FIEDLER K D. Assimilating new technology into theorganization: an assessment of mcfarlan and mckenney's model[J]. Mis Quarterly, 1987, 11(1):47-57.

[74] RAMOS A J,NANGIT G,RANGA A I, et al. ICT-enabled distance education in community development in the philippines[J]. Distance Education, 2007, 28(2): 213-229.

[75] REZABEK R J. A study of the motives, barriers, and enablers affecting participation in adult distance education classes in anlowa community college[D]. Cedar Falls:University of Northern Iowa, 1999.

[76] AZEVEDO R, MOOS D C, JOHNSON A M, et al. Measuring cognitive and metacognitive regulatory processes during hypermedia learning:issues and challenges[J]. Educational Psychologist, 2010, 45(4):210-223.

[77] ROVERS S F E, CLAREBOUT G, SAVELBERG H H C M, et al. Granularity matters: comparing different ways of measuring self-regulated learning[J]. Metacognition and Learning,2019, 14: 1-19.

[78] SAEPUDIN A, MULYONO D. Community education in community development[J]. Empowerment: Jurnal Ilmiah Program Studi Pendidikan Luar Sekolah, 2019, 8(1): 65-73.

[79] SANTOS B L D, WRIGHT A L. Internet-supported management education [J]. Information Services & Use, 2001, 21(2): 53-64.

[80] SERVON L J, NELSON M K. Community technology centers: narrowing the digital divide in low-income, urban communities[J]. Journal of Urban Affairs, 2001, 23(3-4): 279-290.

[81] SHAH R W,TROESTER J M S, BROOKE R, et al. Fostering eABCD: asset-based community development in digital service-learning[J]. Journal of Higher Education Outreach and Engagement,2018, 22(2): 189-222.

[82] SITKIN S B, PABLO A L. Reconceptualizing the determinants of risk behavior[J]. Academy of Management Review, 2016, 17(1):9-38.

[83] SPROTT R A, MEEKER C, O'BRIEN M. Kink community education: experiential learning and communities of practice[J]. Journal of Positive Behavior Interventions,2019, 5(2):48-58.

[84] STRATEL. Media ecology[J]. Communication Research Trends, 2004, 23 (2): 1-48.

[85] SURYANI A, SOEDARSO S, SETIAWAN S. Social changes and development sustainability: challenges anddynamics in dolly community education[C]. Proceedings of the 6th International Conference on Educational Research and Innovation (ICERI 2018),2019.

[86] SURYANI A, SOEDARSO S, SETIAWAN S. Social changes and development sustainability: challenges and dynamics indolly community education[C]. [s. l.] Proceedings of the 6th International Conference on Educational Research and Innovation (ICERI 2018),2019.

[87] TAJUDIN P N M, IDRIS K, ABD RAHIM N, et al. Understanding participation in community education and development[J]. Malaysian Journal of Social Sciences and Humanities (MJSSH), 2019, 4(3): 164-172.

[88] TARHINI A, HONE K, LIU X. The effects of individual differences on e-learning users' behaviour in developing countries: a structural equation model[J]. Computers in Human Behavior, 2014, 41(41):153-163.

[89] TEO T. The impact of subjective norm and facilitating conditions on pre-service teachers' attitude toward computer use: a structural equation modeling of an extended technology acceptance model[J]. Journal of Educational Computing Research, 2009, 40(1):89-109.

[90] HUSEN T. The learning society revisitedl [M]. Oxford: Pergamon Press, 1986.

[91] TSAI I C, TUNG I P, LAFFEY J. Exploring theimpact of students' motivation and self-regulation on the social nature of online learning experiences[J]. International Journal of Learning Technology, 2013, 8(1):86-108.

[92] United Nations Educational, Scientific and Cultural Organization. Report at the First Global Conference on Lifelong Learning [R]. Roma: UNESCO,1994.

[93] VENKATESH V, BALA H. Technology acceptance model 3 and a research agenda on interventions[J]. Decision Sciences,2008,39(2):273-315.

[94] VENKATESH V, DAVIS F D. A Theoretical extension of the technology acceptance model: four longitudinal fieldstudies[J]. Management Science, 2000, 46(2):186-204.

[95] VENKATESH V, DAVIS F D. A Theoretical extension of the technology acceptance model: four longitudinal field studies[J]. Management Science, 2000, 46(2):186-204.

[96] VISWESVARAN C, DESHPANDE S P, JOSEPH J. Are ethicality perceptions of different counterproductive behaviors affected by workplace dependencies[J]. Journal of Applied Social Psychology, 2010, 30(10):2050-2057.

[97] WHATLEY M, RABY R L. Understanding inclusion and equity in community college education abroad[J]. The Interdisciplinary Journal of Study Abroad, 2020, 32(1): 80-103.

[98] WHITMAN D S, ROOY D L V, VISWESVARAN C. Satisfaction, citizenship behaviors, andperformance in work units: ameta-analysis of collective construct relations[J]. Personnel Psychology, 2010, 63(1):41-81.

[99] WILSON B. Metaphors for instruction: why we talk about learning environ-

ments[J]. Educational Technology,1995,35(9-10):25-30.

[100]WONG J, BAARS M, A DAVIS D, et al. Supporting self-regulated learning in online learning environments and MOOCs: a systematic review[J]. International Journal of Human-Computer Interaction, 2018, 35(1-5):356-373.

[101]YAMADA M, SHIMADA A, OKUBO F, et al. Learning analytics of the relationships among self-regulated learning, learning behaviors, and learning performance[J]. Research & Practice in Technology Enhanced Learning, 2017, 12(1):13.

[102]YEN C J, TU C H, SUJO-MONTES L, et al. A predictor for ple management: impacts of self- regulated online learning on students' learning skills[J]. Journal of Educational Technology Development and Exchange (JETDE), 2016, 9(1):3-3.

[103]YEH Y C, KWOK O M, CHIEN H Y, et al. How college students' achievement goal orientations predict their expected online learning outcome: the mediation roles of self-regulated learning strategies and supportive online learning behaviors[J]. Online Learning,2019;23(4):23-41.

[104]ZIMMERMAN B J, KITSANTAS A. Developmental phases in self-regulation: shifting from process goals to outcome goals[J]. Journal of Educational Psychology, 1997, 89(1):29-36.

[105]ZIMMERMAN B J, MARTINEZPONS M. Construct validation of a strategy model of student self-regulated learning.[J]. Journal of Educational Psychology, 1988, 80(80):284-290.

[106]ZIMMERMAN B J,RISEMBERG R. Chapter 4-self-regulatory dimensions of academic learning and motivation[M]//GARY P. Handbook of Academic Learning.[s.i.].[s.n.]:1997:105-125.

[107] ZIMMERMAN B J. A socialcognitive view of self-regulated academic learning[J]. Journal of Educational Psychology, 1989, 81(3):329-339.

[108]ZIMMERMAN B J. Chapter 2 - attaining self-regulation : a social cognitive perspective[M]// VOHS K D, BAUMEISTER R F. Handbook of Self-Regulation[s.i.].[s.n.] 2000:13-39.

[109]ZIMMERMAN B J. Investigating self-regulation and motivation: historical background, methodological developments, and future prospects[J]. American Educational Research Journal, 2008, 45(1):166-183.

[110]ZIMMERMAN B J. Self-regulating academic learning and achievement: The emergence of a social cognitive perspective[J]. Educational Psychology Review, 1990, 2(2):173-201.

[111]ZIMMERMANB J, MARTINEZ M. Development of a structured interview for assessing student use of self-regulated learning strategies[J]. American Educational Research Journal, 1986, 23(4):614-628.

五、其他类

[1]习近平. 决胜全面建成小康社会夺取新时代中国特色社会主义伟大胜利——在中国共产党第十九次全国代表大会上的报告[EB/OL]. [2017-10-27]. http://www.gov.cn/zhuanti/2017-10/27/content_5234876.htm.

[2]中共中央办公厅,国务院. 中共中央、国务院印发《中国教育现代化2035》[EB/OL]. [2019-02-23]. http://www.gov.cn/zhengce/2019-02/23/content_5367987.htm.

[3]崔保国. 理解媒介生态——媒介生态学教学与研究的展开[C]. 上海:2003 中国传播学论坛暨 CAC/CCA 中华传播学术研讨会,2004:10.

[4]国家统计局(2019). 中国统计年鉴 2019[EB/OL]. [2019-09-24]. http://www.stats.gov.cn/tjsj/ndsj/2019/indexch.htm.

[5]教育部. 教育部等九部门关于进一步推进社区教育发展的意见. [EB/OL]. [2016-07-08] moe.gov.cn/srcsite/A07/zcs_cxsh/201607/t20160725_272872.html.